U0919450

繁荣的轮回

人口变动与经济增长的一个逻辑解释

周天勇　王元地

著

中国财富出版社

图书在版编目（CIP）数据

繁荣的轮回：人口变动与经济增长的一个逻辑解释 / 周天勇，王元地著．—北京：中国财富出版社，2017．3

ISBN 978 - 7 - 5047 - 6435 - 5

Ⅰ．①繁…　Ⅱ．①周…②王…　Ⅲ．①人口自然变动—关系—经济增长—研究—中国　Ⅳ．①C922．2②F124

中国版本图书馆 CIP 数据核字（2017）第 046216 号

策划编辑　赵　翠　　**责任编辑**　于　淼　赵　翠

责任印制　方朋远　　**责任校对**　孙丽丽　张营营　　**责任发行**　王新业

出版发行　中国财富出版社

社　　址　北京市丰台区南四环西路 188 号 5 区 20 楼　　**邮政编码**　100070

电　　话　010 - 52227588 转 2048/2028（发行部）　010 - 52227588 转 307（总编室）

010 - 68589540（读者服务部）　010 - 52227588 转 305（质检部）

网　　址　http://www.cfpress.com.cn

经　　销　新华书店

印　　刷　北京佳顺印务有限公司

书　　号　ISBN 978 - 7 - 5047 - 6435 - 5/C・0215

开　　本　710mm×1000mm　1/16　　**版　　次**　2017 年 3 月第 1 版

印　　张　19　　**印　　次**　2017 年 3 月第 1 次印刷

字　　数　256 千字　　**定　　价**　58.00 元

版权所有・侵权必究・印装差错・负责调换

推荐序
问题导向对策研究的精心之作

周天勇同志是一名有着深厚经济学功底和很务实的经济学家。看完天勇同志的新作《繁荣的轮回》和《跨越发展的陷阱》两本姊妹篇原稿后，为他直面现实、大胆探索的勇气深深打动。第一本书描述了生育控制时间太长和力度过大导致少子化、老龄化、经济主力人口萎缩和人口自然增长率低迷，其形成的劳动力供给减少和总需求收缩与一个滞后期的经济增长速度下行的内在影响关系，解释这是一次迄今国民经济下行9年之久基础性的深层次原因；第二本书探讨了经济增长速度下行的另外两个原因即企业高成本和对外经济漏损，在分析中国存在优势条件，以及在对经济增速变化及其原因的历史纵向和国际横向比较研究的基础上，作者系统地构思了将中国经济增长速度下行翻转为上行的一个框架性的方案。这项研究对我国避免落入中等收入陷阱，顺利实现党的十八大提出的到2020年全面建成小康社会和两个百年发展目标，具有非常重要的现实意义。

概括本书的理论观点和研究方法，以下几点值得称赞。

一是敢于直面矛盾的担当精神。我国经济下行已经经历了9年。

对于这样一个引起全球关注的经济现象，作为一名中国的经济学家，是直接面对还是视而不见，是论证其合理性还是寻求改变这一趋势的途径，天勇同志做出了正确的选择，他把近三年的主要精力用在研究这一问题上。为此，他查阅了大量的中外研究成果，用自己的独立思考得出了自己的结论。这是一个自选课题，没有研究经费支持。仅此一点，充分表现出天勇同志的理论勇气和担当精神，值得同行们称道和学习。

二是注重系统分析的科学态度。经济增速下降，只是一种表象，其影响因素多种多样，有短期因素，也有长期原因；有经济原因，也有社会原因；有内在原因，也有政策影响；有国内原因，也有国际原因。对此，各个经济学家由于其占有信息、知识结构的不同，可以有不同的解释，但正确的结论只有在全面获取相关信息的基础上，进行定性与定量相结合的系统分析，才能得出。天勇同志对此问题的分析，是我所看到纳入分析的影响变量最多、采用数据最全的研究工作。他在研究如何实现经济增速翻转问题上，持以十分认真、严肃科学的态度，对此，也值得称道。

三是针对难点问题提出解决办法。分析矛盾并不是研究的目的，研究问题的目的在于提出解决问题的办法，从而为矛盾向有利的方面转化提供智力支持。天勇同志这两本书不是罗列一大堆矛盾和原因就此了事，而是把重点放在提出解决问题的办法上，这是难能可贵的。当前经济工作的最大难点在于如何推动经济走势的翻转，即由增速下降趋势扭转为上升，而且不是短期上升，是要在一个较长时期内保持经济的中高速增长，着眼于如何实现三步走战略，到 21 世纪中叶使中国在人均国民收入上达到中等发达国家水平。当然，一个人的知识和认识能力毕竟是有限的。但是，能够有这样的胆识和勇气，敢于向经济发展所要解决的主要问题发起冲击，提出具有可行性的解决方案，值得所有的经济学者学习。如果中国的经济学家和政策研究者都围绕解决这一主要问题想办法，就一定能找到理想的方案，并为制定正确的发展战略、方针政策提供选择。作者提出的提高人口素质、释放农村资源潜力、发挥城市群的带动作用、以自主创新带动产业升级、更好地利用全球资源和市场等建议，我认为是切实可行的。

四是着眼于通过深化改革释放发展潜力。作者认为，实现经济增长趋势由降转升的翻转，关键在于针对阻碍生产力发展的体制弊端进行重大改革。作者对产权结构创新、人口生育政策、城乡管理体制、国有企业改革、鼓励发展民营经济的政策、知识产权制度、科技教育体制、对外开放政策等方面的改革提出了具有真知灼见的对策。这些建议围绕一个中心思想，就是发挥市场对资源配置的决定性作用和更好发挥政府的作用。要加快建立全国统一的全要素的市场体系，特别是打破城市市场与农村市场之间的藩篱，建立城乡统一的房地产市场，促进生产要素在城乡市场之间双向自由流动，通过缩小城乡发展差距，释放巨大发展潜力，使之成为经济增速止跌回升的强大新动能。

五是更好地利用全球资源和市场。以开放促改革、促发展，是改革开放30多年来的一条重要经验。在新形势下，尽管我们面临着一股反全球化的逆流，但是，必须看到，由于我国已经积累起巨额外汇储备并具备全球第一出口能力，我们在国际市场回旋的余地更大了，回旋能力更强了，只要机动灵活、妥善应对，通过实施“一带一路”战略，可以赢得更大的发展空间。对这一领域的分析和建议，是天勇同志的长项，写得很精彩，我都赞同和欣赏。

作为一个涉及经济全局的重大问题研究，我认为有几个问题尚需深化，以使对策更具针对性、有效性。

对城乡一体化问题应提到更高的程度来认识。城乡二元结构包括城市中市民与农民工的新二元结构，是当前经济中的主要矛盾。

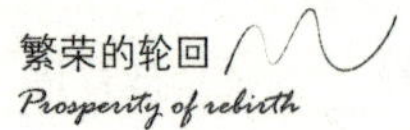

农业劳动生产率不及全社会平均劳动生产率的1/3，农民人均收入与城镇居民人均收入的差距大到1∶2.7。这既是主要矛盾所在，也是主要潜力所在。围绕解决这一主要矛盾推进各项改革，才能抓住主要矛盾，促成经济走势的翻转。对此，希望天勇同志在今后的研究中能再多下点功夫。

解决企业税费负担过重问题，除了要减税清费，精简政府机构，推进事业单位改革，还需要进行税收结构的调整，即从以间接税为主逐步过渡到直接税为主，扩大个人所得税的比重，降低企业税收比重。美国个人所得税占税收的比重达70%左右，因此企业税负较低。我国把企业作为主要纳税对象，有其历史原因，一是由于过去居民收入水平比较低，二是企业财务部门代扣税，征税成本较低。随着企业的国际化，原有的税收结构已越来越不适应国内外企业公平竞争的需要，也不适应调整收入分配结构的要求，实行以直接税为主的税收制度势在必行。同样，解决企业债务率过高问题，需要改变企业融资结构，把现行以间接融资为主转变为以直接融资为主，为此需要建立发达的资本市场。

改革生育政策是必要的，但在20年之内，主要还是应把现有13多亿人口的潜力发挥出来。美国人均GDP（国内生产总值）是我国的6倍，如能缩小到3倍，我国GDP总量就能远远超过美国。发挥人力资源潜力，重点是提高人口素质和提高农业劳动生产率。

天勇同志的这两部新作，非常值得从事经济工作的各个政府部门政策制定及执行者们，从事经济研究、教学工作的学者们，从事投资、创业、产业、金融、贸易、外经、咨询等方面的从业者和企业家们，也包括关心中国经济命运和发展前景的国内外人士们认真一读，一定大有裨益。

我相信，天勇同志这两部姊妹篇著作中所研究和揭示的一些人口与经济关系新的范畴和规律，会逐步地被学术、政策研究界和广大读者们认同。有着 5000 多年文明历史的 56 个民族，是经历了许多磨难而生生不息的伟大民族。在经济、人口、环境、资源、战略、政策等各学界、各智库、各政府部门和广大民众理解以往难处、卸掉历史包袱和同心同德向前看的胸怀和共识下，研究对策，深化改革，万众一心，释放活力，艰苦奋斗，寻求新的增长动能，推动未来中国国民经济中远期健康和中高速增长，我们必定会在地球欧亚板块的东部，建成一个人民富裕幸福、生态环境优美、社会安宁祥和、民族繁盛强大的国家。

中国国际经济交流中心副理事长

中共中央政策研究室原副主任

郑新立

2017 年 2 月 10 日

前　言

从2013年年末开始，我们研究了中国经济增长速度下行的内在原因及治疗的思路、方案和一些关键的战略、策略与政策，形成了上下两部著述，一本是由团队合著的《繁荣的轮回》，从人口结构、规模、增速及流动等分析导致中国经济增长下行的深层次原因；另一本是由我自己完成的《跨越发展的陷阱》，先是分析了经济下行的企业投资经营高税费、高社保、高利息成本和对外经济中的漏损等成因，再是结合人口变动原因造成的下行，从整体出发提出了经济增长的补救、替代等方案，必要的关键性改革和更高层次的开放，并描述了经济增长的战略布局和路线图。

从国家统计局公布的数据看，中国GDP增速从2007年最高时的14.2%下滑到2016年的6.7%。国内总需求不足，劳动力人口减少导致劳动力工资和社会保险等成本上升，工业产能开工率只维持在65%~70%。现代经济学描述的例行经济周期，一般也只不过3~5年。而如果没有2008年年底开始的财政和货币政策强刺激，中国经济增长速度实际上从那时就开始了下行，迄今已遭遇了9年的下行历程。

中华人民共和国成立60多年，特别是改革开放以来的30多年，作为一个世界上人口最多的发展中国家，经历了所有制结构方面公有制为主体和多种所有制共同发展，经济运行方面计划纵向管理和市场横向调节共同作用，收入分配方面按劳分配为主与多种要素共同参与分配等两个历史阶段。这为中国经济学的研究提供了丰富繁杂的事例，也提供了足够长的观察过程。今天，中国经济又到了一个持续下行、未来不定的十字路口上，经济学家的任务，就是要探究造成国民经济下行的深层次原因，而且更重要的是要找出跨越衰退、实现逆势复兴的思路和对策。

一、讨论人口与中国经济增长速度下行关系的初衷

2014 年起，就中国经济增长速度为什么会突然下行这个问题，我从三个方面开始了思考：第一，会不会与人口少子化、老龄化和人口增长速度快速放慢有关？第二，会不会与国民经济高税费、高社保、高借贷成本、高地价与房价及租金、高运输费用等有关？第三，会不会与对外经济关系中的教育、旅游服务贸易逆差以及移民和资金外流有关？我研究判断的结果是：第一因素的权重占到经济增长下行压力的 55% 左右，第二因素占 30% 左右，第三因素占 15% 左右。需要明确的是，这次中国经济增长下行的主要内在成因以人口的急剧变动为主。2015 年，我就此问题在一些期刊上发表了一系列论文，研究了 1949 年以来中国人口生育模式和增长变动的过程，人口变动对改革开放以来中国经济增长的影响，经济刺激需要财政政策、货币政策和人口政策相配合等历史以及它们的内在关系和人口政策等论题。

我们面临的关键问题是，经济增长速度下行的时间还会有多长，幅度还会有多大？如果中国未来经济的增长速度下行到 5%，甚至 4%，并且演变为一个长期的、经常化的状态，而同时印度每年增长速度在 6% ~9%，美国增长速度为 3% 左右，那么，在国际社会的经济竞争中，中国在 21 世纪中叶建成中等发达国家的目标，中国的百年复兴之梦，将很难实现。这次国民经济的下行，是不是中国发展到中等收入水平后遇到的一次陷阱之上的惊险一跳呢？

根据史学家的考察，欧洲工业化之前经济增长很缓慢的原因，除了欧洲自身经济的不平衡及时代危机外，贯穿整个时期的根本问题还是人口。人口增长停滞不前，并在 17 世纪因受战争影响而恶化，在 1700 年后人口问题也并未改进。一旦人口增长产生的额外需求被剥夺，贸易便失去了活力。人口增长缓慢，特别是劳动年龄人口绝对数的减少，影响了对农业产品的需求，粮食市场凋敝，农业生产主要是生产者自用，农业生产率几乎没有任何增长。直到 19 世纪，饥饿仍然是欧洲的周期性威胁要素。[①] 实际上，欧洲后来经济的繁荣，起始于工业向外拓展需求市场，而且主要是工业化开始后其内部人口的增长。

动态分析中国的经济增长时，以人口为基础的劳动力、创新、创业等供给与消费和投资变动，是最基本的两方面因素。然而，中国经济学界过去研究人口与经济的关系时，主流思想是受马尔萨斯和马寅初，以及适度人口论和梅多斯俱乐部悲观派观点的影响，从人口与经济、资源和生态环境的协调方面去考虑，而很少考虑人口是生产、创新、创业、消费的要素，其数量增长、结构变化和流动与经济增长之间有着密切的相关关系。因此，他们的政策主张，大多是要控制人口的生育。宏观经济学家在观测经济繁荣和萧条过程中，往往又忽视了人口数量增减、结构变化和流动等变量对经济波动和消长的影响。一般的人口经济学所揭示的人口增长规律是：在游牧和农业时代，由于营养不良、疾病、战争等，人口增长呈现高生育率、高死亡率和低增长率特征；在工业化初期，由于生育观念没有变化，营养状况和医疗条件改善等因素，发生了高生育率、低死亡率和高增长率的人口“爆炸”；在工业化中期，由于市场化程度提高，生活成本约束，加上避孕技术的发展，进入中低生育率、低死亡率和人口数量从中速向低速增长的转型时期；在工业化后期和

① 约翰·达尔文. 全球帝国史［M］. 郑州：大象出版社，2015.

后工业社会，由于单身人群规模增加、家庭结构小型化、结婚年龄推迟、人均寿命延长、抚养成本进一步加大、各类工业污染严重、职场竞争加剧等因素，人口增长进入了极低生育率、低死亡率、极低增长率，甚至是负增长率时期。这其实是市场经济运行下的一个自然降低的过程，是每个国家都会经历的。但是，与其他人口自然增长的国家不同，中国还进行了力度较大的行政强制性干预，实行城镇一胎和农村一胎半的计划生育政策。[①] 所以，在研究中国经济增长的动态过程中，如果假定中国与自然调节人口增长阶段变化的国家和地区的经济增长基础因素一样，而无视中国人口变动的差异，显然会形成错误的结论。现代经济增长学教科书中，找不到中国这样特殊情况的理论阐述，可以用它的方法分析一般问题，但解释不了中国经济下行的特殊原因。

本书主要质疑近些年学术界主要的两派对中国经济增长下行原因的解释，并说明我们的看法和政策主张。

中国经济增长为什么下行如此之久？深层次原因是什么？理论界有许多学者提出了观点，最常见的有两派：一派是常态论，如刘世锦认为中国经济经过 30 多年高速增长，按照其他先发国家和地区的规律，经济增速自然会进入中低速发展阶段；另一派是外因论，以林毅夫为代表的一派认为中国经济增速下行主要是受外部世界宏观经济的影响，中国靠城市化可以减小外因影响，经济还会以 8% 以上的速度高增长 15~20 年。但就两派的观点和论据来看存在许多疑点。本书认为中国经济下行深层次的原因，是中国特有的长期的强制性计划生育，超低生育率，造成了人口增速放缓和人口少子化、经济主力人口收缩和老龄化，以及政府干预和体制梗阻造成的人口流动不畅和城市化中断。只有弄清经济下行的深层次原因，才能在

① 中国 20 世纪 80 年代实行的计划生育规定：城镇居民一对夫妇，只能生育一个孩子；而农村如果前一胎是男孩，不准生第二胎，如果是女孩，第二胎无论是男女，也只能再生一胎。

此基础上谋划对症的战略思路，采取针对性的措施，出台有效的政策，以减小宏观调控的副作用，提高调控的效果。

二、对现有两种解释中国经济下行观点的质疑

关于中国经济下行的原因，目前国内影响较大的两大流派观点都没有找到关键症结，其论据也经不起推敲。

经济下行常态论认为，中国经济高速发展过程后，自然应该进入中低速发展阶段。德国、日本、韩国、中国台湾等国家和地区都是这样的发展轨迹，大多数国家或地区人均 GDP 达到 11000 美元（以购买力平价计算）时，基本上是以 8% 的增速进入中低速。从国际经验看，韩国从高速增长期回落时，增速下降幅度接近 50%。由此可见，中国经济增速正由高转低，进入一个常态。此外，常态论还认为，中国经济规模已经比较大，基数大，速度就会下降，因为资源要素的约束力不断增强。我们认为常态论的两个论据都经不起推敲。首先，与韩国和中国台湾地区的简单比较不准确。从统计数据来看，无论是 GDP 水平还是经济发展时间，中国大陆都没有达到韩国和中国台湾地区的发展轨迹：①中国 GDP 增速从 8% 跌落时，人均 GDP 无论是按实际汇率还是购买力平价计算，分别只是韩国和中国台湾地区的 45% 和 39%，在人均 GDP 相差很大的情况下做出的比较是没有意义的，与事实不符；②中国经济从高增长起步到结束的时间，分别比韩国和中国台湾地区短了 9 年和 15 年。其次，中国经济总规模基数大致使增长速度下降，也不成立。经济总规模基数与人均经济规模基数有区别，虽然中国经济总规模已经是世界第二，但在 2011 年时，人均 GDP 水平排在全球第 89 位。从 GDP 的地理面积密度看，中国大陆比日本、韩国和中国台湾地区都要小得多。因此，常态论没有解释清楚为什么中国经济在人均 GDP 为 5500 美元向高收入冲刺阶段，就进入了中低速增长；为什么中国经济维持 8% 的高增长时间，比韩国和中国台湾地区短了 9 年和 15 年。

外因论认为，经济下行是世界各国的共同趋势，只有国际周期性波动可以解释中国经济下行，因为根据世界银行公布的数据，发达国家和发展中国家的经济增长率，都比往年低。如果中国经济主要受世界经济的影响，那二者的经济起伏应该是同向的，但事实却是反向。美国 GDP 增长率已由 2008 年、2009 年的负增长逐步恢复到 2015 年的 2.7%，欧洲经济景气度也从低到高，而中国经济从 2008 年开始一路向下。所以，将中国经济下行的主要原因归结于世界经济不景气欠妥当。此外，该派还特别强调可以依靠城市化和短期经济政策刺激来阻挡外部因素的影响，以推动中国经济的长期高增长。他们认为到 2049 年，中国人均 GDP 水平将达到 4 万~5 万美元，城市化率将达到 75%，中国经济还会以 8% 的速度增长 15~20 年。

林毅夫等学者根据世界一些国家和地区以及一般的城市化水平与经济增长的对应关系，判断由于 2013 年中国城镇化只达到了 53.7%（特别是实际的城市化水平更低），如果能够实现 75% 的城镇化，那还将强劲地推动中国经济保持 8% 以上的速度增长 15~20 年。但是，一般的人口城市化流程是：分散的和乡村的人口向城市流动和集中，不断地提高城市化水平，这些国家没有户籍制度，一些国家新市民有了自己的住宅，教育、社保等公共服务和福利是平等的。而我国人口向城市的流程是“青出老回”，即青年时出村到城里打工，大部分年老了还是要从城里回到农村，或者许多年轻的农民工已经无法返回或不愿意回到农村，而选择在城市中漂泊。这显然是两个不同的流程。若不仔细分析这两个流程的不同，只是简单地比较、分析和预言中国未来的经济增长潜力，不符合中国的实际情况。

中国大陆以住宅建设和销售为主的城市化，与韩国和中国台湾地区相比效果大打折扣。目前，中国城镇住宅供给已严重过剩。如果不彻底改革户籍、土地、公共服务和社会保障体制，以现在的格局，城市化基本上已经中断，仅仅依靠一些短期政策很难为经济增长带来显著的推动力。

我们认为，这两派解释都没有找到中国经济下行的根本原因，因此相关政策建议的有效性不强。我们认为深层次的原因是，中国实行了长达 35 年的强制性计划生育，造成了人口过快少子化和老龄化，并且中国对人口流动的干预和管制导致了进城人口不能市民化的伪城市化。因此，本书将从人口生育和流动管制来探寻中国经济下行的病根，找出由此引发的经济病症，并在另一本《跨越发展的陷阱》中提出相关治疗方案。

从“人口”这一经济社会发展的基本骨骼出发，研究人口生育管制和人口流动干预对经济的影响，将对人口经济学和经济发展理论提供一个新思路。虽然已有很多学者对人口与经济的关系进行过研究，除了马尔萨斯、马寅初、索维、梅多斯等人的人口爆炸、适度人口及人口需求与增长极限等需要国家干预和控制人口的理论外，也有贝克尔、熊彼特、舒尔茨等人从成本及机会成本、妇女受教育水平、人口流动、城市化、避孕技术等会抑制人口爆炸式增长，价格机制和技术进步会平衡和扩展人类生存和发展的供给空间，得出随着发展阶段的不同，人口增长模式会自动转型，不需要国家进行缩减性干预等一系列相反的学术成果。但是，我们所做的工作是：研究一个占全球近 20% 人口的大国——中国的特殊案例，有望在人口经济、经济发展等理论方面，在前人已有成果的基础上，取得如下进展。

1. 从经济学的视角界定人口生育权和迁移权

人口生育和迁移的调节有市场和政府两种不同影响方式，生育权和迁移权最终归属国家还是个人，对经济社会的影响是不同的。一般来说，世界上绝大多数国家中的人口生育数量和人口迁移由家庭和个人决定，政府最多起指导性作用。这是因为在国家的治理能力不是特别强有力的情况下，人口生育多少由国家计划时，会遭到个人和家庭的反对，如当年想强力控制人口生育的甘地在印度碰到其政策设想流产的局面。中国因为在 1978 年后采取了政治上适度集中和经济上向分散转型的有利于经济快速发展的组合模式，政府的控制和治理能力较强。因此，出于人口规模与经济发展、资源和生态环境相协调这样一种愿望的计划生育和流动管制体制，能够得以建立并能得到强有力的贯彻实施。本书在第4部分借鉴科斯的产权理论，从经济学的角度，详细阐述了人口生育权和迁移权的归属问题。

2. 提供一个占全球20%左右人口的特殊实践案例研究

与世界其他国家不同，1949年到2013年，中国人口再生产与物质生产在前30年和后30多年两个阶段中，决策权组合存在着“自主+计划”和“计划+市场”的扭曲。改革开放前30年，中国经济体制实行计划经济，人口生育和流动选择权却为自主；而国民经济向市场机制配置资源转变的过程中，即改革开放后30多年，人口生育和迁移选择权由家庭和个人收归国家，并由政府进行管控。当然，当年人们对计划经济导致的低效率等诸多问题感受深刻，而忽视了低效率的生产供给增长不能满足自主生育的人口快速增长的需求这一尖锐矛盾。而且，当时还面临着1000多万名上山下乡知识青年回城就业、国内粮食生产不足和需要进口、外汇极度短缺等困难。人口数量增长和人口流动，是交由社会自动平衡，还是由国家进行干预，中国长达几十年的实践给我们提供了一个最好的研究案例。

3. 提出一个人口增长与经济增长的延期影响关系定理，即人口增长速度对经济增长速度的影响存在一个20年的滞后期

在因战争、瘟疫、生育政策改变等影响人口增长不规律，人口增长率大起大落的国家，20年前的人口增长速度上行或者下行，会影响现在经济增长速度的上行或者下行。我研究1974年到1994年的人口增长率与20年后1994年到2014年的人口增长率之间的关系，发现它们高度相关。从经济角度对这种滞后关系进行解释：20岁左右的劳动人口的增长率缩小，将扩大或者收缩国民经济劳动力投入的规模；要租房购房，扩大或者减少对房屋的需求，导致房地产及相关产业的扩张和收缩；要结婚生子，就会扩大或者减少对日常生活、耐用消费品，包括家庭汽车等消费品的需求。因此，20岁左右的人口开始成为推动经济增长的主力军，这部分人口的增加和减少，对消费和投资需求及产业规模等决定经济增速上行和下行的重要因素有着重大影响。

4. 从数理和实践上证明人口结构变动影响经济的排浪式兴起和衰退

从长远来看，人口结构不规则变动，会引致经济产业排浪式繁荣或者衰退，推动经济增长波浪式持续上行或者波浪式持续下行。一个发展中国家在工业化前中期的人口爆炸式及快速增长，实际是为后期长达数十年的经济高速增长、推动从低收入国家向高收入发达国家转型积累人口推动力量。在人口生育率长期稳定在均衡替代率水平（人口规模长期不变），人口年龄结构均衡的状况下，由于各年龄段减少的人口，逐级会有新增的人口进行相应地弥补，所以在长期发展过程中，宏观经济的周期性波动与人口变动无关，而是由财政收入支出、对外贸易和投资逆顺差引致，或者战争、饥荒等重大事件引起。

当人口生育率在人口均衡替代率水平上下波动较大时，人口结构柱会出现凹凸不平、底大上小，或底小上大等几种形状。从长远来看，这种波动便会导致宏观经济出现以下四种变动：一是人口结构柱凸的部分，表明这一时期人口生育率短中期高于均衡替代率，出现婴儿潮，导致从妇产医院、托儿所、幼儿园、小学、初中、高中、大学、劳动密集型产业、房地产、耐用消费品、汽车、旅游、医疗健康、养老院、火葬场、墓地等各产业及其相关产业此起彼伏，形成一波排浪式繁荣；二是相反的情况，即人口结构柱凹的部分，表明这一时期人口生育率短中期低于均衡替代率，则形成一波各产业排浪式的衰退；三是当人口生育率长期高于均衡替代率时，人口结构柱是一个下大上小的形状，其间每年不断增长的婴儿人口，在一个相当长的时间内，带来从妇产医院到墓地各产业及其相关产业持续不断地繁荣，也即经济高增长的数十年阶段；四是当人口生育率长期低于均衡替代率，人口结构柱是一个下小上大的形状，其间每年出生的新生儿都比上年减少，在一个相当长时间内，带来从妇产医院到墓地各产业及其相关产业持续不断地衰退，也即进入中低增长，甚至是数十年的低增长乃至负增长时期。当然，也有人口生育上行或者下行过程中，嵌入婴儿涨潮或者婴儿退潮，也即在上小下大，或者上大下小的人口结构柱中，边缘不是平滑的，而是凹凸状的，形成混合型的人口增长变动引致的经济增长波动过程。

因此，人口增长和结构变动在中短期内对经济增长有影响。人口增速的放慢和加快，导致劳动力资源、消费需求等因素变动，最终带来经济增长速度的相应变动。从结构上看，当期劳动力人口和老龄人口的增减，会导致劳动力成本上升和下降，也会造成产品、养老金成本的增加和减少，在一个开放经济中，还会影响出口需求对经济增长的拉动力。

5. 提出人口前期快速增长与经济中后期顺利进入后工业社会，存在一个跨期平衡和推动的效应

一个国家如果前中期放任人口爆炸式及快速地增长，爆炸形成的人口积累在30年后的一个阶段中会助推该国快速完成工业化，进入发达的后工业社会；反之，一个国家前初期就开始严格控制人口增长速度，则可能人口储备规模不够，出现严重的经济主力人口不足、少子化和老龄化现象，在工业化后期快要进入后工业社会的时候失去足够青壮年人口规模的助推力量。前期快速增长的人口储备积累是发展中国家从现代化起步，未来几十年内经济从低增长到高增长，最后推动其进入工业化社会的重要爆发力；而人口进入低生育率，人口力量萎缩，是一些新兴工业化和老牌发达国家进入经济低速度增长，甚至负增长时期的重要原因。

学界认为，影响经济增长的是少子化和老龄化。我们在研究中提出的一个重要范畴是经济主力人口，指20~45岁的人口。这部分人口在就业创业创新、投资和消费等方面，均是最富有能力的人口资源和人力资本。这部分人口的增加或者减少，也就意味着劳动力供给，住宅、耐用消费品、汽车、奢侈品购买和消费，创业投资，发明专利和技术产业化等方面的增加或者减少发生变化。因而，这部分人口规模的收缩或者扩张，对国民经济繁荣和萧条的影响较大。

韩国、中国台湾地区和中国大陆，在经济发展阶段，具有相同的组合发展模式，即政治上相对集中、经济上市场化，同时还同属东亚文化体系，前二者属于发达国家和地区，后者属于发展中国家。以它们为例，从工业化过程比较看，韩国和中国台湾地区的经济发展分别始于20世纪60年代和20世纪50年代，从GDP增长8%的速度跌下来的年份分别是2003年和1998年，高增长了43~48年；而中国大陆如果从人均GDP按市场汇率60美元的1978年后算起，8%速度以前经济增长的时间为33年，[①] 中国大陆与韩国、中国台湾地区相比高增长的发展时间分别短了10年和15年。在从8%的增速跌落的年份，中国大陆的人均GDP比韩国和中国台湾地区少1/2多，人口生育率低于韩国和中国台湾地区，人口自然增长率低于中国台湾地区，略高于韩国，人口老龄化程度高于中国台湾地区和韩国。

6. 定义计划生育“人口坑”的概念，并对其造成的经济后果进行详细分析

当一个国家人口再生产实行政府计划，而产业运行和发展则由市场机制自动调节时，人口生育和增长既受到政府管制的调节，又受到社会经济内在自动调节机制的影响，不进行政府控制条件下的人口自然增长线与受双重调节的人口增长线之间，形成一个“人口坑”。如果政府管制较松，“人口坑”较浅，不影响一个发展中国家向发达国家迈进的过程，只是在滞后的一个远期中，经济增长可能陷入低迷，如日本；如果“人口坑”过深，意味着一是坑的边缘过陡，中短期内经济增长速度快速下降，二是形成经济发展的中等收

---

① 2013年年初国家统计局发布的《中华人民共和国2011年国民经济和社会发展统计公报》指出，2012年GDP增长率为7.8%。见中华人民共和国国家统计局网站，http：//www.stats.gov.cn/tjsj/tjgb/ndtjgb/qgndtjgb/201302/t20130221_30027.html。

入“人口坑”陷阱，并陷入长远期经济持续低迷的境地。由于中国“人口坑”减少的1~44岁人口（特别是其中22~44岁最具消费需求、劳动力供给、创业创新等能力）规模近2.17亿人，使经济发展在中等收入向发达经济水平跨越时，经济增长丧失了在人口增长和人口具有年轻活力时的动力，以人口为基础的经济增长推动力受到损害，在工业化后期快要进入后工业化社会的关键阶段发生了未富先老和未强先衰的状况，使中国经济失去了本可以高速增长10~15年的宝贵时间。

7. 指出计划生育的重大弊端，只能使总量有计划，但是对人口结构不能通过计划使其按比例平衡

与对产业运行和发展进行政府集中管理不同的是，对人口再生产实行政府计划，即计划生育，只能对新生人口实行计划，而不能对已经出生的各年龄人口进行计划和再平衡，特别是不能计划减少老年人口数量，使其与青少年人口数量相平衡。其经济后果是：劳动力的快速减少导致成本上升，特别是养老金在产品成本中的比例会越来越大，使产业的国际竞争力发生突然的转折，并可能长期陷于不利位势；由于不同年龄人口的边际消费率不同，对消费增长和需求结构发生较强烈的影响（比如，青年人多和老年人少会使房地产业繁荣，青年人少而老年人多则会使房地产业萧条——住宅需求增长缓慢甚至停滞，因老年人死亡而住宅供应量增加），以至于产业结构也进入快速的转折期。

当然，对自然生育的政府干预，如果程度过高和时间太长，由于传统文化对男女婴儿家庭偏好的影响，并对不同的民族实行差别化的政策，还导致了人口男女结构的失衡以及主体民族比例相对萎缩、规模化的少数民族比例快速扩张，造成一系列文化、社会、政治等方面的负面后果。

8. 人口总和生育率的警戒线为2.1

考虑提早病亡和意外死亡的情况，人口总和生育率2.1是一个民族长期不萎缩的最重要的平衡替代观测和警示指标。如果生育率长期低于2.1，在现代市场经济和后工业社会环境中，容易形成低生育文化，生育率惯性下行，对民族的人口安全形成巨大的萎缩风险。还有辅助的指标，如果人类未来平均寿命85岁，0~14岁的人口不能低于总人口的25%。日本、韩国和中国台湾地区等，特别是中国大陆，在人口生育率降低到2.1水平下时，还在提倡少生，还在严格地控制人口的生育，这对于民族人口安全是非常危险的做法。许多发展中国家学者和国家管理者的一个错觉是，在对生育采取指导性计划或者强制性管制后，人口还在高速增长，因此在人口生育率降低到2.1时，计划生育仍在进行。他们所忽视的是，人口生育率降低到平衡替代率2.1时，由于人口预期寿命的延长效应快于控制人口生育的效应，使得人口仍会快速增长一个阶段。但他们没有预料到的是，快速增长的是老年人口部分，以及如果在生育率2.1时，还采取严厉的控制，危险来自过度老龄化、人口和民族群的惯性萎缩。比如，韩国的生育率如果不能提高，新生人口不能平衡替代，人口规模持续收缩，几百年后，大韩民国可能会自行消失。

需要特别指出的是，当一个民族是实行多妻制、不习惯避孕、反对堕胎、多人口等生育和家庭宗教习俗，生育行为受其文化因素的影响大，受成本收益机制、教育水平、人口流动、城市化等因素影响小，它的人口生育率可能会持久地高于2.1的替代率水平，人口增长速度会不同程度地高于其他受文化因素影响小、受成本收益机制等因素影响大的民族。从远期来看，这将改变世界人口各民族的比例结构：多生育文化的民族将成为世界人数最多的主体民族，而生育率低于替代率的民族，最后终将消亡。即发生由于生育习惯不同而形成西方基督、中亚北非伊斯兰和东亚儒家等各大文明间的此起彼落和此消彼长。

人口数量和结构的剧烈变动必定影响经济增长速度。凯恩斯在《就业、利息和货币通论》中指出，固定资产寿命和人口增长速度是影响国民经济周期变动的两大变动因素，这是最基本的人口经济学原理之一。但在中国经济增长波动研究中，学术界却对人口问题视而不见，难免对为什么中国自2008年起长达8年经济下行原因解释乏力，因而也无法提出摆脱这一困境的思路和可行的治理方案。

9. 提出人口流动不畅是引致中国经济下行的另一大核心解释变量

除了人口数量和结构等变动外，人口流动与城市化过程，与一个国家的经济增长和现代化也有着非常密切的关系。如人口流动与学习中的人力资本形成，城市化各阶段与制造业和服务业产业扩张的相关性，城市的集聚经济效应，等等，已经有非常多的研究成果。本书在这方面的工作只是讨论了中国人口流动和城市化与其他国家模式的特点。需要注意的是，我们不能以表面的数据，如用中国常住6个月以上人口的城市化水平，与世界一般发达国家城市化、人均GDP等数据对比，来探讨中国未来经济增长的潜力。因为中国改革开放以来，人口流动和城市化过程的流动体制、流程和结果，若细致地与世界其他国家或地区的模式相比较，是一个极为特殊的案例。

当然，在第二本书中，我们试图以人口规模和密度为基础，初步讨论大国经济和区域网络经济这样的范畴，并以此来解释中国可能有的大国规模经济优势，来说明为什么互联网+传统行业这样的产业模式，如高速铁路、高速公路、中低航空、信息网络、大数据等这些网络型的产业，在中国发展要比美国等国家蓬勃的经济学原因。

农村人口城市化是一个世界性的经济规律和社会发展趋势，世界上还没有这种案例，一个拥有很大比例农村人口的发展中国家可以直接转变成发达国家。农村人口不断向城市转移和集中是一个国家经济高增长的重要推动力，在城市化水平发展到65%左右时，基本完成工业化，城市化水平达到85%左右时进入较成熟的后工业化国家。从刘易斯和舒尔茨等人的二元结构和人力资本理论看，人口流动，特别是城市化，既是流动过程中通过学习形成人力资本的过程，也是剩余劳动力得到利用、收入提高和相关土地等资源重新配置，推动经济强劲增长的阶段。舒尔茨经过计算，发现美国20世纪初的经济增长动力有1/4来自人口流动。

中国与其他国家人口流动和城市化的不同在于：由于户籍限制、房地产价格太高、无土地等财产收益基础、公共服务和社会保障不公平，人口向城市的流动方式是“青出老回”和在城镇中漂泊；由于农村耕地、宅地和林地等所有权结构的复杂性，农民到城市务工后，农村资源的再配置存在障碍，规模经济和现代农业举步维艰；政府强制征用和行政垄断卖地的方式，盲目扩大城区和开发区，项目用地高算多报，使土地的再配置浪费很大；城市中的资金不能通过交易和股份等长期投资的方式进入农场、林场和其他农村项目；大部分儿童、妇女和老人留守农村，进城农民工及其子女（由于不平等的歧视）在公共和准公共产品方面的消费水平也较低，对教育、医疗、健康和养老等服务的消费能力和支出有限。

国内有的经济学家往往简单地将中国的人口流动和城市化水平与其他国家和地区相比，而忽视了中国在户籍、流程、公共服务制度和土地体制上的巨大差异。城乡户籍不统一，教育等公共服务不平等，社会保障不公平，土地体制僵化，等等，使得人口流动、消费和投资、农村土地等在其他国家可以强劲促进经济增长的动因，在我国锐减一半。

从中国经济运行、增长、发展和开放的情况看，经济学的研究，关键是要厘清分析的脉络和流程。“人口数量和结构的变动→劳动力供给的变动→劳动力供给与需求的变化→工资的变化→国民经济养老成本的提高→国内市场和出口的竞争力”“人口数量和结构的变化→消费增长速度的变化→消费结构的变化→老年人与青年人消费倾向的不同→增长的消费拉动力”，就是经济景气和增长与人口增速及结构有关的相互作用脉络，顺着这样的逻辑线索才能认清经济下行的原因之一。

最后，需要指出的是，分析清楚一个问题的深层次原因是彻底解决问题的关键。中华民族是一个具有悠久历史和灿烂文明的民族，我们内心的祈望是，在认清造成中国经济下行深层次原因的基础上，从目前和更长远的未来看，采取战略性的调整，深入改革，实施更高层次的开放，保持一个持续和中高速度的经济增长，使她能跨过中等收入阶段的“人口坑”陷阱，创新发展，世世代代生息繁衍、繁荣富强、巍然屹立于世界民族之林。当然，作为学者，我们希望在经济科学研究的进展方面，在现有人口与经济关系、发展中国家发展规律等各派理论研究的基础上有新的突破和进展；在实践上，我们也希望世界其他开始工业化和已处于工业化进程中期的发展中国家，学习中国成功的经验，而不再走中国走过的弯路。这就是我们对中国经济增速下行这一特殊案例——人口与经济内在关系进行科学而深入研究的使命和责任。我们将本书呈给每一个关心人类命运和中华民族前途的读者，奉献给全世界发展中国家的人们，包括经济陷入人口负增长困境中的发达国家。本书的研究及其定理，希望使人们记住：结构合理、生生不息和流动顺畅的人口，是一个民族和国家繁荣、持续发展最为宝贵的要素和财富。

周天勇

2017 年 2 月 16 日

第 3 部分　中国人口生育管制的经济后果

第 4 部分　中国人口流动管制的经济后果

PART TWO Academic Debate and Historical Evolution

PART FOUR The Economic Consequence of China's Population Flow Regulation System

第1部分

中国经济学界的未解之谜

中国，一个在1978年后的30多年中创造了经济增长奇迹并有着13多亿人口的大国，其国民经济为什么在2011年后从增速8%以上开始持续下行至今？形成这样一个几乎是突然从高速到中速的转折，其内在的因素和机制是什么？导致下行的负动力来源于哪里？国内外学术界从经济分析的角度给出了解释，发表了各种各样的看法。但是，在我们看来，许多分析或者十分浅显，或者有些牵强，没有说明是什么内在和深层次的巨大力量，使这样一个世界规模第二的巨大经济体，在21世纪前10年还高速成长，进入第二个10年后，经济增长曲线却急剧下滑。经济学家的使命和责任，就是要把中国经济下行的病因搞清楚，再根据问题的成因，做出治疗的方案。

1 问题的起因

改革开放30多年来，中国经济增长创造了奇迹，一跃成为世界经济大国，进入了“中等收入”国家行列。而2008年以后，中国经济逐渐进入了中低速增长的发展阶段，GDP 增长速度持续下行，2016年仅为6.7%。中国保持30年的经济高速增长的奇迹是如何发生的？影响因素到底有哪些？本章将重新思考和分析这个问题。这对我们研究人口和经济问题的起因，并在此基础上，考虑并形成促进中国经济增长的对策有着重要意义。

1.1 中国奇迹：经济高速增长30年

改革开放的30多年，中国创造的经济奇迹有目共睹。其间中国经济保持高速增长，经济开放程度得到了空前的提升。1978—2007年，经济总量和增长速度方面，我国国内生产总值从0.37万亿元增至31.68万亿元；年均经济增长率高达9.8%，显著高于1953—1978年6.1%的平均增速，并且远远超过同期世界经济年均3%的增速。在这30年间，中国从人均GDP不及非洲国家1/3水平的贫穷落后的状态质变成为世界第二大经济体、第一大出口国，堪称世界经济发展史上的一个奇迹。

1.1.1 经济实力快速增长

新中国成立初期到改革开放以前，中国经济总量规模小，人均GDP水平相当低。改革开放以后，中国国民经济综合实力实现了由弱到强的巨大突破。具体表现为：

其一，中国的国内生产总值持续高速增长，发展成为世界经济大国。在 1978—2007 年的 30 年中，中国的经济增长率年均为 9. 8%，其中，有 16 年超过了 10%，只有 3 年低于 7%（见图 1-1）。中国经济高速增长（年均增长率为 9. 8%）年限超过了日本（1956—1973 年共 18 年）。此外，中国经济总量增长了近 85 倍，由 1978 年的 0. 37 万亿元增长至 2007 年的 31. 68 万亿元。在全球 224 个国家和地区中，中国 GDP 总量占世界 GDP 比例大幅上升，从 1978 年的 1. 74% 上升至 2007 年的 6. 12%，已超过世界 GDP 总量的 1/20。

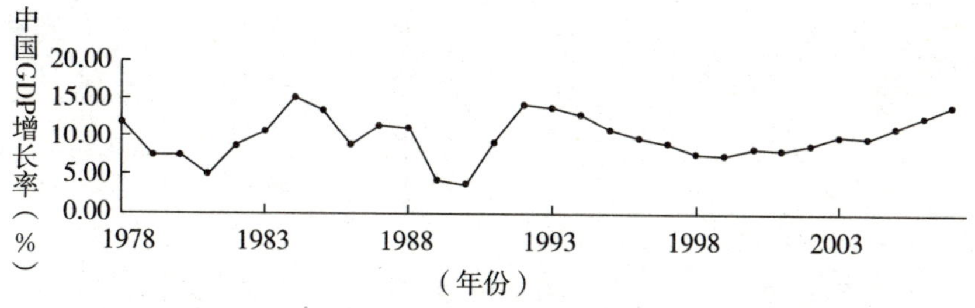

图 1-1　1978—2007 年中国经济增长变化趋势[①]

表 1-1 是世界其他主要国家和地区同时期的 GDP 总量情况。世界、美国及日本的 GDP 总量分别增长了 5. 74 倍、5. 14 倍、3. 36 倍，但美国和日本 GDP 总量占世界经济总量比例均有所下降，美国从 27. 64% 下降至 25. 17%，日本从 11. 69% 下降至 7. 57%。1978 年，中国 GDP 总量排名世界第 12 位，到 2007 年中国成为仅次于美国和日本的第三大经济体。可见，改革开放的 30 多年，中国一直在加快赶超世界经济强国的步伐。

① 资料来源：中华人民共和国国家统计局数据，http：//data. stats. gov. cn/easyquery. htm？cn=C01。

表 1-1　1978 年与 2007 年的世界主要国家和地区 GDP 总量[①]

项目 / 年份 / 国家/地区/组织	GDP 总量（万亿美元）		GDP 总量占世界的百分比（%）	
	1978	2007	1978	2007
世界	8.53	57.53	100	100
高收入国家	7.20	44.98	84.4	78.19
OECD（经济合作组织）成员	6.82	42.66	80.02	74.14
高收入经济合作组织国家	6.66	40.97	78.06	71.21
欧洲与中亚地区	3.28	21.04	38.48	36.57
欧洲联盟	2.77	17.69	32.48	30.74
北美	2.58	15.94	30.2	27.71
美国	2.36	14.48	27.64	25.17
欧洲货币联盟	2.18	12.88	25.56	22.38
中低收入国家	1.32	12.55	15.51	21.82
中等收入国家	1.26	12.35	14.83	21.46
东亚与太平洋地区	1.53	12.02	17.97	20.89
中高等收入国家	0.82	9.23	9.58	16.04
日本	1.00	4.36	11.69	7.57
中国	0.15	3.52	1.74	6.12

其二，中国人均国民总收入进入了“中等收入国家”行列。从人均 GDP 的统计数据来看，2007 年中国人均 GDP 为 2673.29 美元，比改革开放初期 1978 年的 155.18 美元提高了 17 倍；就增长速度而言，1978—2007 年人均 GDP 年均增长率达 9.8%。根据世界银行统计数据显示（见表 1-2），1978 年，中国的人均 GDP 仅为 155.18 美元，与世界其他主要国家和地区相比较，中低收入国家的水平为 414.76 美元，世界平均水平为 1990.04 美元，改革开放以前中国还

① 数据来自世界银行统计数据，《世界发展指标》GDP（现价美元），http：//data.worldbank.org.cn/indicator/NY.GDP.MKTP.CD。

未进入中低收入国家行列。到 2007 年，就人均 GDP 而言，中国为 2673.29 美元，中等收入国家为 2561.22 美元，中高等收入国家为 4128.86 美元，世界平均水平为 8616.86 美元，中国进入“中等收入”发展中国家行列，但离“中高等收入”国家和世界的发展水平还有较大差距。

表 1-2　1978 年和 2007 年世界主要国家和地区的人均 GDP[①]

国家/地区/组织	人均 GDP（现价美元）	
	1978 年	2007 年
美国	10587.29	48061.54
高收入 OECD 国家	7742.72	39685.22
欧洲货币联盟	7266.05	38696.1
欧洲联盟	6011.22	35371.01
OECD 成员	7051.57	35110.03
日本	8675.01	34033.7
高收入国家	6567.72	33558.08
欧洲与中亚地区	4189.54	23938.08
韩国	1468.08	23101.51
高收入非 OECD 国家	2510.31	13070.25
俄罗斯联邦	—	9101.26
世界	1990.04	8616.86
拉丁美洲与加勒比海地区	1572.27	6889.73
中东与北非地区	1351.26	5838.68
东亚与太平洋地区	1013.15	5561.51
中高等收入国家	538.91	4128.86
中国	155.18	2673.29
中等收入国家	429.01	2561.22
中低收入国家	414.76	2352.52

① 数据来自世界银行统计数据，《世界发展指标》人均 GDP（现价美元），http：//data.worldbank.org.cn/indicator/NY.GDP.PCAP.CD。

1.1.2 从农业经济社会向现代工业社会的转型

改革开放以来，中国开始了真正意义上的快速社会转型，实现了由农业社会向工业社会的转变、乡村社会向城市社会的转变。具体主要表现为以下方面。

首先，中国城市化水平大幅度提高，进入了城市化中期发展阶段。城市化是一个国家从落后的农业社会转向工业化和现代化的重要标志。1978 年，中国农业劳动力比率为 70.5%，城市化水平为 17.92%。30 年后，农业劳动力比率降为 40.8%，中国城市化的水平从改革开放初期不足 18% 推进到 2007 年的 44.94%。从结构上看，中国已经初步从粗放型的农业社会转向了集约型的工业和城市社会，进入了城市化的中期阶段（周天勇，2011）。

其次，工业产业结构实现了转型、优化和升级，中国进入了工业化中后期发展阶段。从图 1-2 可以看到，改革开放以来，中国三次产业结构中，第一产业对 GDP 的贡献率逐渐下降，第三产业对 GDP 的贡献率逐渐上升。从三大产业对 GDP 的贡献率变化来看，产业结构逐渐得到了优化，中国已逐渐从农业国转变成工业化国家。

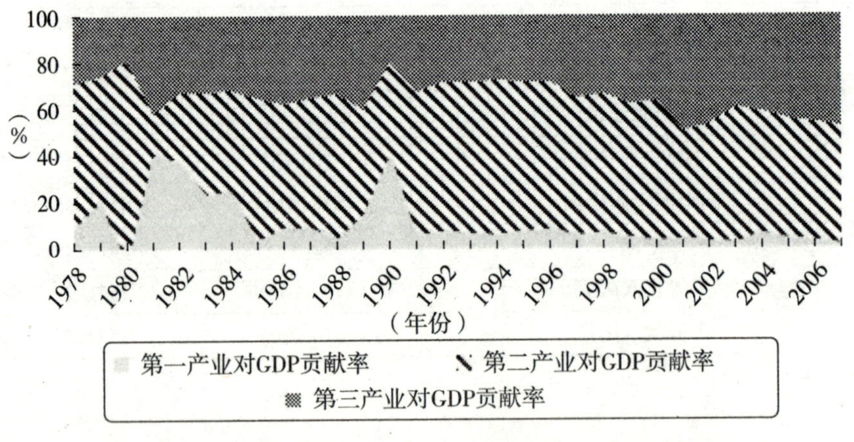

图 1-2 1978—2007 年三次产业结构对 GDP 的贡献率

另外，改革开放到 1990 年，工业占 GDP 的比重一直徘徊在 44%～46%，从 1990 年以后该比例出现了明显的上升，2007 年全国工业占 GDP 比重高达 58. 1%，结合钱纳里等人对工业化阶段的划分标准和中国经济发展实践，这表明 2007 年中国已进入了工业化中后期发展阶段（钱纳里，1989）。

最后，重要工业领域形成了庞大的生产能力，主要工业产品产量居世界前列。中国工业体系发展日益壮大，主要工业产品产量成倍增长（见表 1-3），能源、钢材、家电、汽车等主要工业产品满足了社会日益增长的需求。截至 2007 年，中国有 210 种工业产品产量居世界首位，主要工业产品产量位次不断前移，工业化得到了快速的发展和良性的推进。此外，中国还形成了规模庞大的现代化交通体系，等级公路、铁路、高铁、城市地铁等实现了超常规和跨越式的发展，输电、输油、输气等形成网络体系，高速信息网络系统也全面铺开和升级，为中国完成第一次现代化和深化第二次现代化奠定了重要的基础。

表 1-3　　1978—2007 年中国主要工业产品产量变化[①]

年份 产品	1978	2007	年份 产品	1978	2007
原煤产量 （亿吨）	6. 18	27. 6	钢材产量 （万吨）	2208	56560. 87
原油产量 （百万吨）	104. 05	186. 32	汽车产量 （万辆）	14. 91	888. 89
成品糖产量 （万吨）	226. 7	1271. 38	家用洗衣机产量 （万台）	32. 41	4005. 1
纯碱（碳酸钠）产量 （万吨）	132. 9	1765	集成电路产量 （百万块）	—	41162

① 数据来源于国家统计局网站公布的历年《全国年度统计公报》。

续 表

产品＼年份	1978	2007	产品＼年份	1978	2007
水泥产量（万吨）	6524	136117.25	彩色电视机产量（万台）	38	8478.01
乙烯产量（万吨）	38.03	1027.8	发电量（亿千瓦时）	2565.5	32815.53
化学纤维产量（万吨）	28.46	2413.78	房间空气调节器（万台）	0.02	8014.28

1.1.3 对外贸易的“引进来”和“走出去”

对外经济关系上，中国从一个封闭的社会中走了出来，转变为向世界开放的、正在大踏步迈向现代化的国家。改革开放的1978—2007年，中国从半封闭社会向对外开放的社会转变，对外贸易由与苏联及东欧等社会主义国家建立的伙伴关系发展到与欧盟、美国、日本及“金砖国家”等建立的双边贸易伙伴关系，对外贸易依存度也从9.84%提升到了61.92%，发展成为世界对外贸易大国。具体表现在以下方面。

首先，对外贸易规模不断扩大，居世界第三位。在经历了1952—1978年的低速徘徊期后，中国对外贸易进入了飞速发展时期。自改革开放到2007年，中国进出口总额年均增长24.73%，出口额年均增长25.52%；进口额年均增长24.38%（绝对额见图1-3）。进出口贸易总额居世界位次由1978年的第29位跃升到2007年的第3位，仅次于美国与德国，占世界贸易总额的比重也由0.8%提高到了7.9%。与此同时，贸易商品结构不断改善：1980年，农副产品等初级产品出口所占比重高达50.3%，2007年，初级产品比重已经降到了5%，机电产品、高新技术产品等工业制成品比重上升至95%（见表1-4）。进出口总额的增加和出口结构的改善使中国成为对外贸易大国。

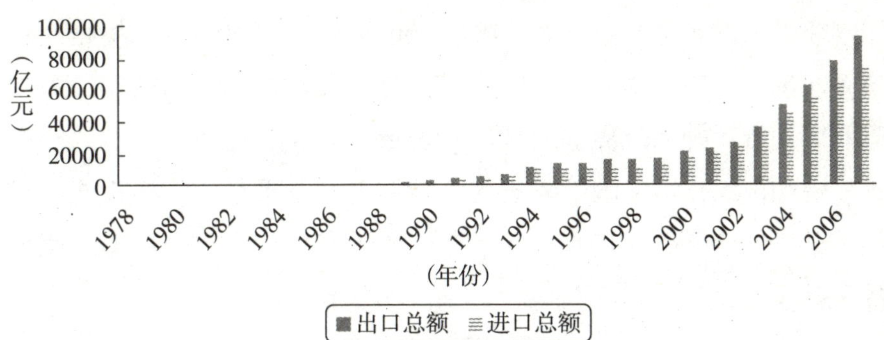

图 1-3　中国 1978—2007 年进出口情况

表 1-4　　　　1980—2007 年中国出口商品结构[①]

年份 / 金额与比重 / 出口商品	1980		1990		2000		2007	
	金额（亿美元）	比重（%）	金额（亿美元）	比重（%）	金额（亿美元）	比重（%）	金额（亿美元）	比重（%）
全部出口商品	181. 2	100	620	100	2492. 1	100	12180	100
初级产品	91. 1	50. 3	158. 9	25. 6	254. 6	10. 2	615	5
工业制成品	90. 1	49. 7	461. 8	74. 4	2237. 5	89. 8	11565	95
机电产品	13. 9	7. 7	110. 9	17. 9	1053. 1	42. 3	7011. 71	57. 57
高新技术产品	—	—	—	—	370. 4	14. 9	3478. 25	28. 56

其次，实施“引进来”战略，中国利用外资规模连续数年居发展中国家之首。1978—2007 年，中国实际使用 FDI（对外直接投资）年均 313. 84 亿美元，1983 年实际使用 FDI 为 22. 6 亿美元，2007 年达到 783. 39 亿美元（见图 1-4），年均增长 20. 2%。其中 2007 年中

① 机电产品及高新技术产品中包含部分相互重叠的商品，数据来源于中国海关统计。

国规模以上工业总产值的近 30%、进出口总额的 50% 以上均是由外资企业创造。加入 WTO（世界贸易组织）以后，自 2002 年以来中国利用外资额排名世界前三位，居发展中国家首位。另外，通过引进外资和技术，学习国外先进的企业制度和管理经验，出口国内剩余劳动力创造产品获得收入，等等，中国在对外开放中获得了巨大的利益。①

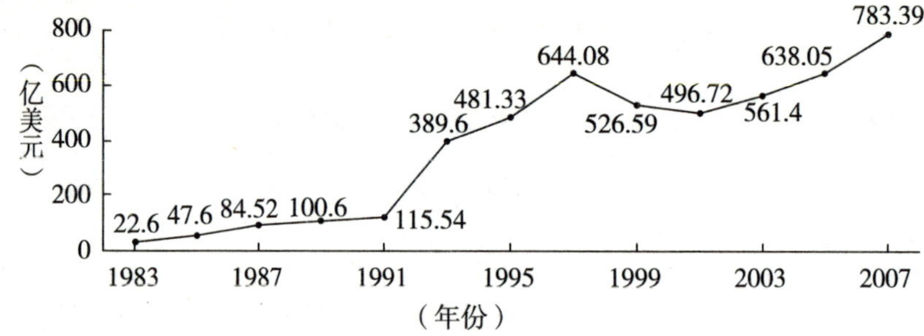

图 1-4　1983—2007 年中国实际利用外资额

最后，中国从向内的进口替代式发展战略转向出口导向和出口替代式的发展战略，对外贸易战略实现了“引进来”到“走出去”的转型。随着中国经济的高速发展、经济实力的增强和管理技术水平的提高，以直接参与海外工程、劳务合作和技术合作为特点的对外经济合作也快速发展。2008 年，中国对外经济合作合同金额达到 1130 亿美元，完成营业额 651 亿美元，分别比 1989 年增长 50.1 倍和 37.5 倍。另外，中国对外投资继续高速增长，自 2003 年中国发布年度对外直接投资统计数据以来，中国对外直接投资额（非金融部分）从 2003 年的 29 亿美元增长至 2007 年的 265.1 亿美元。截至 2007 年年底，中国近 7000 多家境内投资主体在全球 173 个国家和地区设立境外直接投资企业超过 1 万家，对外直接投资累计净额（简

① 周天勇．公正地看待过去 30 年发展成就［EB/OL］．[2011-06-30]．http：//theory.people.com.cn/GB/15039442.html.

称存量）1179.1 亿美元。[①] 通过“走出去”贸易战略的实施，中国形成了全方位、多层次、宽领域的开放格局，真正融入了世界经济体系。

1.1.4　人民生活从温饱到小康

新中国成立初期，百废待兴，人民生活水平提高较慢，挣扎在贫困边缘。1978 年改革开放初期，人民生活水平尽管有所改善，仍达不到温饱状态。经过改革开放 30 多年的发展，人民生活逐渐由温饱不足向小康水平转变。主要表现为以下方面。

一方面，城乡居民可支配收入增长速度逐步加快，居民持有财产性收入从无到有（见表 1-5）。城镇居民人均可支配收入由 1978 年的 400 元不到增长至 2007 年的 13785.8 元，扣除价格因素，年均增长 7.2%。农村居民家庭人均纯收入由 1978 年的 133.6 元提高至 2007 年的 4140.4 元，与 1949—1978 年年均名义增长率 3.9% 相比，1978—2007 年年均实际增长率为 7.1%。同时，城乡居民拥有的财富随着收入的增加呈现快速增长趋势，1978 年年底城乡居民人民币储蓄存款余额 210.6 亿元，2007 年年底增长为 17.25 万亿元，人均储蓄存款余额由 22 元增加到 13090 元。此外，股票、保险、债券等金融资产投资规模不断扩大，城镇居民持有的财产性收入占人均可支配收入比重从无到有，并逐步增长到 2007 年的 2.3%。

① 中华人民共和国商务部，中华人民共和国国家统计局，国家外汇管理局. 2007 年度中国对外直接投资统计公报［EB/OL］.［2009-03-09］. http://cn.chinagate.cn/reports/2009-03/09/content_17410755.htm.

表 1-5　　1978—2007 年城乡居民收入情况

年份 收入或储蓄	1978	1985	1990	1995	2000	2005	2007
农村居民人均纯收入（元）	133. 6	397. 6	686. 3	1577. 7	2253. 4	3254. 9	4140. 4
城镇居民人均可支配收入（元）	343. 4	739. 1	1510. 2	4283	6280	10493	13785. 8
城乡居民储蓄存款余额（万亿元）	0. 02	0. 16	0. 71	2. 97	6. 43	14. 11	17. 25

另一方面，城乡居民消费水平大幅度提升，消费结构显著改善。1978 年中国城镇居民家庭恩格尔系数为 57. 5%，处于贫困和温饱最低水平；农村居民恩格尔系数高达 67. 7%，还未解决温饱问题。经过改革开放 30 多年的发展和推动，城乡居民收入的快速增长大大提高了居民的消费水平：2007 年城乡居民人均消费为 7081 元，按可比价格计算，比 1952 年提高了 15 倍，年均实际增长 5. 1%，比 1978 年提高 8 倍，年均实际增长 7. 6%。此外，我国居民的消费结构得到显著改善（见图 1-5）：城镇居民家庭恩格尔系数由 1978 年的 57. 5%下降到 2007 年的 36. 3%，农村居民家庭恩格尔系数由 1978 年的 67. 7%下降到 2007 年的 43. 1%。根据联合国对世界各国的生活水平划分标准（国家平均家庭恩格尔系数 40% ~ 50% 为小康，30% ~ 40%属于相对富裕），2007 年我国人民生活基本达到了小康水平。

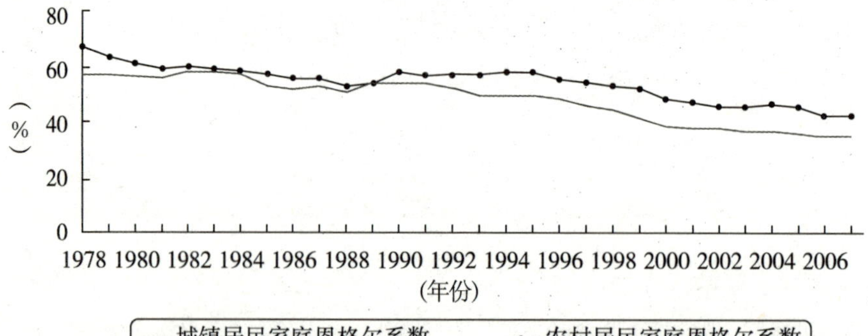

图 1-5　1978—2007 年中国城乡居民恩格尔系数变动趋势

1.2　中国经济高速增长的成因

针对中国经济保持高速增长 30 年的成因，国内外经济学界及产业界对此提出了较多的解释，并且各有不同的侧重点。对于拥有 13 亿人口之多的中国而言，经济保持 30 多年的上行轨迹是一个极其复杂的现象。我们认为这 30 年的经济上行最根本的还是人口因素起了作用，具体为：自 20 世纪 50 年代起，中国近 20 年的新生人口的快速增长积蓄了大规模的农村剩余劳动力和城镇闲置劳动力，而 1978 年开启的一系列体制机制改革解除了这部分群体的束缚，如暂住证制度可以使得农村剩余劳动人口进城务工。同时开启的开放政策则正好迎合了世界产业链重新整合的机会窗口，使中国剩余劳动力以廉价的成本优势嵌入全球产业链的低端制造环节。在这种全球的融合和市场化过程中，人们解放了思想，企业积累了资金、管理经验和技术，形成了一批又一批的创业者和企业家，极大地推动了民营企业的蓬勃发展和国企效率的提升，进而使得中国成功迈入全球经济大国行列。

1.2.1　高生育率积蓄了大规模的剩余劳动力

新中国成立以前，由于战乱频繁、社会动荡、经济停滞等因素，国家人口发展缓慢，呈现出明显的高出生、高死亡、低增长等特征。新中国成立之后，社会安定，经济逐步发展，人民的生活水平以及医疗卫生条件不断得到改善，人口发展也出现了新的特征。总体来看，在 20 世纪 70 年代实行计划生育之前，中国先后出现的两次

“人口生育高峰”①，为20世纪80年代以来的经济发展储蓄了大量农村剩余劳动力和城市闲置的劳动力。

1949年，全国人口出生率为36‰，死亡率为20‰，自然增长率约16‰，全国总人口为5.42亿。到1957年，死亡率下降至10.8‰，自然增长率则上升为23.2‰，全国总人口达到6.47亿。1949—1957年，国家人口净增1.05亿。此后，1959—1961年，连续三年的自然灾害致使人民生活受到严重影响，经济发展遭遇波折，人口死亡率增加，出生率锐减，甚至出现人口负增长。但自1962年开始，国家经济发展状况逐渐得到改善，人口发展的负增长状态也迅速得到改变，死亡率开始大幅度下降。加之自然灾害后国民强烈的“补偿性生育”行为，使人口出生率迅速回升，人口增长进入新中国成立以来前所未有的高峰期，并一直持续到20世纪70年代初。在此期间，中国人口出生率最高达到43.6‰，平均水平保持在36.8‰左右；人口死亡率重新下降到10‰以下，并逐年稳步下降，至1970年，降低到7.6‰。随着出生率的上升和死亡率的下降，这一时期中国的人口年平均自然增长率达到27.5‰，年平均出生人口高达2688万人，8年净增人口1.57亿。

1950—1970年中国人口年度生育率、出生率、死亡率和增长率如表1-6所示。

---

① 中国国家统计局新中国60周年：人口总量适度增长结构明显改善［EB/OL］.［2009-09-15］. www.gov.cn/test/2009-09/15/content_1417725.htm.

表1-6　　中国1950—1970年人口生育率、出生率、死亡率、增长率及总人口①

年份	总和生育率（个）	出生率（‰）	死亡率（‰）	增长率（‰）	总人口（亿）
1950	5.95	37.00	18.00	19.00	5.52
1951	5.90	37.80	17.80	20.00	5.63
1952	6.25	37.00	17.00	20.00	5.75
1953	6.50	37.00	14.00	23.00	5.88
1954	6.30	37.97	13.18	24.79	6.03
1955	6.40	32.60	12.28	20.32	6.15
1956	6.20	31.90	11.40	20.50	6.28
1957	6.41	34.03	10.80	23.23	6.47
1958	5.68	29.22	11.98	17.24	6.60
1959	4.30	24.78	14.59	10.19	6.72
1960	4.02	20.86	25.43	-4.57	6.62
1961	3.29	14.33	18.13	-3.80	6.59
1962	6.02	37.22	10.08	27.14	6.73
1963	7.50	43.60	10.10	33.50	6.92
1964	6.18	39.34	11.56	27.78	7.05
1965	6.08	38.00	9.50	28.50	7.25
1966	6.26	35.21	8.87	26.34	7.45
1967	5.31	34.12	8.47	25.65	7.64
1968	6.45	35.75	8.25	27.50	7.85
1969	5.72	34.25	8.06	26.19	8.07
1970	5.81	33.59	7.64	25.95	8.30

从中国1950—1970年的人口生育、出生、死亡和增长情况看，总和生育率年平均高达5.83，出生率年平均高达33.6‰。另外，在这一时期农村总和生育率约为6.5，而城镇约为4.2。同时，由于农村完成了给农民均分土地的改革，加之战争结束，城乡生活安定，营养和医

① 数据来源：中华人民共和国国家统计局网站；总和生育率根据国家统计局各年人口出生率、死亡率、增长率以及《人口统计公报》推算。

疗条件逐步改善，经济发展，死亡率从1950年的18‰下降到1970年的7.64‰，平均寿命从1949年的35岁提高到了1970年的60岁。年平均人口自然增长率达20.88‰，且在1965年高达28.50‰。总体来看，20年间，中国人口呈现高出生率、由高到低的死亡率和高增长率的变动模式。

随着高生育率带来的人口数量增加，推动经济增长的剩余劳动力人口基数倍增。一方面，他们为经济发展提供了充足的劳动力供给，1979—2007年，中国15~64岁的劳动适龄人口占比不断上升（见图1-6）。另一方面，他们是消费需求最旺盛的群体，人口数量增长带来的消费需求激增促进了经济发展。国家统计局相关数据表明，改革开放前，全国社会消费品零售总额每年不足千亿元，仅以4%左右的速度增长，1979—2007年则以年均15%的速度快速增长，截至2007年，该项数据已突破9万亿元。可见，劳动力供给的增加以及伴随人口数量增长带来的消费需求激增，为改革开放之后中国经济的发展提供了双重“动力”，即劳动力供给驱动和家庭消费拉动。

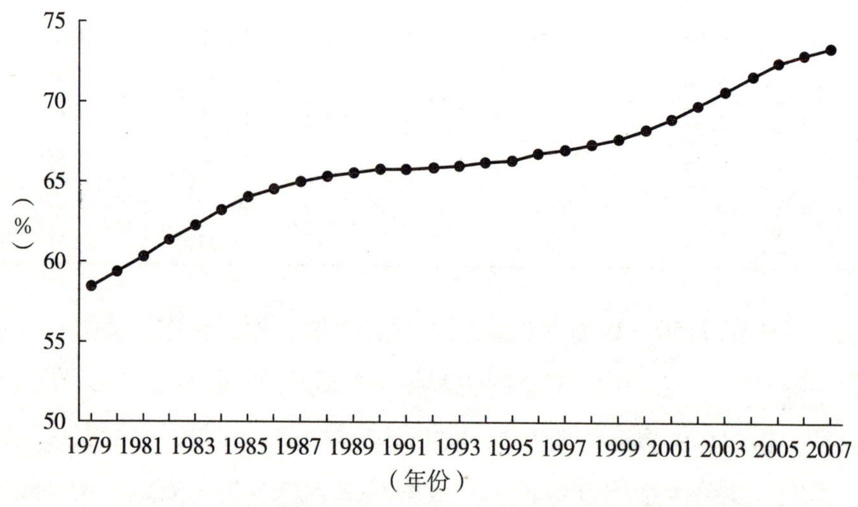

图1-6　1979—2007年中国15~64岁劳动年龄人口占比[①]

---

① 数据来源：中华人民共和国统计局网站数据库。

1.2.2　剩余劳动力优势成功嵌入全球产业链

自 1978 年开始的一系列体制机制改革在很大程度上解除了对剩余劳动人口的束缚。经济体制改革使得劳动人口能够自由参与到市场经济中去；城乡体制改革，如暂住证制度使得农村剩余劳动人口可以进城务工；对外开放政策抓住了全球产业重组的契机，使得中国剩余劳动力以廉价的成本优势嵌入全球产业链的低端制造环节。这些改革措施让中国剩余劳动力充分发挥了用武之地，推动了经济的快速发展。

首先，在经济体制改革的过程中，我国逐渐放弃高度集中的计划经济体制，转而进行市场化方向的改革，充分发挥了市场经济体制在激励和调节经济发展中的巨大作用。在传统的计划经济体制下，企业和社队的管理者以及劳动者由于制度对劳动力等生产资源流动的限制而无法感受到来自市场竞争的压力，企业和社队的生产缺乏竞争机制下的效率。而在市场经济体制下，当企业和农户的市场机制内容逐步建立后，由于允许市场上存在商品和各种资源的交换和流通，且市场决定价格，并反映组织经营的成本及利润，因此，在市场机制的竞争下，促使企业为推进技术进步、提高产品质量和服务等对劳动力需求大大增加。国家统计局相关数据表明，我国就业人数从 1978 年的 4 亿人增加到了 2007 年的 7.7 亿人。体制改革激励了要素所有制的积极性，市场竞争带来了各方面的效率，劳动力和要素的流动释放了经济结构转型的增长力量，也使规模经济、分工专业化及人力资本积累等因素对经济增长的贡献不断增加（周天勇，2009）。

其次，在经济结构转型的过程中，城乡二元经济结构的调整和增长效应带来并加快了中国的城市化进程，大量人口的流动为第二产业以及第三产业的发展提供了充足的动力。由于历史原因，在改革开放之初，中国的经济呈现出典型的“农村—城镇”二元经济结构特点，既有发达的工业经济，又有落后的以农业为主的乡村经济。

二元经济的存在将劳动力分为几乎无法相互流动的城镇劳动力和农村劳动力，大大限制了城镇劳动力的供给数量。随着改革的不断深入，大量人口从农村涌向城镇，农村和农业中大规模的剩余、闲置劳动力逐步得到较为充分的利用，农村劳动力进城后收入水平的增加构成了国民收入的新增部分。人口和劳动力向城镇的流动、转移，推动城市基础设施、交通、电力、住宅、商业设施、工作场地等的投资和建设的同时，也带动了相关产业的消费。数据显示，改革开放之前，中国城市化水平几乎停滞不前；而改革开放打破城乡二元结构以来，全国城市化水平每年都呈现线性增长趋势，中国的城市化水平从 1978 年的 17.9% 提升到 2007 年的 44.94%[①]（见图 1-7）。城乡二元结构转型后，使得城镇非农产业利用源源不断的低劳动力成本，获得了巨额利润，并持续地进行再投资和产业扩张，从而在较长时期内推动了中国经济的高速增长。

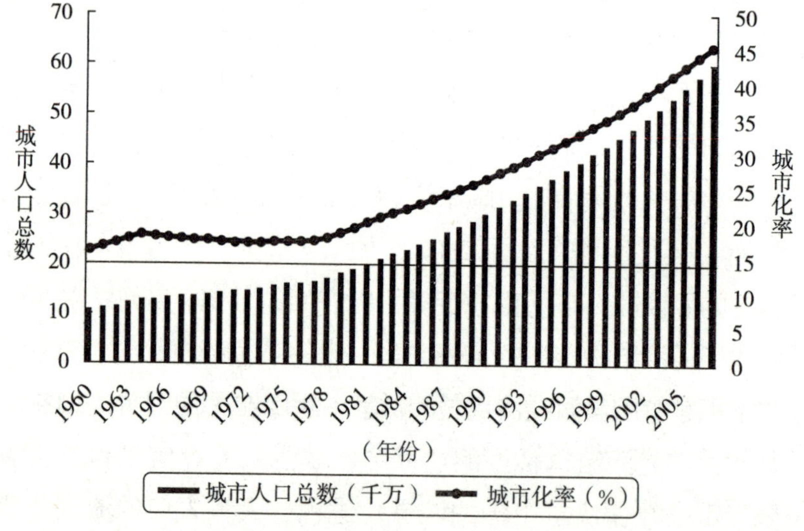

图 1-7　改革开放前后中国城市人口和城市化水平的变化趋势

① 数据来源于世界银行，世界发展指标：城镇人口（占总人口比例）。http：//data. worldbank. org. cn/indicator/SP. URB. TOTL. IN. ZS。

最后，在坚持对外开放的过程中，中国正好迎合了全球产业链重组的机会窗口，积极参与到世界贸易中去。通过加工出口等贸易活动，充分利用数亿剩余劳动力，并以此获得生产制造的低成本优势（周天勇，2009，2010），在全球产业链重组的低端制造环节中赢得了一席之地。1982—2007 年，中国对外贸易的增长速度远高于世界贸易增长的平均速度，加工贸易的迅猛发展是其重要原因。大量跨国公司选择中国为加工贸易伙伴，最重要的原因在于中国二元劳动力市场的形成和低廉的劳动力成本优势。有研究表明，我国农民工相对收入每下降 1%，加工贸易出口则增加 11. 23 亿美元，这足以说明劳动力成本优势对中国加工贸易发展的推动作用。特别是 20 世纪末期，中国相继实行了“来料加工、来件装配、来样生产”“补偿贸易”“大进大出”等贸易开放战略，这些战略适应了国际产业转移的形势，发挥了中国在国际产业链分工中的劳动力、土地等要素价格相对较低的比较优势，促进了我国对外贸易的巨大发展。据统计，1980—2001 年，中国加工贸易出口的年均增长率高达 29. 4%，加工贸易进口的年均增长率达到 24. 1%，加工贸易年均出口增长率与进口增长率分别比其他贸易方式高出 19. 8%和 13. 8%，加工贸易对出口与进口的贡献率分别达到 59. 3%和 41. 5%[①]。

1.2.3 经济主力人口的创业创新动力

在中国经济市场化和融入全球化的过程中，人们的思想得到了解放，同时，海外资金、管理经验和先进技术的输入，使得中国涌现出大量的本土企业家。自改革开放以来，中国先后出现一大批具

① 中国经济持续快速增长的主动因：中国的对外开放［EB/OL］．［2007-09-13］．http：//www.china. com. cn/aboutchina/zhuanti/qqhsy/2007-09/13/content_8869874_2. htm.

有吃苦耐劳、勤俭节约、奋发图强且具有创新创业精神的企业家和实践者。其中，特别是三次创业浪潮中的民营企业家，通过其创新创业的激情，释放了社会的创新创业活力，助推中国民营企业的蓬勃发展和国有企业的效率提升，进而推动了中国经济长达30年的高速增长。

1984年邓小平初次“南巡”，1992年其再次“南巡”，2001年中国正式加入WTO，每一次创业浪潮中都有一大批站在风口浪尖的弄潮儿。随着世界大环境的变化，对外开放的中国从世界经济中汲取的知识和经验也越来越丰富，从而成就了一批又一批各具特色的本土企业家。第一次创业浪潮中，涌现了一批在传统制造业中干得风生水起的创业家，联想创始人柳传志将第一次创业潮形象地比喻成拓荒者的游戏。第一批企业家是在改革开放初期涌现的，因而他们在传统制造业中发挥了巨大作用；第二次创业浪潮更像是社会精英的掘金潮，随着市场化程度的加深，股份制等现代管理意识开始植根于这一代创业者的头脑中，代表人物有房地产界的大佬潘石屹、冯仑等。第二批民营企业家在国外先进的管理知识和技术方面吸取了更多的经验，相较于第一代企业家更具社会精英的特质；第三次创业浪潮是“海归”企业家带着海外风险资本在互联网产业中的角逐，典型人物有百度的李彦宏、搜狐的张朝阳等。第三批企业家在全球互联网快速发展的时代诞生，全球网络化使得创业者们在信息技术产业方面拥有了更为广阔的发展天地。

在这30年间，虽然每一次创业潮的背景和规模都各有不同，但是创业者不怕吃苦、勇于进取的精神高度一致，也正是由于他们的智慧和实干的力量及其引领的民营经济的发展，才释放了社会的创新活力，为创新活动的持续以及中国经济的增长贡献了重要力量。统计数据显示，在1978—2007年的30年间，就业方面，民营企业，特别是中小型民营企业的发展大大增加了就业机会，全国非农就业人口中，有 80% 左右的从业人员都来自民营企业。截至 2007 年，全国范围内登记注册的私营企业从业人员数量已超过 1 亿人，实际上，民营企业从业人员已经接近 2 亿人。创新方面，中小企业也贡献了巨大的力量。相关数据表明，2005—2007 年，全国自主创新成果中的 70%、国内发明专利中的 65%、新产品开发中的 80%，均来自中小企业，而这些中小企业中有 85% 以上都是民营经济；在国家级高新技术开发区中，民营企业占企业总数的 70% 以上。税收方面，民营经济在全国税收中扮演着越来越重要的角色，并逐步成为我国国家税收的重要来源之一。2007 年私营企业税收总额 4775 亿元，占全国税收总额比重的 9.56%。对外贸易方面，民营经济也已成为对外贸易的主力军，2007 年全国私营企业对外贸易额为 3476 亿元，高于全国平均增长 45.8% 的水平，占全国进出口比重的 15.8%，其中，出口总额占全国比重的 27.6%[①]。

1.3　2008 年经济增速开始下行

然而，2008 年以后，中国经济增长进入了一个下行的轨迹。从 GDP 增长速度变动趋势（见图 1-8）可以看到，2007 年中国经济增速为 14.2%，到 2008 年经济增速突然下行，降到了 9.6%，2008 年年底受经济强刺激后，2010 年微升至 10.6% 后，又持续下行，2015 年的经济增速下降到 6.9%。其中，工业增加值增长率从 2007 年的 14.9% 下降到了 2015 年的 6.1%，增长率比 2014 年下降了 8.8 个百分点。中国经济下行具体表现为以下形态：产能过剩、工业和投资增速放缓、出口竞争优势削弱及前期高速发展积累的一些风险正逐步显现。

---

① 全哲洙．民营经济三十年发展历程与贡献［EB/OL］．［2008-05-11］．http：//finance.sina.com.cn/hy/20080511/12134854634.shtml.

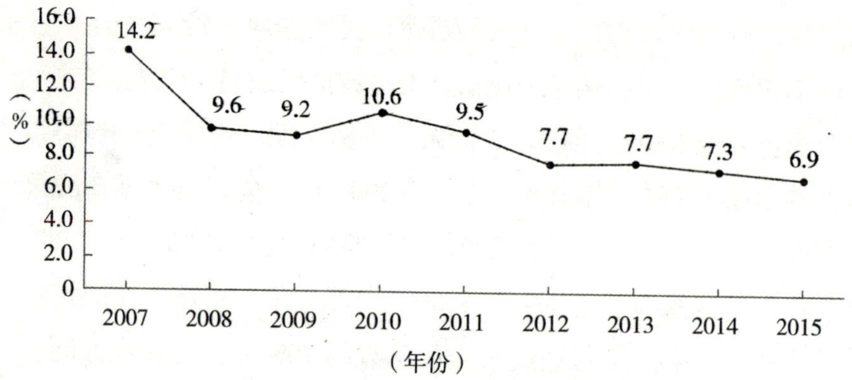

图 1-8　中国 2007—2015 年 GDP 增长速度变动趋势

1.3.1　工业生产转入了全面过剩

产能过剩是我国经济下行的主要表现之一。近 20 年来，投资推动着中国经济的高速增长，然而投资过热形成供大于求的局面，进而导致产能过剩。我国部分产业供过于求的矛盾日益凸显，包括钢铁、水泥、电力、铁合金、焦炭、电石、电解铝、汽车、房地产、家电、纺织等在内的传统产业产能普遍过剩，水泥、钢铁、电解铝等高消耗、高排放行业尤为突出。2015 年年末，我国工业企业产能综合利用率整体低于 75%，有的行业甚至低于 65%，已属于绝对过剩。

首先，钢铁是房地产产业发展中需求较大的重化工业支柱产业，而钢铁行业目前面临比较严重的产能过剩压力和生产经营困难。如表 1-7 的粗钢产量和平均售价数据显示，我国粗钢产量在 2008 年只有 5.03 亿吨，到了 2015 年钢产能高达 8.04 亿吨，2015 年全球粗钢产量 16.2 亿吨，中国产量占全球产量的 49.6%，2015 年我国钢铁行业产能利用率约为 67%。中国钢铁行业自 2008 年开始进入低迷期，不仅存在产能过剩的问题，而且由于下游行业需求减弱，钢材价格大幅下跌，整个行业还面临严峻的生产经营问题。全年钢材平均价格从 2010 年开始直线下降，从 2010 年的 4644 元/吨下降到 2015 年的1800元/吨，2015年下降幅度最大，比2014年下降了41.44%。价格的下降直接导致钢铁企业经营困难，严重亏损。据钢铁企业协会的统计，2015年，大中型钢铁企业中会员钢铁企业实现销售收入同比下降19.05%，实现税金同比下降22%，实现利润总额亏损面为50.5%，亏损企业产量占会员企业钢产量的46.91%。[①]

表1-7　2008—2015年中国粗钢产量和钢材平均售价[②]

年份	2008	2009	2010	2011	2012	2013	2014	2015
粗钢产量（亿吨）	5.03	5.72	6.37	6.87	7.24	7.79	8.22	8.04
钢材平均售价（元/吨）	—	—	4644	4468	3750	3442	3074	1800

其次，受到房地产过剩影响较大的水泥行业产能同样严重过剩。在2008年年底政府4万亿元投资的经济强刺激推动作用下，我国从2008—2014年的水泥产量逐年增长（见表1-8），但是产能利用率没有实现逐年增加。2015年水泥产量虽然出现了下降趋势，比2014年小幅降低，但水泥产能利用率却没有因此提高，反而从2014年的70%左右降为65%[③]。2015年中国水泥产量占全球产量的58%左右，水泥行业持续面临产能过剩的巨大压力。过剩的产能直接导致水泥行业亏损。2015年，水泥行业实现利润总额同比下降58%，利润不到2014年的50%，甚至低于近七年的盈利水平；亏损面约为35%，亏损面较上一年增长了10%；亏损企业亏损总额较2014年增长1倍。[④]

---

① 钢铁行业现状分析：2015年中国钢铁市场表现情况回顾［EB/OL］.［2016-02-02］. http://www.chinabgao.com/k/gangtie/22297.html.

② 数据来源：中华人民共和国工业和信息化部原材料司发布的历年《钢铁行业发展回顾统计分析公报》，国家统计局《中国经济统计月报》，笔者整理。

③ 钢铁水泥行业产能利用率低下　僵尸化比例超15%［EB/OL］.［2015-12-30］. http://business.sohu.com/20151230/n432997998.shtml。

④ 数据来源：水泥商情网2016年2月1日，http://www.snsqw.com/news/rdzt/201602/168132.html。

表 1-8　　2008—2015 年中国水泥产量和产能利用率[①]

年份	2008	2009	2010	2011	2012	2013	2014	2015
水泥产量（亿吨）	14. 24	16. 30	18. 82	20. 99	22. 10	24. 19	24. 92	23. 48
产能利用率（%）	63. 0	75. 3	65. 0	70. 0	67. 7	73. 4	<70. 0	65. 0

最后，其他工业制造行业均存在不同程度的产能过剩，包括化纤、纺织业、服装、造纸、非金属制品、有色金属、不锈钢、电子机械、汽车、煤化工、农药等传统产业，也包括医药工业、碳纤维、风电设备、多晶硅、锂电池等新兴产业。如由于 2014 年电解铝行业出现严重的产能过剩，该行业于 2015 年实行阶段性停产 427 万吨，[②]再如 2014 年，全国风电设备中有 40% 的产能未被利用[③]。

1. 3. 2　消费、投资增速下行和突然放缓

消费和投资是需求侧拉动国民经济增长的主要力量。然而，2008 年以来，消费和投资增速持续下行直接导致了我国经济增速的下行。

一方面，从需求侧来看，消费需求放缓是中国经济增速下行的重要表现。从表 1-9 中的数据可以发现，2008 年以来，社会消费零售总额虽然有的年份增速有所上升，但总趋势在下降。社会消费品零售总额增速从最高 2008 年的 22. 72% 持续降低到 2015 年的 10. 7%，是 2004 年以来的最低增速。消费品市场显现出较多的问题：高端百货店、专卖店、餐饮店销售额进一步下降；面临网上销售的强有力竞争，实体店关店现象大幅增多；部分品牌老化，竞争

① 数据来源：水泥产量来源于国家统计局年度数据；产能利用率来源于中国工信部历年建材统计分析数，国家统计局《中国经济统计月报》，http：//www. miit. gov. cn/n1146312/n1146904/n1648356/n1648361/index. html。

② 杨国民. 严防电解铝产能反弹［N］. 经济日报，2016-04-11（7）. http：//paper. ce. cn/jjrb/html/2016-04/11/content_298141. htm.

③ 中国 9 大产能过剩行业震惊世界［EB/OL］.［2014-07-31］. http：//www. nbd. com. cn/articles/2014-07-31/852915. html.

力下降导致企业破产等。

表 1-9　　2008—2015 年社会消费品零售增长情况

年份	2008	2009	2010	2011	2012	2013	2014	2015
社会消费品零售总额（万亿元）	11.48	13.27	15.7	18.39	21.03	24.28	27.19	30.09
增长速度（%）	22.72	15.54	18.33	17.15	14.35	15.47	11.96	10.7

另一方面，在外需乏力、消费放缓的情况下，投资增速回落过大、过快是经济增速下行的又一重要表现。从全社会固定资产投资增长总体情况来看，2008—2014 年我国全社会固定资产投资增长速度分别为 25.9%、30%、23.8%、15.9%、20.3%、19.3%、15.3%[①]，2015 年全国固定资产投资（不含农户）增速已经跌至 10%，同比下降了 5.3%（见表 1-10）[②]。

全社会固定资产投资整体增长速度放缓主要是受到了工业、房地产、基础设施建设三大领域投资下降的影响。

表 1-10　　2008—2015 年中国全社会固定资产投资变动情况

年份	2008	2009	2010	2011	2012	2013	2014	2015
社会固定资产投资额（万亿元）	17.28	22.46	25.17	31.15	37.47	44.63	51.2	55.16
社会固定资产投资增速（%）	25.9	30	23.8	15.9	20.3	19.3	15.3	10
工业投资总额（万亿元）	6.37	8.04	9.88	12.9	15.44	18.18	20.43	21.99
工业投资增速（%）	27.91	26.22	22.89	30.57	19.69	17.75	12.38	7.64
房地产投资总额（万亿元）	2.75	3.62	4.83	6.17	7.18	8.6	9.5	9.6
房地产投资增速（%）	22.7	16.1	33.2	27.9	16.2	19.8	10.5	1

① 见中华人民共和国统计局网站，历年《社会和国民经济统计公报》，以及统计发布。

② 国家统计局.2015 年全国固定资产投资（不含农户）增长 10%［EB/OL］.［2016-01-19］. http://www.stats.gov.cn/tjsj/zxfb/201601/t20160119_1306141.html.

一是工业投资。由于工业产能全面过剩，相应的工业投资增速形势十分严峻。表 1-10 的统计数据显示，自 2008 年以来，除 2011 年的工业投资增长速度回升至 30.57%外，其他年份的工业投资增速均呈逐年递减的趋势，2015 年的工业投资总额为 21.99 万亿元，投资增速跌至 10%以下，仅为 7.64%。其中，采矿业投资 1.29 万亿元，下降 10.78%；制造业投资 18.04 万亿元，增长 7.99%，投资增速同比 2014 年下降 5.18%。

二是房地产投资。与工业投资相比，房地产投资增速更是呈快速下降趋势。自 2010 年以来投资增速持续下滑，2014 年我国房地产投资增速为 10.5%，2015 年我国房地产投资总额为 9.6 万亿元，同比 2014 年扣除价格因素实际增长仅 2.8%。尽管 2015 年以来在一系列的政策（包括放宽限购政策、按揭贷款政策、公积金政策、营业税减免政策调整以及连续 5 次调低贷款利率）刺激下，一线城市和部分二线核心城市的楼市呈现明显回暖态势，全国商品房销售面积以及住宅商品房销售面积同比 2014 年有所增长（见表 1-11），但三、四线城市楼市依旧冷清，还面临着巨大的去库存压力。因此，虽然一线城市和部分二线城市的土地市场还有需求，但就全国而言，房地产开发投资增速仍在继续下降。

表 1-11　　2008—2015 年全国商品房销售面积及增长速度

年份	2008	2009	2010	2011	2012	2013	2014	2015
全国商品房销售面积（亿平方米）	6.59	9.48	10.48	10.94	11.13	13.06	12.07	12.85
同比增长（%）	14.72	43.85	10.55	4.39	1.74	17.34	-7.58	6.46
住宅商品房销售面积（亿平方米）	5.93	8.62	9.34	9.65	9.85	11.57	10.52	11.25
同比增长（%）	-15.41	45.36	8.35	3.32	2.07	17.46	-9.08	6.9

三是基础设施投资。近年来，全国基础设施建设投资增速也在

下滑。表 1-12 中的数据显示，自 2013 年以来基础设施投资增速不断下降，2013 年基础设施（不含电力）投资增速为 23.83%，2014 年、2015 年该速度降为 20.96%和 17.24%。其中，铁路运输业投资增速和道路运输业投资增速在 2015 年均有所下降，铁路运输业投资增速从 2014 年的 20.3%降到 2015 年的 16.7%，道路运输业投资增速从 2014 年的 26.5%下降为 2015 年的 21%。水利管理业投资增速和公共设施管理业投资增速从 2013 年开始下降，水利管理业投资增速从 2013 年的 27.8%降到 2015 年的 20.2%，公共设施管理业投资增速从 2014 年的 20.3%降为 2015 年的 16.7%。

表 1-12　中国 2011—2015 年基础设施投资额及增长速度

年份	2011	2012	2013	2014	2015
基础设施投资额（亿元）	51797	59592	73792	89258	104645
增长速度（%）	7.32	15.05	23.83	20.96	17.24

1.3.3　传统的出口优势逐步趋弱并已消失殆尽

传统的外贸竞争优势被削弱，对我国经济增速形成了明显的制约。自 2008 年以来，货物和服务净出口需求对经济增长的拉动力持续下降。如图 1-9 所示，我国货物和服务净出口对 GDP 的贡献率逐渐下降，2008—2014 年，该贡献比分别为 7.64%、4.34%、3.7%、2.43%、2.74%、2.47%、2.73%，到 2015 年，该贡献比降到最低，仅为 2.4%。

图 1-9　2008—2015 年货物和服务净出口对 GDP 的贡献率

我国外贸进出口从2008年以来面临着严峻的下行压力。货物进出口总额增长速度从2010年到2015年持续下行，分别为34.7%、22.5%、6.2%、7.6%、3.4%、-8%（见表1-13），已经由“入世”后相当长一段时间的高速增长转向中速增长甚至负增长的状态。在货物出口方面，从2008年金融危机以来，全球大部分出口市场经济复苏缓慢，国际市场需求不足，导致我国出口增长持续下行，从2010年的31.3%下降到2015年的-2.8%。据中国海关统计，在2015年的出口贸易中，全国劳动密集型的加工贸易出口比2014年下降了15.1%，其中，纺织品服装贸易的全年出口额比2014年下降了4.9%。可见，我国传统的低端制造业出口出现了严重下滑，进而对经济增速产生了下行的压力。

表1-13　中国2008—2015年货物进出口及增长情况

年份	2008	2009	2010	2011	2012	2013	2014	2015
进出口（亿美元）	25616.3	22072.2	29727.6	36420.6	38667.6	42000	43030.4	39586.4
同比增长（%）	17.8	-13.9	34.7	22.5	6.2	7.6	3.4	-8
出口（亿美元）	14285.5	12016.6	15779.3	18986	20489.3	22000	23427.5	22765.7
同比增长（%）	17.2	-16	31.3	20.3	7.92	7.37	6.1	-2.8

2　经济下行的“两家争鸣”与质疑

中国经济增长为什么下行如此之久？主导经济下行的特殊或深层次原因是什么？这种下行未来还会持续多久？下行的极限到底在哪里？从中国经济学界的解释来看，形成了因中国经济内因而进入中速增长发展阶段的常态派和受国际经济波动导致下行但因城市化等因素还会高增长的乐观派。他们的政策主张也有所不同。但是，我们认为，解释中国经济增长波动的深层次原因，一定要结合中国特殊的背景从人口变动因素中去寻找。

2.1　经济本不应进入中速增长阶段

对目前经济政策影响较大的是中国经济未来会中速增长的常态论（刘世锦，2011，2015）。该派学者认为中国经济经过 30 多年高速增长，自然该进入中低速发展阶段，因为东亚很多发达国家都是这么发展过来的。然而，我们发现经济增长中速常态论的论据值得商榷，无法解释中国目前的经济下行。

2.1.1　“中速增长常态论”的逻辑推理和政策主张

以刘世锦先生为代表的这一派学者认为，中国经济经过 30 多年高速增长，按照其他先行发展国家和地区的经济规律，经济增速自然会进入中低速发展阶段，所以不必强行刺激，关键是提高经济增长的效率。刘世锦分析到，经济发展过程中，经济增长率通常在人均 GDP 达到 11000 国际元[①]左右下台阶，从高速增长阶段过渡到中

① 国际元：多边购买力平价比较中将不同国家货币转换为统一货币的方法。

速增长阶段，增长率下降幅度 30%～40%。日本在 1946—1973 年 GDP 年均增长率为 9.4%，第二次世界大战后高速增长保持了 27 年。到 1973 年，人均 GDP 达到 11434 国际元，之后增长率下台阶，1974—1992 年 GDP 年均增长率降至 3.7%，中速增长维持了 18 年，1993—2008 年年均增长率进一步降至 1.1%。韩国 1946—1995 年 GDP 年均增长率为 8%，到 1995 年人均 GDP 达到 11850 国际元，此后增长率下台阶，1996—2008 年 GDP 年均增长率降为 4.6%。德国（当时为联邦德国）1947—1969 年 GDP 年均增长率为 7.9%，1969 年人均 GDP 达到 10440 国际元之后开始下台阶，1970—1979 年 GDP 年均增长速度降至 3.1%，进入中低速增长阶段。①

他们认为，从国际经验来看，除了英美等先行发展、始终处在技术前沿的少数国家外，世界上绝大多数国家和地区都会经历这样一个过程，即高速增长一段时间后进入中等收入发展阶段。历史表明，部分进入中等收入的国家或地区能够跨越这个阶段，迈向高收入水平，如欧洲的德国、法国、意大利、西班牙等国家以及东亚的新兴经济体，如日本、韩国、新加坡、中国台湾等；也有部分国家不能跨越这个阶段，最终落入“中等收入陷阱”，如拉美和类拉美的东南亚国家。

常态论者还认为中国大陆和一些东亚新兴经济体，如韩国、中国台湾等国家和地区一样，都有着相似的经济发展轨迹。这些东亚新兴经济体都是在人均 GDP 达到 11000 国际元的时候，经济增速从 8%进入中低速度。中国是一个经济发展非常不平衡的大国，高速增长回落后的均衡点可能会高一些，比如在 7%左右，或者 6%～7%。这种观点认为，中国经济规模已经较大，基数过大的话负担就会太重，一方面因为劳动力成本很高，另一方面因为自然资源、环境、

① 刘世锦．增长速度下台阶背景下的发展方式转型［J］．经济研究，2011（10）．

土地等要素的约束力不断增强，经济增长速度自然也会下降。根据购买力平价计算，2011 年中国人均 GDP 达到 8000 多国际元，按照韩国和中国台湾的发展轨迹，在 2013 年左右中国大陆经济增长到了从高速转向中高速的发展阶段，甚至中速的转折时候，所以过去 8% 以上的高速增长就难以维持了。因此，“常态论”认为从未来长期看，国民经济不会再拉到高速增长的格局上来，中国经济将进入常态化的格局，主张宏观经济政策要“淡定”，保持这种 7% 及 7% 以下的中速度增长即可。

他们提出解决中国经济中速常态发展的关键是提高生产率。如刘世锦在《中国经济增长十年展望（2015—2024）：攀登效率高地》一书中特别强调，中国要想成功跨入高收入国家行列，关键在于通过深化相关领域改革，为全面持续提升要素生产率铺平道路（刘世锦，2014b）。他提出有五个重点领域的生产效率需要提升：转变农业发展方式，提升农业生产率；打破基础产业的垄断，如能源、石油、铁路、电信、金融等；重视互联网对传统经济的改造；完善社会保障制度，为企业兼并重组创造良好的外部体制、制度和政策环境；进一步开放，加快成为全球高水平市场经济建设过程中的引领者。

2.1.2　对“中速增长常态论”的商榷

根据以上分析可知，常态论观点有“两个论据、一个建议”。前一论据是，中国大陆与韩国、中国台湾等国家和地区过去的发展轨迹相似，从高增长转向中低速增长，是一种经济常态；后一论据是 GDP 规模的基数已经很大，基数大负担就重，拖着一个庞大的躯壳，增长速度难免降下来。而政策建议是，要提高生产效率，如供给侧改革。我们认为，这两个论据都经不起推敲，因而，其对应提出的政策建议是否有效也非常值得考究。

1. 中国大陆与韩国、中国台湾的简单比较可能有误

从中国大陆与韩国、中国台湾等地的统计数据来看，中国经济高增长阶段结束时，无论是 GDP 水平，还是经济发展时间，都没有达到韩国和中国台湾的发展轨迹（见表 2-1）。

表 2-1　韩国、中国台湾、中国大陆 8%经济增长率年份各项指标的对比

国家/地区	最后 GDP 8% 增长年份	8% 增长以前时间	人均 GDP（美元）	人口生育率（个）	人口自然增长率（‰）	65 岁以上人口比例（%）
韩国	2002	1960—2002 年（42 年）	12094	1. 17	3. 5	7. 0
中国台湾	1997	1950—1997 年（48 年）	14048	1. 70	9. 0	8. 0
中国大陆	2011	1979—2011 年（33 年）	5447	1. 04	4. 8	9. 1

首先，常态论者认为中国大陆的经济达到了韩国和中国台湾地区转速时的水平，是依据购买力平价计算出来的人均 GDP。根据购买力平价测算的经济数据具有可比性吗？这一点非常值得怀疑。购买力平价理论是 20 世纪初瑞典经济学家卡塞尔提出的汇率决定理论，它是指两种货币之间的汇率决定于它们单位货币购买力之间的比例（杨长江，钟宁桦，2012）。使用购买力平价能够更真实地反映居民支出和实际可购买到的商品和服务数量。因此，采用购买力平价来比较两国实际生活水平差距有一定合理性，但用来比较两国经济的实际规模则具有误导性（Gilboy，钟宁桦，2010）。美国企业研究所经济学家西瑟斯甚至认为，在任何时点使用购买力平价来比较各个国家之间的 GDP 都不具有太大的意义（德里克 · 西瑟斯，2008）。购买力平价反映的是国内购买力而非国际购买力。研究表明，市场汇率容易受到短期冲击的影响，因而常常与购买力平价汇率

表现不一致。从长期来看，市场汇率向购买力平价汇率收敛的速度也比较缓慢。在国际贸易中，使用的是市场汇率，而非购买力平价汇率。所以，相比而言，一个国家对外购买力的高低更依赖于市场汇率。此外，发展中国家在计算购买力平价时使用的一揽子货物中，食品、医疗等商品和服务占比较大，而这些多属于不可贸易的本地化产品也无法成为衡量发展中国家国际竞争力的标准。因此，用购买力平价来比较中国大陆、韩国、中国台湾的经济发展水平有失偏颇。

实际上，中国目前的土地、房屋租金、货物运输成本等，有些已经与美国的水平持平了。一些在美国办厂的企业发现，在中国投资建设工厂以及运营的成本，已经与美国持平，个别项目甚至高于美国。这是中国资金向美国流出以及一些外企公司向美国回流的重要原因。如果我们用当时的汇率折算，中国从 8% 速度跌下来时，正处在人均 GDP 从 5500 美元向 13000 美元冲刺的阶段，而韩国和中国台湾地区当时的人均 GDP 分别是 12094 美元、14048 美元，按实际汇率计算的人均 GDP，中国大陆只是韩国和中国台湾的 45% 和 39%。所以，中国大陆经济发展水平已经达到了韩国和中国台湾发展轨迹的说法，我们认为与事实不符。

其次，中国大陆与韩国和中国台湾的经济高增长时间不一致。以从 8% 速度跌下来为界，从现代化起步到高增长结束的时间看，中国大陆比韩国短了 9 年，比中国台湾短了 15 年。如果按照韩国和中国台湾地区的发展轨迹，我们正好是处在中高收入到高收入冲刺的关键阶段，但是中国大陆经济增长的推动力却弱了下来。如果按照常态论者的观点，我们是与韩国和中国台湾一样的发展轨迹，目前是自然进入经济转速时期，那为什么我们的高增长时期比韩国和中国台湾短了十多年？为什么我们会提前十多年就进入中低速增长？这到底是经济常态，还是经济异常？

最后，中国大陆经济呈现未富先老的症状。截至 2015 年，全国

60岁以上老龄人口已经多达2.2亿人[①]，80岁及以上高龄老年人口近2600万人，失能失智老年人口4000万人左右，慢性病患病老年人口0.97亿人，空巢老年人口超过1亿人。[②] 据有关资料显示，2025年之前，高龄老年人口还将保持年均增长100万人。老年人口的高龄、失能（生活不能自理）和空巢化将进一步加剧应对人口老龄化的严峻性和复杂性。

由于人口老龄化超前于现代化，“未富先老”和“未备先老”的现象日益凸显，老年人在日常生活、精神关爱等方面面临着诸多困难和问题。一是生活贫困和低收入的老年人数量仍然较多，约占60岁以上人口的11.5%，2015年约有2550万人；二是城镇老年人口的宜居环境问题突出，七成以上的城镇老年人口居住的老旧楼房没有安装电梯，高龄、失能和患病老年人出行举步维艰；三是农村老年人留守现象突出，2015年在6000万人左右。人口老龄化，其中一个经济含义是，一国产品中需要增加有关老年人的养老、医疗和照顾等成本，在一个开放的经济体系下，其国际竞争力就会受到非常大的影响，加上年轻人减少而劳动力成本的上升，这一劣势必定会影响国民经济的增长动力。

2. 人均基数与增长速度的关系

中国经济总规模基数大而使增长速度下降也是不成立的。常态论者在论述这一观点时用GDP总量来衡量中国经济总规模，认为我们的经济基数已经很大，而致使经济增速下降。但是中国真的已经成为一个经济大国了吗？2011年时，中国经济总规模已经居世界第二，但就人均GDP水平而言，我们仅排在全球第89位。再者，中国各省发展极不平衡，如果分省的GDP总规模在世界上排位的话，

① 李斌.2015年我国60岁以上老人已经达到2.2亿人［EB/OL］.［2016-03-08］.http://finance.huanqiu.com/roll/2016-03/8672801.html.

② 中国失能、半失能老人近4000万人［EB/OL］.［2015-12-06］.http://money.163.com/15/1206/15/BA5OP91D00253B0H.html.

也并不是每个省的经济规模基数都很大，从 GDP 的地理面积密度看，中国大陆比日本、韩国和中国台湾都要小得多，也说明不了基数已经很大而速度下降的论点。

只有人均 GDP 水平才能反映经济发展阶段。在一国正常的每一发展阶段，都会因其消费结构的不同而引起不同的经济增长速度。在人均 GDP 水平较低时，工业化处于轻工业先发展的阶段，从低速增长开始向中速增长转变；进入重工业发展阶段时，资本集中和大规模生产，经济增长速度进一步拉升；在进入工业化和城市化后期时，对居住质量的追求、汽车等消费的扩大，经济增长仍然保持在 8% 左右的高增长速度。中国在 2011 年处于人均 GDP 只有 5447 美元水平的发展阶段，到了工业化的中后期，由于地区经济发展的不平衡，有的地区可能还在中期；从城市发展阶段看，当时还有 48.7% 左右的常住人口在农村，如果考虑到 20% 在城市的常住务工人口没有市民化，中国城市化至多到了经济发展的中期阶段；而从居民的消费结构看，相当比重的人口并没有在城市中购置和拥有较为体面的住宅，汽车普及率也很低。因此，在这样一个水平上，就认为中国经济发展进入了中速度增长阶段，并会成为常态，我们认为，与经济发展阶段对增长速度的要求相悖。

3. 单纯提高生产效率只能使供给更加过剩

带动经济增长的“三驾马车”为投资、消费、出口，俗称“需求侧”，与此对应的便是“供给侧”。实际上，供给和需求是一种平衡关系，供给侧方面的改革最终也是在创造财富的同时，增加劳动力和人口的收入，从而扩大劳动力和居民的消费需求能力。如鼓励创业，中小老板就多，中等收入者就增加；增加就业，有工资收入的人就增加。人们的收入增加了就能刺激消费，消费可以平衡产能的过剩和新增的产能。刘世锦认为“供给侧改革”是相对于“需求侧改革”的措施，更侧重提升经济增长的效率，更侧重增强企业长期发展的活力，更注重经济长期持续平衡和可持续发展。“十三五”期间经济发展的重点并不是扩张经济总量，而是提高经济增长的质量和效率，即提高生产力，供给侧结构性改革，关键是提高经济增长质量和效益，全面提升中国各方面的要素生产力。[①]

问题是，在人口相对收缩的格局下，由人口决定的消费需求、投资需求和出口竞争能力均下行，如果不通过补救和替代思路改善需求侧萎缩，而去提高经济增长的质量和效率，甚至提出大力发展机器人，即在少投入和多产出方面发力，结果只能是供给更加过剩。如果效率只是资本的利用率提高，产生的效益大部分归资本所有者，劳动效率却得不到提高，劳动者的收入水平也不能得到改善，则供给增多与消费需求的相对萎缩，会使生产更加过剩。

我们可以看出，简单提出中国经济发展到了下行阶段的说法，没有解释清楚为什么中国经济在人均 GDP 为 5500 美元向高收入冲刺的关键阶段，就进入了中低速增长；为什么中国经济维持 8% 高增长的时长，分别比韩国和中国台湾地区大体短了 9 年和 15 年。可以说，该派还没有找到导致中国经济下行的特殊、内在和根本的症结，在此基础上形成的政策建议的有效性也值得商榷。

2.2 经济下行不是外因所致

关于中国经济下行的另一派观点是以林毅夫先生为代表的外因论，他们认为经济下行是世界各国的共同趋势，只有国际周期性波动可以解释中国经济下行（林毅夫，2015）。我们认为外因论者也没有找到中国经济下行的根本原因，因而其政策建议也需要讨论。

---

① 刘世锦．供给侧改革核心是提高要素生产率［EB/OL］．［2015-11-22］．http：//www. ce. cn/xwzx/gnsz/gdxw/201511/22/t20151122_7080989. shtml.

2.2.1　“增速下行外因论”的逻辑推理和政策主张

外因论者认为，世界经济的周期性波动是中国经济增速下行的主要原因。此外，他们还特别强调政府可以依靠城市化和积极的财政与货币政策刺激，来阻挡外部因素的影响，以推动中国经济的长期高增长。外因论者认为，根据世界银行近年公布的数据，无论是发达国家还是发展中国家的经济增长率，都比往年有所下调，这是一个世界各国共同的趋势。中国经济增长速度从 2010 年第一季度开始下滑，主要是国际经济疲软造成的。林毅夫表示，一直有人担心中国经济增长的问题，但实际上即便是发达国家也一直没有完全走出 2008 年的金融危机。以美国为例，金融危机前，其一直保持3% ~ 4% 的增长速度，但从 2008 年到现在再没有恢复到这个速度。按照一般规律，金融危机后增长速度会有 5% ~ 6% 的反弹速度，美国也一直没有出现这种反弹。中国经济增长速度的下滑要放到全球环境背景下看，美国、日本、欧元区经济状况一直没有完全恢复，中国的出口主要面对这些国家，肯定也会受到影响。①②

外因论者还特别强调可以依靠城市化和短期经济政策刺激来弥补国际因素的负面影响，以保持中国经济的长期高增长。他们认为到 2049 年，中国人均 GDP 水平将达到 4 万 ~ 5 万美元，城市化率将达 75%，因此，中国经济还会以 8% 的速度增长 15 ~ 20 年。以日本、新加坡、韩国、中国台湾等东亚经济体为例，它们在人均收入水平只占美国 21% 的时候实现了 20 年间 7.6% 到 9.2% 的增长速度。日本从 1951 年到 1971 年，20 年间平均每年保有 9.2% 的增长；新加坡从 1967 年到 1987 年，20 年间平均每年维持 8.6% 的增长；中国台湾从 1975

---

① 林毅夫．中国经济增速下滑要放到全球背景下看［EB/OL］．［2015 - 09 - 12］．http://finance.ifeng.com/a/20150910/13964878_0.shtml.

② 林毅夫．需要厘清经济下滑的原因［J］．社会科学报，2016（1）．

年到1995年，20年间每年实现8.3%的增长；韩国从1977年到1997年，20年间平均每年保持7.6%的增长。以此类推，2008年中国的人均收入水平仍是美国人均收入水平的21%，中国大陆与上述国家、地区同是东亚经济体，它们既然能够实现20年间的高稳速发展，中国也未必不可能实现。因此该派认为，从2008年开始，中国应该还有20年的时间，每年保持8%增长的潜力（林毅夫，2014，2012）。他们的政策建议是，政府可以依靠城市化和积极的财政与货币政策刺激来平衡外部周期性因素的影响，以推动中国经济的长期高增长。[①]

2.2.2 对“增速下行外因论”的商榷

中国经济下行，是有其内在的原因，还是因外部波动所致？这需要进行认真的研究，因为政府总是要以问题的成因而采取措施。如果成因判断有误，解决问题的办法可能会差之千里。

1. 世界经济问题不是中国经济增长下行的关键因素

从表面上看，似乎是美国2008年次贷危机和欧洲2011年主权债务危机引致的全球发达国家进口需求萎缩造成了中国出口的困难。然而，如果中国经济主要受世界经济的影响，那二者的经济起伏应该是同向的，但数据事实却是反向的。虽然欧美经济还没有完全恢复到金融危机前的水平，但已经出现了好转。美国GDP实际增长率已由2008年的-0.3%、2009年的-2.8%，逐步恢复到了2015年的2.4%，欧洲经济景气度也从低到高，改善了许多。中国经济在欧美最差的2009年到2011年，却实现了高速度增长，而到了欧美经济复苏时，却一直在下行。因此，很难说，中国经济下行的原因是欧美经济不景气的外因所致。

实际上，中国经济波动与世界经济动荡之间互为影响。中国作

① 林毅夫，玛雅．中国发展模式及其理论体系构建［J］．开放时代，2013（5）．

为一个贸易量占全球贸易总量12.2%的大国，其进出口变动在很大程度上影响着世界经济发展。首先，中国人口过快地少子化和老龄化，直接导致制造产业成本上升，抑制了中国制造产品的出口增长。货物出口增长率从2007年的25.7%下降到2015年的-1.8%。其次，国内消费需求增长速度放缓，特别是住宅需求趋于饱和、过剩，使得国内建材、房地产、家具家电等产能过剩，致使对国际商品的需求也减少。货物进口增长率也从2007年的20.8%下降到2015年的-13.2%。无论对欧美发达国家，还是对亚非拉的发展中国家来说，中国进出口的变动都有着举足轻重的影响。

2. 城市常住人口不是真正的市民

外因论者认为世界经济不景气导致了中国经济下行，因此我们要依靠内部发展，即城市化和短期的财政、货币政策来刺激中国经济，以保持长期的高增长。实际上，中国的迁移人口进城后最终市民化的比率很低，而且2008年我们就进行了强刺激，结果导致产能和住宅存量更加过剩。

中国农村人口城市化流向存在明显的“青出老回”，或者在城市中漂泊，未市民化的现象。由于城镇中的户籍、住宅、教育、社保等体制的半歧视，进入城镇的农民并没能较为永久性地进入，他们达到劳动年龄时从农村进入城镇，老了失去工作能力时，又从城镇回到农村，有的因土地变更、技能专业、生活习惯等原因，不能或者不愿意再回农村，而在城市中漂泊。由于体制不同，中国大陆城市化特有的流程和过程对经济增长的推动力量不能与德国、日本、韩国和中国台湾地区简单相比较。中国人口规模巨大，地区之间发展不平衡，从1950年起有两段截然不同的变动过程，一是计划经济与“一大二公”的经济模式以及人口迁移管制和户籍城乡分割体制，二是从过去的体制向市场经济的转型，农村人口可以到城镇务工和暂住的体制。人口流动管制政策、土地制度、地方财政体制等，与德国、日本、韩国和中国台湾等国家和地区的差别很大，今天的经济运行、结构和增长之后果，带有深刻的体制和政策等历史原因。

1978年以后的中国大陆虽然向市场经济转轨，虽然在逐步放开人口流动、允许农村劳动力到城镇务工、实行临时居住制度，特别是最近通过《居住证暂行条例》，进一步推进户籍制度改革，但是，中国大陆的人口流动与德日韩以及中国台湾仍然存在许多差异：第一，有了居住证和临时在城市与异地居留的人口制度，放开了劳动力的流动，但没有彻底放开户籍管制，仍存在着城乡户籍的分割，是一种半管制的人口流动和迁移制度。第二，教育等公共服务是不平等的，虽然农民和进城农民工以其辛勤的工作为城市积累了利益和资产，但是，其子女不能公平地享受与城镇居民一样的幼儿、小学、初中、高中和高等教育。第三，社会保障方面，进城农民工在异地的养老金划转和接续存在障碍，许多企业没有给农民工缴纳各种社会保险金，农村合作医疗体制不能与城市的医疗保障体制相接轨，农村养老标准和城市养老标准存在着巨大的差距，使农村老年人口无法在城市中生存。第四，复杂的集体土地承包体制，使想进入或者已经进入城市的农民无法通过简单且容易操作的产权交易或者其他流转的方式退出土地和农业；政府强制和不平等的征用土地，农民无法合理地获得土地交易的收益，加上多年对农村超生子女越来越沉重的罚款，相当多农民在城镇中创办小企业和购买房屋的支付能力低下。

由于农村农民和进城农民工收入水平较低，而城镇中房价太高，所以在务工城市和其故乡周边城镇中能买房的比例较低。于是，农民进入城镇，以住宅建设和销售为主要内容的城市化和以此对经济增长的推动力，与韩国和中国台湾相比，大打折扣。使80%以上进入城镇的农民有自己产权的住宅，最后不再租房漂泊、不再“青出老回”，是他们得以成为城市市民的基础。然而，从农村农民，包括进城农民及其家庭来看，想在城镇买房，特别是在工作地买房，从购买能力上看，大部分人毫无希望。2015 年农村居民人均收入为 11422 元，[①] 农民每户年收入 39977 元，住宅全国均价 6472 元/m^2，户宅面积平均 90m^2，如果直接到城镇中购买，其房价收入比为 14.57，即农民不吃不喝积攒 14.5 年的收入，才能买得起城镇中的住房。工作在城镇中的农民工，2015 年人均月收入 3072 元，考虑留守妇女和工作不稳定及不足，如果每户按一个半劳动力在城镇务工，则其务工带来的家庭年收入为 55296 元，房价收入比为 10.5，也不可能买得起。即使农民工在城镇租住，其成本也相当高昂。根据国家统计局 2013 年的统计调查，全国进城农民工平均月生活消费支出 892 元，其中，平均 453 元用于房租，占消费支出的 50.78%，高出国际一般水平 20 个百分点。

3. 城市化过程中经济增长推力——住宅建设严重过剩

在农民购买不起城镇开发的住宅的同时，城镇住宅建设和供给规模与少子化、老龄化和低生育、低增长的人口相对应，已经严重过剩。1991—2015 年（其中 2015 年商品房竣工 738 万套，保障房竣工 772 万套），我国城镇商品和保障住宅竣工累计套数，加住房体制改革前原有存量，再加 7000 万套不完全产权房，规模为 35411 万套到 37781 万套，减去估计拆除的 2000 万套，2015 年年底，城镇住宅存量在 32881 万套到 35411 万套。

2015 年后住宅建设和供给更加严峻的是：截至 2015 年年底，正在施工商品住宅面积还有 51.16 亿平方米，新开工的近 10.67 亿平方米，共计 61.83 亿平方米。[②] 2016 年后，即使新楼盘一个也不开工，还将增加 6183 万套房屋供给，城镇全部住宅供给将达到 41594 万～44594 万套。全部竣工后，每套 3.05 人，城镇住宅可容纳

① 《中华人民共和国 2015 年国民经济和社会发展统计公报》，2016.2.29. 国家统计局。

② 2015 年 1～8 月全国房地产开发经营数据解读［EB/OL］.［2015－09－14］. http://www.askci.com/news/chanye/2015/09/14/115211mdqi.shtml。

12.69亿~13.6亿人口居住。预计2015年年底，我国城镇已经被购买和竣工住宅的空置率为20%~25%，城镇地区空置住房在6500万套到8800万套，在经济学上，这些都属于空壳住宅资产。

2015年，假如取上述存量的中间数，城镇住宅有34146万套，开发商未售出库存的住宅在700万套左右，外出农民工和一部分农村老人，在务工地城镇和家乡附近的城镇购买了大约4500万套，城镇常住人口户数大体为1.38亿，扣除城镇农民工常住人口，余下的住宅，城镇居民每户平均有2.1套。按照城镇居民人口中，21%有多套房，66%平均一套房，13%无房租住计算，城镇居民中有1套房的9108万户，无房租住的1794万户，多套房的2898万户，多套房城镇居民平均拥有近6.8套的住宅。

可以看出，中国在地方政府卖地财政的推动，地价房价快速上涨，投资渠道狭窄引致集中投入追涨房屋下，导致这样一些问题：住宅供给速度快于城市化，供给规模远远大于城镇中有购买能力人口的需要；政府推动高房地价格以获得更高的土地收入，而不断上涨的房地价格，又使住宅被当作投资增值盈利品；住宅在居民中的分配严重不均，即使在21%的拥有多套房的城镇居民中拥有的套数也存在着不均，可能少数的城镇居民有数十套到百套以上的房产。如果未来老年人死亡率提高，遗留的房屋越来越多，人口生育率和增长率恢复缓慢，甚至不能恢复；而房地产税的开征，将大大降低多套房居民的持有数量。房价长期低迷下行已成定局。加上“互联网+”对实体商业、金融、物流的线上整合，非住宅的房地产需求也将下降，供给也会过剩。因而，人的城市化还没有完成，而物的城市化已经大大超前，房地产投资将在一段很长时间内不可能再成为推动国民经济增长的力量。

通过以上分析可以看出，外因论的两个观点经不起推敲。首先，中国经济下行表面上刚开始受2008年的美国次贷危机和欧洲主权债务危机等导致，但后来却是受本身内需不足的影响越来越大，又由于中国进口需求减少，同时影响世界经济下行。其次，虽然中国的城市化水平在 35% 左右，但是城镇中的住宅产业却严重过剩。如果不彻底改革户籍、土地、公共服务和社会保障体制，以目前城市化基本上已经中断的格局，不可能再有较明显的通过农民进城来推动未来经济增长的力量，中国经济增长还能因城市化而高增长 15~20 年的断言可能不会成为现实。未来推进市民化的城市化，在于消化一部分过剩住宅存量，通过改变一定规模人口的生活方式来提高居民的生活消费水平，盘活农村和城镇的未利用资产和劳动力来获得经济增长的需求和要素投入及利用动力。

根据上述分析探讨可知，这两个主流观点都没有找到中国经济下行的根本原因，相关政策建议的有效性有待于深入讨论。我们认为更深层次的原因还要从“人口”这一经济社会发展的基本骨架去探寻。目前，关于中国人口的问题已经引起了很多学者的关注，著名经济学家蔡昉就对中国人口和经济关系做过相关研究。他指出 2004 年是中国到达刘易斯转折点的标志性年份，即劳动力开始出现短缺，而 2013 年是中国“人口红利”消失的标志性年份（蔡昉，2014）。“人口红利”的消失严重阻碍了中国经济的高增长，因为人口总量、增速和年龄结构的变化对中国经济发展造成了直接的影响（Cai 和 Wang，2010；蔡昉，2013）。他还指出，对于人口转变的阶段性变化从而人口发展动态理论上缺乏一致性认识，对于“人口红利”在二元经济发展中的作用也有不同的看法，常常导致学者们在经济发展阶段判断上的分歧。他在一篇论文中从理论上尝试揭示人口转变与二元经济发展的一致关系，即两个过程具有共同的起点、相关和相似的阶段特征甚至重合的变化过程；进而利用人口预测结果等经验材料，论证和检验“人口红利”逐渐消失和刘易斯转折点到来的判断。①

不过我们认为，要想更深入地厘清人口与中国经济下行的关系，还需同时从中国人口生育管制和人口流动干预入手。一方面，中国实行了长达 35 年的计划生育政策，使得人口增速放缓，落入“人口坑”陷阱，人口结构过快少子化和老龄化。人口生育管制造成的经济后果是，劳动力优势锐减以致生产成本大幅提高、消费呈“排浪式”衰退、未来经济下行压力巨大，等等（张弥，周天勇，2015）；另一方面，中国流动人口城市化存在诸多障碍，如户籍限制、购房压力大、教育和医疗等制度的不公平，以至于出现严重的“青出老回”和在城市中漂泊的现象，即年轻力壮时进城务工，待到年老体衰时再回到农村，或者在城市中游荡不定而没能成为真正的市民。这种人口半流动情况阻碍了我国城市化进程，从城市消费、农村消费、资源闲置等方面引发了经济下行的压力（周天勇，2015）。据我们的推断，中国经济增速下行的原因有 55% 左右可以从人口生育管制和流动干预来解释，其他因素约占 45%，如营商环境中的税费负担重、借贷资本成本高，中国经济内外联系方面的服务贸易不平衡、投资过度外流和不法资金外逃，等等，这将在姊妹篇《跨越发展的陷阱》一书中讨论。因此，本书后面章节将主要围绕人口问题，即人口生育管制和人口流动干预，结合人口经济学的理论基础来探寻中国经济下行的病根，找出由此引发的经济病症，并在《跨越发展的陷阱》中提出相应的治疗方案。具体的人口问题分析框架如图 2-1所示。

---

① 蔡昉．人口转变、人口红利与刘易斯转折点［J］．经济研究，2010（4）．

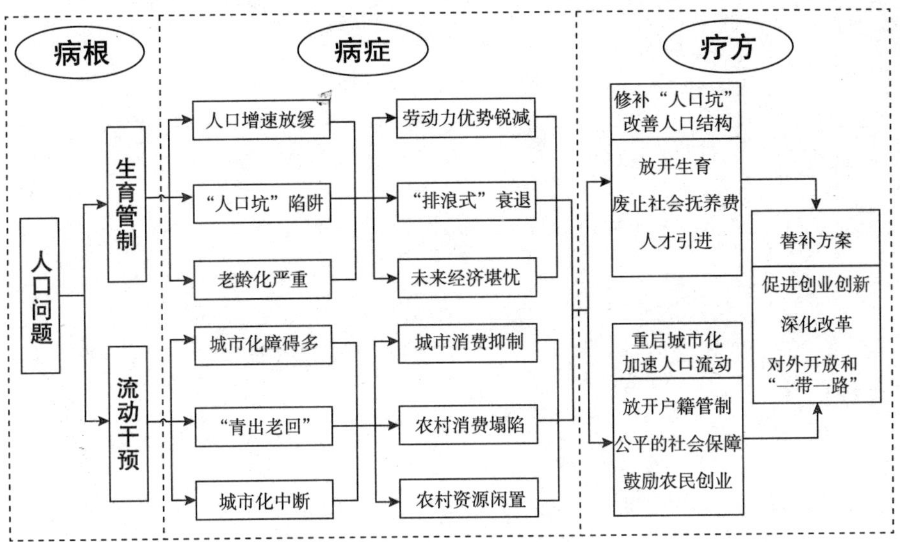

图 2–1　人口问题分析框架

第2部分

学术争论与历史演变

工业化开始以后，农业技术的进步使食物和其他工业产品供给大大增加；加上医疗技术的进展，饥荒和瘟疫对人口增长的抑制程度大大降低。此时人们的生育观念和文化还没有改变，产生了爆炸性的人口增长。学术界因此开始了近现代意义上关于人口与经济、人口与自然生态环境协调发展的理论研究。另外，人的生育权和迁移权的界定和配置也是我们研究人口与经济关系的理论基础。生育权和迁移权的配置，对人口的增长和结构变动，以及人口在城乡和区域间的流动有着决定性的作用。从权利配置来看，人的生育权和迁移权可以完全归个人和家庭支配，也可以完全由国家控制，还可以介于二者之间，不同的配置方式会导致不同的经济结果。本篇从理论和发展实践上对以下问题进行了阐述：第一，对人口与发展的理论进行回顾与述评；第二，从经济学视角对生育权和迁移权的归属界限和权利行使进行理论探讨；第三，梳理了世界其他国家对生育权和迁移权的不同配置方式，并总结了不同配置方式对经济的影响。

3 人口与发展：理论述评与事实

以工业化为起点的产业革命大大推动了社会财富的创造，世界的人口增长速度明显加快，经济增长成为世界各国发展的首要目标，但快速增长的人口对资源的过度消耗以及大规模工业化生产对生态环境的破坏等问题全面显现，引起了学界的广泛关注和担忧，提出了适度人口理论以及人口资源悲观论。事实上，学界提出的适度人口理论只是自然经济生产方式下人口增长的一种思维，并不适用于现代工业经济生产方式。随着科学技术的进步以及工业化进程的加快，资源稀缺以及环境污染也将得以改善。我们认为，人口的再生产与社会生产力的发展有其特定的规律，并不会无止境地保持较高的人口增长率。随着科学技术的进步以及工业化进程的加快，资源稀缺以及环境污染也将不再是问题，人口、工业化和生态环境是一个动态协调发展的过程。

3.1 人口与经济关系理论的回顾与评述

西方发展悲观派和适度人口理论等认为地球上人口的增长是造成环境破坏和资源枯竭的主要原因。为了解决这个问题，降低人口增长速度和减少人口数量是一个主要办法。

3.1.1 适度人口论与人口控制主张

在西方人口理论中，英国经济学家和人口学家马尔萨斯（1766—1834）的“人口原理”理论扮演着关键性的作用（Dean，2015）。其人口理论可归结为“人口若不受抑制，会以几何比率增加，但生活资料却仅按算术比率增加”（Malthus，1809）。在他的“人口原理”中，几何级数式增长的人口无限性与粮食生产和生活资料等算术级数式增长的有限性之间存在矛盾关系，人口与资源很难进行有效平衡。因而，应对环境与资源危机，需要降低人口增长，削减人口数量和减少对自然资源的索取。其主要逻辑在于人口增长总比食物增长的速度快得多，每当食物短缺时，饥荒、贫困、瘟疫、战争等灾难就会对人口进行削减，自然事故和衰老等也会对人口进行限制，使得人口与资源进行平衡。当人口在被大量削减后，丰足的食物供给又促使人口快速增长，这时候，贫困与罪恶等限制因素又会起作用，对人口进行抑制（Malthus，1809）。

马尔萨斯提出“人口论”，正值工业革命后，当时社会经济变动，工人贫困，暴动频繁。拿破仑在欧洲大战中造成大量的人员伤亡，而粮食供应好转之后，人口又开始增长，因此，人们认可马氏“人口论”的正确性。

20 世纪 50 年代，时任北京大学校长的中国著名人口经济学者马寅初认为，为了适应有限的耕地、粮食和生产资料供给，国家需要控制人口规模的增长。其《新人口论》指出，“我们的社会主义是计划经济，如果不把人口列入计划之内，不能控制人口，不能实行计划生育，那就不能称其为计划经济”（马寅初，1979）。面对当时新中国快速增长的人口和严峻的经济问题，他在他的“人口论”中指出，“唯一的、最有效的办法就是控制人口，实行计划生育”。普遍推行避孕和提倡晚婚也是其主要主张。在每对夫妇生几个孩子最合适的问题上，马寅初指出，“我认为两个就够了，男孩代替父亲，女孩代替母亲。我还主张两个有奖，三个有税”（马寅初，1979）。

虽然理论研究都受制于当时的社会经济文化环境因素和特定历史背景而存在一定的局限性，然而，马寅初所坚持主张的“国家理应有干涉生育、控制人口之权”的观点，其人口学说坚持通过计划生育控制人口数量的主张，带来的人口结构、经济发展等诸多影响人民切身利益和整个国家民族未来等被当今学术界广泛热议甚至批判的问题，很值得我们进一步深入探讨和验证。

3.1.2 《增长的极限》与人口资源悲观论

1972年，罗马俱乐部撰写的研究报告《增长的极限》公开出版。这份研究报告主要有三个基本假设：第一，系统论的观点，即人口增长、资本投资、粮食消耗、环境污染和能源消耗这五大因素相互影响并构成一个大系统。第二，在追求利益的增长和最大化上，人类一直永不停止和满足。第三，资源始终都是有限的（Meadows，1972）。

基于上述三个假设，梅多斯等人使用两种路径来分析大系统中五个主要因素的作用。路径一为正反馈，即增强；路径二为负反馈，即消耗和抵消。正负反馈机制使得这五大因素处于不断的动态平衡之中；然而，人口增长、资本投资、粮食消耗、环境污染和能源消耗这五个因素都将呈几何级数增长。人口不断增长，资本连续投入工业生产，促使资源、能源不断消耗，污染排放不断增多，最终导致污染过于严重、粮食短缺和人口死亡率不断上升，迫使人类社会在2100年前崩溃（Meadows，1972）。

马尔萨斯“人口论”和《增长的极限》这些思想正好传入了当时日益开放的中国，在这些理论的影响下，人们都认为，如果不对生育进行控制，人口的指数增长会造成资源国土消耗、能源供应不足、环境污染以及粮食短缺等悲剧性结果。

然而，现有诸多研究用各国发展实际对“增长的极限”这一悲观主张进行了有力反驳。诸多研究指出，单单利用梅多斯等人的预测模型很难准确评估和论断各类相互影响而又具有极大不确定性的因素，诸多研究用各国发展经验和历程实现了对“增长的极限”的突破（Bisk，2012；Smith 和 Marsden，2004；Stokey，1998）。

与经济发展学有关的文献已经对人口增长不同阶段的演变进行过总结，认为人口不可能像马尔萨斯、马寅初、梅多斯他们假想的，会右上线性甚至是指数性地一直增长下去，而是最终会发生下行的趋势。

梅多斯等《增长的极限》中的模型和理论，一直备受争议。其中，认为人口增加会带来巨大问题和危机这一观点存在着显著的缺陷甚至谬误之处。由于人的主观能动性，人口的增加很多时候反而会对工业发展带来巨大的促进作用。人口增加和集聚创造了各类颠覆性的科学技术和工业产业成果，进而促进了粮食生产、能源供给以及经济和社会的全面发展。近代历史告诉我们，包括中国在内的世界各国在《增长的极限》发表后的四十多年里，并没有出现其所预测的悲剧性状况。人类近现代社会发展的实际过程，并不符合马尔萨斯和梅多斯等的预测，因而他们的理论并不能完全解释现代社会发展中人口与经济的内在关系。

3.1.3　市场机制调控家庭生育决策的基本过程

人口不会无节制地增长，因为市场经济和近现代社会形成了一套抑制生育和人口增长与资源、环境及经济增长相协调的机制。其中，生育成本—效益这一主要的经济机制，决定了它在家庭生育决策中的作用。在市场经济中，经济发展会促进社会和劳动力需求的变化，而劳动力价格、生养子女的成本和机会成本，使得家庭要在其支出可能线中进行决策，形成与自然经济不同的生育观念，进而影响生育的数量和人口增长的速度（见图 3-1）。

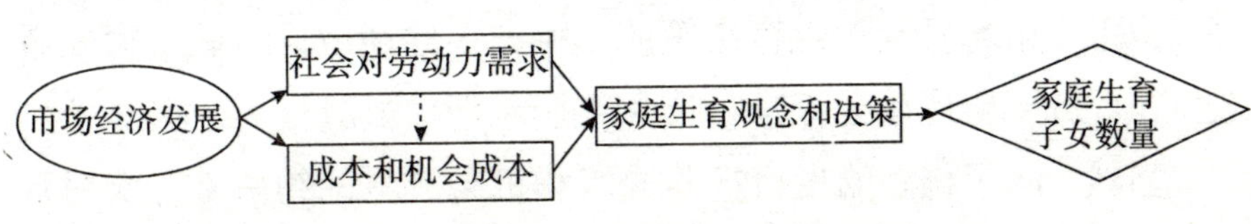

图 3-1　市场机制调控家庭生育决策基本过程

在经济相对落后时，农村大部分小农经济主导的区域还未能形成比较成熟的市场经济状态，父母往往通过压低生育孩子成本、缩短儿女教育年限并提前让子女参加劳动等形式尽量规避生育成本—经济效益的制约（鹿立，1993）。

然而，工业化后期和经济较为发达地区，随着经济水平的不断提高，市场机制对生育决策的影响作用越来越大。学术界在市场机制下低生育问题上做了大量研究。多项研究成果表明，当前全球超过一半的国家和地区人口的生育率低于理论上人口正常替换生育率（每1位妇女生育2.1单位的新生儿数量）。在影响生育决策的多种原因中，成本和机会成本机制对生育决策调控是一种直接有效的方式。在市场机制的影响下，家庭生育理念会自行调整自身生育决策，无须政府动用大量人力、物力进行生育管制和干涉。在开放自由的市场经济宏观环境中，由于潜在生育夫妇面临极大的工作压力，生育孩子会占用工作时间和升迁机会，因此需要考虑工作上的机会成本。同时，养育孩子成本较高，需要对孩子后期养育投入大量的时间和精力，对孩子教育等方面需要长期投资。这些原因都很可能促使潜在生育夫妇做出减少甚至不生育的决策，这也是当前全世界多个国家面临严峻低生育问题的主要原因。由于家庭生育决策是一种个人行为，一旦这种市场机制发挥作用，在人口严重下行危及国民经济繁荣和增长时，政府和社会有时很难通过其他经济和政策手段干预个人低生育观念和生育行为。

综上所述，在经济相对欠发达情况下，由于市场对生育决策影响的机制还不够成熟，潜在生育欲望相对较高；在经济发展相对较好情况下，市场机制对生育决策的影响占主导地位，潜在生育欲望较低，促成了现代社会普遍的低生育率现状和困境。

当然，除了核心的生育抚养成本和机会成本的约束外，农村社会经济和日常生活消费日益从自给自足向货币化转变，城乡妇女受教育水平持续提高，结婚年龄不断推迟，职业妇女越来越多，独身或者不育家庭比例也上升，等等，都改变了个人和家庭的生育观念，形成了低生育文化，影响家庭的生育决策和行为，导致人口生育和增长逐渐下降，甚至生育滑向替代率以下，人口规模陷于零增长和负增长。

3.1.4　人口流动与经济增长关系的研究述评

人口流动是伴随着社会经济发展所存在的普遍现象，主要是个人受一定社会经济因素影响而产生的迁移过程。现有理论一致认为人口流动主要源自经济因素影响，同时，社会文化、自然环境、教育和地方政策等因素也在人口流动中起着不可忽视的作用。

1954 年，刘易斯（Lewis，1954b）提出了以城乡二元经济为特征的剩余劳动无限供给的古典主义人口流动模型。在这个模型中，相对欠发达地区尤其是偏远农村，存在大量边际生产率为零的剩余劳动力，当城市中有较好的就业机会和提供高于农村原有维持生计的工资待遇时，农村剩余劳动力就会被吸引并大量流入城市，人口流动过程将一直持续到农村剩余劳动力全部转入城市地区（Shrestha，1987；Mendoza，1997）。在这一模型之中，人口的流动有利于区域的经济发展。

美国经济学家舒尔茨在 20 世纪 60 年代分析了“人口流动—人力资本—经济增长”之间的关系，提出经济增长的重要投入和推动因素是人力资本，而人力资本的相当部分是在人口的迁移和流动中形成的。[①] 近期人口流动理论对早期人口流动与经济发展关系理论在深度和广度上都进行了拓展。自 20 世纪 80 年代以来，人口流动与经济理论不断取得新的进展。在经济增长的总体框架下，人口流动

---

① 周天勇．新发展经济学［M］．北京：中国人民大学出版社，2006.

得到广泛的讨论，收入差距已不再是唯一的影响因素，人力资本积累、较低的流动和转移机会成本、流动人口福利等因素也被综合考量（马颖，朱红艳，2007）。

国际学者围绕着多个微观层面对人口流动与经济的关系进行讨论。从人口结构层面，现有研究已达成了共识，即随着年龄增加，人口流动一定程度上呈现下降趋势（Adams，2015；Hui 和 Yu，2009）。年轻人由于受较高工资水平、工作待遇和更强的独立性等因素影响，更容易做出社会流动与迁移的决策（Lesthaeghe 和 Moors，1995）。如果人口结构老龄化，年纪稍大的人相比年轻人活动范围更加受限，或导致对外出旅行或者工作流动的减少，产生局限于本地范围内的活动模式。这也是诸多学者所提出的“地域依赖”观点（Hidalgo 和 Hernandez，2001；McHugh 和 Mings，1996；Adams，2015）：年轻人愿意迁移和流动，人口从劳动力丰裕和低收入的地区，流动到劳动力稀缺和高收入的地区，其形成的收入之差，就是国民经济的增长。因此，一个社会，年轻人越多，流动越充分，经济增长越有活力。老年人口增多，流动率下降，则使一个社会的经济活力下降，经济增长的动力也变弱。

从经济成本与收益层面考虑，人们会选择在面临长期居住相对低廉的生活成本与面临较大的流动成本和较高的预期收益这两者之间进行均衡（Caruso 和 De Wit，2015；Coulter 和 Scott，2015）。有的学者也提出政府市场经济政策对人口流动的管制不应该被鼓励，因为其所起到的作用微乎其微（Strassmann，1991）。

周天勇教授就引起人口流动的因素以及人口流动对经济发展的作用进行过论述。就引起人口空间移动的因素而言，一般认为有以下几个方面：一是收入水平和由此所决定的生活条件、生活水平的显著差异。即由低收入、低生活水平的国家或地区向高收入、高生活水准的国家或地区移动。二是就业。即由就业困难地区向较易得到就业机会与岗位的地区或国家迁移。三是自然环境和生态、气候条件方面的差异。即由自然环境、生态、气候较差的地区向环境优美、气候宜人的地区迁移。四是社会环境方面的差异。即由社会动荡不安、政治黑暗、社会发展水平较低和文明程度不高的地区向社会安定、政治开明、社会发展良好和文明程度较高的地区迁移。现代社会的人口空间移动，从国际间的移动到一国内部的地区间迁移、城乡迁移，基本上都是由上述四方面因素所引起的，但具有决定性意义的则是前面两个因素。

人口的空间迁移，直接引起各地区或国家人口数量、构成和劳动力分布状况的巨大变化，进而必然对经济发展产生深刻的影响。其经济学意义体现为以下方面。

人口流动是劳动力资源和人力资本配置与再配置的一种方式。劳动力和人力资本作为经济发展的要素，要在地区之间、城乡之间进行最优配置。收入差距和就业是调节利用率低的地区劳动力和人力资本向利用率高地区流动的机制，人口流动则是实现劳动力和人力资本最优配置的最基本方式。是限制人口流动，在农村和落后地区分散投资，吸收劳动力就业；还是鼓励人口流动，将有限的资金投到城市，投到效益好的地区，吸收劳动力较充分就业？这是两种发展观。从经济学角度分析，收入差距、就业机会差异及人口流动，最后使劳动力和人力资本资源利用的效率尽可能最大化，是市场经济最重要的机制和内容。

人口的空间迁移所引起的相关地区或国家的人口数量和劳动力供给的增加或减少，对促进或延缓本地区或本国的经济发展将产生重要影响。对于移入地区来说，由于人口及劳动力的增加，将使该区的资源得到更加充分的开发和利用，如果该地区的人口与劳动力相对不足，则这种移入对经济发展是有利的；如果是人口与劳动力相对过剩的地区，则这种移入将可能对经济发展产生不利的影响。

对于移出地区来说，如果人口与劳动力过多，则这种移出对经济的发展是有利的，相反，则会产生有害的影响。

人口的空间移动，必然引起信息、知识、人才、科技等的移动和传播。对于移入地区或国家来说，其意义是不可估量的。例如，美国著名的科技人员中有相当一部分就是来自发展中国家和其他发达国家，真正属于美国土生土长的只是其中的一小部分。可以说若没有大量的来自其他国家、地区和民族的移民，便不会有今天的美国。

人口流动是缩小城乡之间、地区之间发展差距，特别是缩小居民之间收入差距的重要途径。过去，人们总是认为通过加大对农村和落后地区投资的方式就能缩小差距，因而忽视人口流动，甚至人为地限制人口流动。其实解决城乡和地区间发展不平衡问题除了投资发展乡村和落后地区外，最重要的办法是农村剩余劳动力向城市转移，不发达地区的人口向较发达地区迁移。一是迁移到城市和发达地区的这部分劳动力和人力资本得以充分利用，其收入水平提高；二是迁移劳动力抑制了城市和发达地区工资过快增长，使其经济保持低工资成本竞争力；三是乡村和不发达地区过剩劳动力转移后劳动生产率提高，土地逐步规模化经营。因此，人口流动是使城乡、发达地区和不发达地区都获利的社会经济过程，应当鼓励、保护和规范，而不应限制。阻碍人口流动的结果，必定是使城乡、地区、居民之间的发展和收入差距越来越大。

人口的空间移动，引起移入地区或国家人口总体的民族构成、文化传统构成、价值观念构成等诸多方面的变化。这种变化对经济的发展往往会产生积极的作用。人口总体的这种交融和融合，犹如遗传学中的远缘杂交必然产生更为优良的子代。从典型的事例看，美国作为一个后起的经济迅速发展的国家，与美国国民来源的广泛性不无关系，正是这种广泛性使美国能够兼容并蓄，汲取不同民族、不同国家、不同肤色和不同地域的各类精英，从而使其经济得以迅速地发展（周天勇，2001b）。

国内学者主要用人口普查数据结合人口经济学方法对中国地区间人口流动的总体结构和内在机制以及变化趋势进行定量统计和分析（蔡昉，王德文，2004；劳昕，沈体雁，2015）。也有学者通过社会样本调查或区域、国际经济统计数据等对人口和劳动力转移做了相应的微观考察和分析，探究人口流动与市场化、就业状况和经济发展水平之间的相互关系。比如，李沐群等（2011）以中国的发展为背景，系统地讨论了在有限的劳动力人口流动下，经济贸易和不平等之间的关系。由于发达地区吸引了更多高技能的人口，这在一定程度上加剧了区域不平等，他们还用实证检验了中国沿海地区劳动力需求型产业的经济增长与从较低收入的内地省份流入的劳动人口有较强联系。徐凯（2014）则从户口制度角度，定量评估了取消中国户口制度对经济的影响。他的研究表明，户口制度一定程度上阻碍了人口劳动力的流动和劳动力在农业和非农业部门之间的分配，取消户口制度可以提高 4. 7% 的实际人均收入。如果中国废除户口制度，减少对人口流动的限制，这也将对周边国家的经济产生较大影响，比如对孟加拉国、斯里兰卡和越南分别降低其 2. 7%、3. 2% 和 4. 1% 的人均 GDP 。其经济含义是，中国如果放宽户籍限制，改革阻碍人口流动的体制，加快人口流动可以将流失的一部分经济增长转移回国内。

总之，人口生育和增长是一个自然的过程，技术进步会扩大人口的容量，而以成本和收益为主的经济社会综合调节机制会使人口生育和增长与资源、环境以及经济发展相协调。人口流动，特别是年轻人的迁移和流动，有利于促进经济增长；反之，国家对其干预，会损害经济增长。

3.2 人口增长与工业化发展

人口增长促进了工业化的发展，反过来，人口增长又是工业化发展的产物，这是人口增长与工业化发展关系的重要表现。一方面，从英国工业革命的爆发到现代主要中等以上发达国家的工业化发展实践均印证了人口增长对工业化进程的影响，尤其是人口增长所提供的科技人员及其重大的科技发明对工业化的积极作用。另一方面，工业化的发展又为人口的持续增长提供了物质保障。工业化进程极大地提高了社会财富的创造和人口抚养能力，扩大了人类的生存空间，为人口高增长提供了物质基础，从而促进了人口的快速增长。

3.2.1 人口增长是工业化的必要条件

工业革命起源于英国而非欧洲其他国家，这与英国当时的人口优势紧密相关。人口的快速增长是工业革命的必要条件，人口优势对于工业化发展的必要性体现在：它不仅能为工业化发展提供充足的劳动力，还为工业化发展提供充足的脱离土地的科技人员。

一方面，人口的快速增长所能提供的充足劳动力，满足了工业化生产对人口资源的需求。人口增长可能会导致食物短缺和工业化进程的崩溃，但是人口增长会促进制造业部门采用规模收益递增的技术扩大物质和商品的生产（Introduction 和 Gilbert，1959）。托马斯（1973）的研究显示，人口增长促进了欧洲的商业贸易和工业化的发展，尤其是英国的工业革命的爆发（Jones，1988）。当时英国的人口增长快，每年有大量的年轻劳动力，源源不断地满足了工业革命对劳动力的需求。随着人口的快速增长，大量农村剩余劳动力流入城市，成为雇佣工人和工业革命需求的后备军，为工业革命提供了廉价的劳动力（Introduction 和 Gilbert，1959）。从 1500—2014 年主要欧美国家的人口统计数据来看如表 3-1 所示，1500 年法国人口有 1500 万，英国仅有 390 万；但是到了 1820 年，英国人口有 2120 万，法国有 3130 万，此时英国人口比 1500 年增长了 4 倍不止，而法国的人口仅增长了 1 倍。其他欧洲国家，如意大利增长了将近 1 倍，荷兰增长了 1. 3 倍，德国增长了约 1. 7 倍。因此，工业革命首先诞生在英国很大程度上是由英国当时的人口增长优势所决定的。

表 3-1　　1500—2014 年欧美各国人口[①]　　单位：百万

国家＼年份	1500	1600	1700	1820	1850	1900	1950	2000	2014[②]
英国	3. 9	6. 2	8. 6	21. 2	27. 2	41. 2	50. 1	59. 5	64. 51
爱尔兰	0. 8	1. 0	1. 9	7. 1	6. 9	4. 5	3. 0	3. 8	4. 61
法国	15. 0	18. 5	21. 5	31. 3	36. 4	40. 6	42. 5	61. 1	66. 20
德国	12. 0	16. 0	15. 0	24. 9	33. 7	54. 4	68. 4	82. 2	80. 88
意大利	10. 5	13. 1	13. 3	20. 2	24. 5	33. 7	47. 1	57. 7	61. 33
荷兰	1. 0	1. 5	1. 9	2. 3	3. 1	5. 1	10. 1	15. 9	16. 85
葡萄牙	1. 0	1. 1	2. 0	3. 3	3. 8	5. 4	8. 4	10. 3	10. 39
西班牙	6. 8	8. 2	8. 8	12. 2	14. 9	18. 6	28. 1	40. 0	46. 40
美国	—	—	1. 0	10. 0	23. 6	76. 4	152. 3	282. 2	318. 86

另一方面，人口优势所带来的大量脱离土地的青年科技人才的供给和创新发明，直接推动了工业化的发展。1700 年，英国的人口增加到 857 万，相当于法国人口的 39. 8%，而人均耕地仅是法国的 83%。但是在 1705 年，英国从事农业的人口只占了 35%，而法国还

① 2000 年以前的人口数据来源：Angus Maddison，“Historical Statistics of the world Economy：1-2006 AD”，http：//www. ggdc. net/maddison/Historical_Statistics/horizontal-file_03-2009. xls。

② 2014 年的人口数据来源：世界银行统计数据，http：//data. worldbank. org. cn/indicator/SP. POP. TOTL。

有70%的人口从事农业生产。英国的人均GDP已经增加到了1250美元，法国的人均GDP只有910美元。[①] 可见大量科技人员的产生要以大量脱离农村劳动为前提。从工业革命期间的重要发明来看，大多发明者是工厂的一线年轻工人，如果这部分人仍然在农村土地上劳作，也不可能有机会进行科技发明。英国的大量工业发明实例足以说明这一点：1733年，钟表匠凯伊发明的飞梭大大提高了纺织的效率；1764—1767年，纺织工人哈格里夫斯发明的珍妮纺纱机提高了纺纱的效率；1769年，理发师阿克莱特发明了水力纺纱机；1779年，纺织工人克隆普顿发明了动力织布机。随后其他纺织机器相继发明，实现了纺织行业的机械化生产；1769年，仪表修理工詹姆斯·瓦特发明了单向蒸汽机，1782年又制造出了双向蒸汽机，蒸汽机的出现大大推动了工业革命的发展（易富贤，2013）。此外，对于工业化国家而言，科技创新也要依托于人口的增长。以Lucas和Robert为代表的社会经济学家在经济增长理论中，一致认为创新和人口增长是经济增长的内生驱动力（Lucas，1986）。因此，大量脱离农村的科技人员以及科技发明是工业化发展的又一必要条件。

3.2.2 人口增长方式转型也是工业化的产物

“人口增长”常常被看作工业化的产物，是工业化发展的一个结果。以欧洲为例，欧洲进入资本主义以后，自16世纪中期开始，每个世纪人口分别增长了28.2%、11.9%、47.5%、80.6%，增长较快的是18世纪后半叶，这与当时在英国爆发的工业革命密切相关（潘纪一，1991）。工业化的发展对人口增长的作用主要体现在人口出生

① Angus Maddison. “Historical Statistics of the world Economy：1-2006 AD”［EB/OL］. http://www.ggdc.net/maddison/Historical_Statistics/horizontal-file_03-2009.xls.

率的升高和人口死亡率的持续下降。

其一，在工业化期间，国民财富的增长、物质的积累以及婚姻数量的增加提高了人口出生率。一方面，工业化的发展为人口的出生提供了物质基础。古典经济学创始人亚当·斯密解释了市场机制对人口生产的影响：在工业化进程中，国民财富的持续增长引起劳动工资的增长，劳动的优厚报酬能使穷人有条件更多地生育，更好地抚养子女，从而带动人口的繁殖，人口的出生率提高（亚当·斯密，1983）。随着工业化进程的加快，社会创造了更多的物质和财富，国家的人口抚养能力增强，并扩大经济上的生存空间，为人口高增长提供了物质基础。另一方面，婚姻范围的扩大提高了人口出生率。以历史发展和哈捷诺的研究来看，婚姻模式的形成多数以经济基础为前提，社会习惯要求婚姻形成必须以物质经济条件为基础，结婚的双方在婚前必须具备足以养家糊口的独立能力和财富（Hajnal，1965）。因此，随着工业化的发展，经济的增长及物质的积累为整个社会的婚姻数量增加奠定了经济基础，而婚姻数量的增加在一定程度上也促进了人口生育。

其二，在工业化期间，科学技术、医疗和公共卫生的改善降低了人口死亡率。在工业化之前，高死亡率是人口学的主要特征。美国人口学家诺特斯坦在法国人口学界元老朗德里研究的基础上发表了一系列论著，提出了人口转变理论（Notestein，1945）。该理论认为工业化时期的人口特征表现为死亡率开始下降，出生率仍处于较高的水平，人口平衡遭到破坏，进入了人口爆炸阶段。随后，格里菲斯的研究也认为工业化期间人口增长的主因是死亡率的下降（Glass 和 Eversley，1965）。很显然，工业化期间的人口死亡率下降在很大程度上是因为科技、医疗的进步以及公共卫生设施的改善。首先，医药科技的进步。包括以天花、肺结核、霍乱等为主的传染病预防药物研制、使婴儿和产妇死亡降低的产科手术的改良、医疗基础设施的改善等都有助于人口死亡率的下降，婴儿的成活率提高对下一代的人口增长提供了基数。其次，生活水平的提高。麦基翁等人研究认为食物供应和营养的增加对人口死亡率下降具有较大作用（McKeown，1972）。他们以法国、瑞典、爱尔兰等国家的人口增长为例，认为18世纪初期死亡率下降带来的人口增长是由于17世纪以来整个欧洲食物供应大量增长所致。最后，公共卫生服务和保健措施的改善。包括供排水设施的建设、检疫制度、瘟疫预防药物的发展等有效抑制了疾病的传播，降低了人口死亡率。

总之，人口增长和工业化发展是相互作用的关系。人口增长促进了经济发展从农业社会进入工业化阶段，同时，人口快速增长又是工业化发展的结果。

3.3 人口流动、城市化及工业化发展

人口流动、城市化和工业化是一个互动的发展过程。在工业革命以及人口增长的背景下，从以土地为主的农业经济解放出来的大量农村剩余劳动力开始以各种方式流向城镇，加速了城市化的发展。城市化的发展为工业化的专业分工协作、规模化生产、集中的市场等提供了发展的条件。同时，工业化对劳动力和人口集中消费的需要，吸引了更多的人口向城市流动和集中，进一步促进了城市化的进程。

3.3.1 人口流动加速城市化的进程

城市化过程是指随着一个国家或地区生产力的发展、技术的进步以及产业结构的调整，该国家或地区以第一产业为主的乡村型社会向以第二、三产业为主的现代城镇型社会转变的过程。实际上，

这也是一个国家经济发展的过程。城市化具体表现为城市数量的增长和城市人口数量的增长。城市人口数量的增长又依赖于农村人口向城市的转移性增长和城市新出生人口的自然增长两种方式（Tisdale，1942）。一般来讲，发展中国家的人口城市化主要依赖于人口从农村向城市流动。因此，本书所涉及的人口流动主要指农村人口向城市的流动。

关于人口流动与城市化的关系，学术界已有大量研究。这些研究也主要是以农村人口向城市人口转化和流动为基本落脚点。除了刘易斯提出的农业人口从农业部门转移到非农业部门有利于推动一国的现代化、城市化和工业化进程外（Lewis，1989），兰登特从人口统计学角度分析城镇化问题，认为城镇、农村之间的人口流动强度是影响城镇化的因素之一（Ledent，1982）。国内学者郭庆和胡鞍钢认为，城市化进程是农村劳动力向城市转移的过程（1991）。当然，也有学者针对中国特殊的户籍管制制度，认为中国流入城市的农村人口很难成为市民，这决定了中国城市化的“半市民化”现象（辜胜阻，2006）。总之，学界对于农村人口流入城市，进而促进一国城市化发展的论述已达成一致。

从世界上其他国家的发展事实来看，农村人口向城市的流动和迁移能改变城市的经济重心和城市的体系结构，促进城市化的发展。自 15 世纪开始，英国实行了长达几个世纪的圈地运动，18 世纪中叶英国工业革命爆发，随后带动了欧美其他国家的工业革命，这些国家都先后从农业社会进入工业社会，实现了高度的人口城市化。发达国家和地区的人口城市化途径基本一致，虽然受到历史条件的限制，在转化的措施上有被强制转化和自愿转化的差别（见表 3-2），但最终都在农村人口向城市流动和转移的过程中得以实现。

表 3-2　　主要发达国家和地区人口流动的特点

国家/地区	城市化兴起时间	农村人口流动特点
英国	16—17 世纪	圈地运动，人口被强制流向城市
法国	17—18 世纪	工业革命的市场机制下，农村人口自由、自愿向城市流动
德国	19 世纪中叶	
美国	19 世纪中叶	欧洲移民、跨区域的“西进运动”农村人口流动
韩国	20 世纪 60—90 年代	从乡村向城市、从中小城市向大城市、从大城市向首都首尔流动
日本	20 世纪 60—90 年代	政府主导的农户农业兼业、农村合作事业等农村人口转移方式
中国台湾	20 世纪 50 年代	当局主导的农村工业分散化城市化模式

英国是世界上最早开始城市化的国家。14—15 世纪的英国为了开拓世界市场，加快资本积累和输出，并发展“世界工厂”，强制开展了长达几个世纪的圈地运动，强制迫使大量农村居民背井离乡，大量失地农民没有了生产资料，只能被排挤出农业生产领域并迁移到城市充当工业市场的劳动力，而此时的农场主也不再是农民的身份而是属于资产阶级（陈昭雪，2015）。因此，圈地运动不仅促进了小农经济的解体，为实现农业的农场经济奠定了基础，还加速了英国的人口城市化进程，加快了国际市场的开拓。

随后，法国、德国以及美国等西方国家也相继实现了以人口从乡村向城市自由流动为前提的城市化发展。17—18 世纪，法国为填补高死亡率造成的城市人口亏空，城市不断吸收资本家、精英阶层、工匠及无产阶级劳动力，且部分城市中的农村移民占到总移民人数的 2/3（洪庆明，2015）。19 世纪中叶是德国城市化快速发展时期，正值工业革命开始，整个国家经济结构发生变化，农业人口向工商业和服务行业流动，大量农村劳动人口自由流动到城市，加速了德国工业化和城市化进程（肖辉英，1997a）。美国是世界上人口流动最频繁的国家，同其他国家一样，伴随着美国工业化和服务业的发展，城市提供了大量的就业机会，在巨大的城市磁场吸引下，农村剩余劳动力纷纷向城市转移。著名的人口“西进运动”属于美国历史上最大规模的人口跨区域流动，这不仅促进了美国经济结构的转变，也带动了美国中部中心城市的兴起（王新华，2010）。

第二次世界大战后，韩国、日本及中国台湾地区也通过人口的自由流动，在短时间内完成了人口的城市化进程。韩国自 20 世纪 60 年代开始全面工业化和城市化，形成了“大量人口从乡村向城市流动、从中小城市向大城市流动、从大城市向首都首尔移动”的路径，这种移动一直持续到 20 世纪 90 年代，为各个城市提供了充足的劳动力，加速了韩国城市化的快速发展（袁城，2009）。日本为了促进农村剩余劳动力向大城市流动，1960 年日本池田内阁在《国民收入倍增计划》中专门列有农村劳动力动员计划，还发展农村合作事业、调整农村农业产业结构促进农村城市化。日本只用了 30 多年时间完成了欧美发达国家 80～120 年完成的农村剩余劳动力转移任务（张季风，2004）。中国台湾地区发展城市化主要通过在农民中发展非农业进行实现，并非是通过大量农村剩余人口涌向大城市的途径来实现，中国台湾地区领导人主导的农村工业分散化城市化模式发挥了关键作用。

通过以上各国家和地区的城市化发展事实来看，农村人口流入城市虽然受到政府的规划意志、工业发展等方面的影响，但起基础调节作用的仍然是市场机制。市场机制的调节作用表现在：发展、就业机会及收入水平是一个地区和城市吸引人口向其流动和集中的机制，而生活成本、创业及找工作的难度是一个地区和城市向外排斥人口的机制。发展和工作机会及其收益大于生活成本，吸引人口向内流入；反之，则排斥人口向外流出。因此，国家和各级政府不能主观地在战略上决定重点发展某一规模的城市或者城镇。与以上发达国家与地区人口流动机制和城市化有较大差异的是，自改革开放以来中国长期的二元城乡结构减缓了中国的城市化进程。

3.3.2 城市化与工业化发展的互动

工业化和城市化发展是两个互动的过程。两者的相互关系主要表现为：以工业化为起点的工业革命推动了现代城市化的发展，工业化推动了现代城市的发展，是城市化发展的加速器；同时，城市化适应了工业大规模集中生产的需要，促进了工业化进程和经济的发展。

对于工业化推动城市化的研究，最著名的是钱纳里和塞尔昆《发展的格局：1950—1970》一书。他们研究各个国家经济结构转变的趋势时概括了工业化与城市化关系的一般变动模式（钱纳里，塞尔昆，1989）。即随着一国人均国民生产总值的上升，工业化的演进导致产业结构的转变，能带动城市化率的升高（见表3-3）。从工业化导致的产业结构转变看，制造业生产比重与就业比重的增长基本同步，但非农产业就业比重与生产比重的上升则表现出阶段性差别：即在人均GNP（国民生产总值）达到500美元（1964年美元）以前，生产比重的上升较快，当人均GNP超过500美元之后，就业比重的上升明显加快。从产业结构转变对城市化进程的作用看，城市化率上升主要与就业结构的变化联系紧密，而且与非农产业就业比重上升联系更为密切。因此，如果说工业化带动了非农产业化，非农产业化带动了城市化，那么工业化对城市化的带动趋势是明显的。

表 3-3　　工业化与城市化关系的一般变动模式（钱纳里，1989）

级次	人均 GNP		GNP 结构变化（%）		就业结构变化（%）		城市化率变化（%）
	1964 年（美元）	1997 年（美元）	制造业	非农产业	制造业	非农产业	
1	70	350	12.5	47.8	7.8	28.8	12.8
2	100	500	14.9	54.8	9.1	34.2	22.0
3	200	1000	21.5	67.3	16.4	44.3	36.2
4	300	1500	25.1	73.4	20.6	51.1	43.9
5	500	2500	29.4	79.8	25.8	60.5	52.7
6	800	4000	33.1	84.4	30.3	70.0	60.1
7	1000	5000	34.7	86.2	32.5	74.8	63.4
8	1500	7500	37.9	87.3	36.8	84.1	65.8

注：1. 人均 GNP 中，1997 年美元与 1964 年美元的换算，直接使用此期间美国 GDP 缩减指数，换算因子为 5。如按钱纳里等的方法，则换算因子为 6 左右。

2. 人均 GNP 为平均近似值（原注）。

从国际经验来看，工业化水平上升对城市化率的提高加速作用显著，但是不同收入水平国家的工业化和城市化的关系呈现不同变动趋势（见表 3-4）。从 1965—2014 年不同收入水平国家的工业化、就业机构变化及城市化率变化的数据可以观察到以下特点：第一，对于低收入国家而言，城市化水平随着工业化水平的上升而明显上升，城市化率与工业产值比重的变动关系较为紧密，并与非农产业就业比重的变化趋势较为一致。第二，从中等收入水平的国家（包括下中等收入国家和上中等收入国家）相关数据来看，在 1965—1980 年，城市化水平与工业化水平的变动相关，1980 年后，工业化水平基本稳定，城市化水平随着非农产业比重增长而提高，包括非农产业的产值比重和就业比重。此阶段，下中等收入国家的城市化水平升高基本归功于服务业的发展带动。第三，高收入国家的城市化与工业化没有太大的相关关系，城市化率的上升与服务业相联系，主要是非农产业就业比重的上升带动城市化水平的提高。

表 3-4　不同收入水平国家工业化与城市化关系的变动趋势[①]

不同收入水平	GDP 结构变化（%）			就业结构变化（%）		城市化率变化（%）
年份	制造业	工业	非农产业	工业	非农产业	城镇人口占总人口比
低收入国家						
1965	10	18	57	8	21	13
1980	16	25	64	10	28	22
1997	17	28	72	13	34	28
下中等收入国家						
1965	15	25	70	12	35	27
1980	28	41	75	19	59	31
1997	29	41	85	19	68	42
上中等收入国家						
1965	21	37	82	23	55	49
1980	26	43	90	28	69	42
1997	21	34	92	26	75	74
高收入国家						
1965	29	40	95	38	86	70
1980	25	37	96	35	93	75
1997	21	31	98	27	95	76

从钱纳里的研究和国际发展经验来看，工业化的演进导致了产业结构的转变，进而带动国家城市化率的升高。工业化对人口城市化的加速作用有以下经济学解释。

首先，工业化要求生产集中和生产规模，工业集聚促进了大规模城市的产生。蒸汽机的使用扩大了工业生产规模，生产规模的扩

① 钱纳里，等．发展的格局：1950—1970［M］．北京：中国财政经济出版社，1989.

大一方面使得生产力迅速提高，另一方面也扩大了城市规模。正如恩格斯所指出的："城市愈大，搬到里面来就愈有利，因为这里有铁路、有运河、有公路；可以挑选的熟练工人愈来愈多……花费比较少的钱就行了；这里有顾客云集的市场和交易所，这里跟原料市场和成品销售市场有直接联系，这就决定了大工厂城市惊人的迅速的成长"（恩格斯，1957）。这正好揭示了生产向城市的集中，赋予资本家的集聚效应，所以资本家会进一步依托工业革命扩大生产规模，促进城市化的发展。

其次，工业化改变了人口再生产模式，人口的快速增长为城市化提供了主体推动力。根据朗德里提出的人口革命理论，传统以农业和手工业劳动为基础的经济发展形式是以高出生率、高死亡率和低人口增长率为特点的人口再生产模式。随着工业化的发展、现代科学技术的进步以及医药和医疗卫生事业的发展，逐渐转变为高出生率、低死亡率和高人口增长率的人口再生产模式。这样与工业化进程同步的人口再生产模式的变革为城市化发展提供了大量的人口来源。

最后，工业化带来了交通工具的变革，现代化的交通设施系统地遍布于城市范围内的社会和经济生活的各个角落。以铁路、高铁建设为标志的各种交通工具的变革，不仅把城市外部大量的经济活动吸纳到城市辖区来，还冲破了城市发展的局限，扩大了城市发展的范围和灵活性，加速了城市的发展。交通的变革能快速解决城市发展的能源不足、市场不大、工人上下班交通不便等交通问题。

城市化能适应工业革命带来的大规模集中生产需求，极大地促进工业化和社会经济的发展，其中的作用机制可以有以下经济学的解释。①

① 周天勇．城市及其体系起源和演进的经济学描述［J］．财经问题研究，2003（7）．

首先，城市化能降低工商业经济的协作费用。从城与乡的关系来看，城是工商业和农业分工的地理形式；就城市内部来看，居民、统治阶层、手工业者、商人等集中在一起，城也是便于他们分工和协作的地理集聚形式；而城又是大大降低分工和协作费用的地理形式，这是城特有空间聚集经济的内容之一。在交通通信不发达的古代，只有分工者在地理上集中，才能大大降低这些成本。

其次，城市化使工业生产和商业服务规模化。只有人口、工厂、商业和金融的集中，一些需求才能形成规模化，进而使生产和服务规模化，而生产和服务的规模化使产品和服务的固定和分摊成本大大降低，生产和服务量高于最低盈亏点规模，[①] 并且规模越大，收益越大。这是城市聚集经济的第二个内容，也是城起源的重要原因之一。分工的形式是专业的生产和服务，人口聚集后形成的规模化需求，也即人口、作坊和店铺等在地理上集中的城，是专业化生产和服务的一个前提条件；而规模化生产和服务又吸收了更多的人口、作坊和店铺到城里来，进一步使分工和专业化获得更大规模的需求，城的规模也进一步扩大。随着人口、工厂和商业越来越多，新的规模化需求不断出现，从而出现新的分工和行业；需求和生产及服务互为条件，互相推动，互相作用，使城的规模越来越大。

再次，城市化给工商业发展形成外部经济。人口、工厂和商业等在地理上的集中，形成外部经济效应，而居民、工厂和商店追求这种外部经济，又不断地使其在地理上集中，在空间上形成城，并使其不断地扩大。从供排水、道路、信息、购物等活动来看，居民、工厂和商店在城市中更容易获得这方面的服务和供给。城市中的这些基础设施，可能是城中公共机构（如城的管理部门）提

---

① 即盈亏临界点规模，在盈亏规模点以下，生产和服务不能有效地摊销一些固定成本，在此以上则每单位所含的各种分摊成本越来越小，使生产和服务的规模收益递增。

供的，也可能是其他的工厂和商店所建设的。然而，城中的所有居民和其他工商业者虽然没有投资和支付成本，却都分享了这些基础设施和服务，这就是集中给他们带来的外部经济。因此，狭义的有关城的空间聚集经济，可以看成是集中后分工协作费用的节省，规模生产和规模服务的收益递增，以及人口和工商业集中后形成的外部经济[①]。

最后，城市化降低了工商业之间互相交易的费用。不同的分工形成不同的生产行业，而不同生产行业之间的产品要进行交换，需要有四个方面的成本：一是信息搜寻费用，包括要交换产品的价格、质量和数量等信息了解的时间和费用。二是协商谈判费用，交易者之间相互了解，要讨价还价，最后签订合同。三是交通运输费用，其费用的大小在数量一定的情况下，一般取决于运输距离，距离越长，成本越高。四是产品的仓储费用，产品要堆放、保管、装卸、防盗等也需要消耗土地、劳动力等资源。总体来看，就是交易成本。而城市使需求、劳动力、信息、仓储、物流、工厂、商业等因素集中在一起，大大降低了各方面的交易成本，促进了工商业的快速发展。

城市化对工业化的带动和影响作用，我们还可以从钱纳里和塞尔昆所构造的经济发展标准结构中（见表 3-5）做进一步分析。他们按照人均 GDP 水平将工业化进程划分为工业化前、工业化实现和后工业化三大阶段，对每个阶段进行了细分，并在此基础上分析了产业产值结构、人口城市化率等的关系（钱纳里，塞尔昆，1989）。

---

① 杨小凯在他的新兴城市化理论中描述了分工演进与城市起源的关系，他认为城的出现会节省农业与工商业之间的交易费用。（杨小凯，张永生：《新兴古典经济学和超边际经济分析》，中国人民大学出版社 2000 年版）但是，他没有揭示城的出现最深层次的原因是，除了节省城乡分工的协作费用外，城更大程度上使城内各种分工的协作费用大大下降。并且，城的起源并不是单纯源于农业和工商业的分工，还源于保护财产安全的成本、城内协作费用降低，集中后的规模收益递增，以及集中后获得的外部经济。

因此，根据钱纳里定律对经济发展与人口城市化问题的分析，可以发现，在资源禀赋不同的国家和地区、在工业化的不同阶段呈现以下规律：首先，在前工业化阶段：人均 GDP 不高，农业是主导产业，其产值大于工业（A>I），在经济发展驱动下，农业用地会得到大范围开垦，从而带动耕地数量增长和农业发展。人口城市化开始缓慢启动，城市空间也开始扩张（城市化率<30%）。其次，工业化初期：第二产业逐渐成为经济发展的重要驱动力（A<I），城市人口开始较快增长，城市化率占 30%~50%。再次，工业化中期：在工业化的强力带动下，人口城市化进程加快，城市化率达到 50%~60%。最后，工业化后期及后工业化阶段：人口城市化率已经相当高（60%以上），人口城市化速度逐渐减缓。

表 3-5　　工业化阶段评价标准[①]

基本指标	前工业化阶段	工业化实现阶段			后工业化阶段
人均 GDP（美元）	660~1320	1320~2640	2640~5280	5280~9910	>9910
三次产业产值结构	A>I	A>20% A<I	A<20% I>S	A<10% I>S	A<10% I<S
制造业增加值占比	20%以下	20%~40%	40%~50%	50%~60%	60%以上
人口城市化率	30%以下	30%~50%	50%~60%	60%~70%	75%以上
第一产业就业人员比重	60%以下	45%~60%	30%~45%	10%~30%	10%以下

总之，工业化对劳动力和人口集中消费的需要，吸引人口向城市流动和集中；城市化则为工业化的专业分工协作、规模化生产、提供外部经济、集中的市场等提供了发展的条件。人口城市化与工业化互相影响的过程，形成经济发展的动力来源，本身也是经济发展的进程。

---

① “A”“I”“S”分别表示第一、第二、第三产业产值占 GDP 的比值。

3.4　人口、工业化与生态环境的动态协调发展

在人类发展过程中，人口增长、工业化发展、资源的开发利用与生态环境的可持续发展紧密相关。人口的增长和有限资源的平衡，可以通过科学技术的变革予以实现。而在工业化进程中所造成的环境污染和生态平衡破坏，人类可以依靠绿色文明的文化和可持续发展战略来约束自身，使得生态环境重回平衡。通过理论研究和实践经验的分析，我们提出人口、工业化和生态环境动态协调的理论框架：随着工业化的推进，人口增长、经济增长和环境污染均呈倒 U 型的发展曲线，人口增长速度不会无限升高，环境污染最终也会得到改善，进而实现人口、工业化、经济、资源与生态环境的动态协调发展。

3.4.1　人口增长与资源的协调发展

以工业化为起点的工业革命诞生以来，快速增长的人口对资源的过度消耗以及大规模工业化生产对生态环境的破坏等问题日益凸显。第二次世界大战后，人口增长速度更是达到了空前的高水平（18‰），因此人口与资源环境关系的问题备受学界关注。随着人口增长对有限的自然资源的利用，过剩人口对生产力造成的压力，催生了许多学者关于“适度人口”的理论和控制人口的主张，主要包括瑞典经济学家威克泽尔、法国人口学家索维（杨云彦，陈浩，1999）、英国的马尔萨斯以及中国的马寅初等。

但从全球视角看，人口“爆炸”式的增长，只是工业化以来 200 年左右的人口现象。预计到 2050 年左右，人口“爆炸”式增长即将结束。虽然某些时间段和局部地区，人口“爆炸”式增长与资源、生态环境发生了失衡，但从长远看，技术的日益进步会提高地

球资源和生态环境对人口的承载能力，会扩张地球对人口的容量。实际情况也表明，人类在自身“爆炸”式增长阶段并没有发生大的灾难，相反却创造了巨额的财富，提高了人们的生活水平，扩大了人类赖以生存和发展的资源数量和品种。欧美和新兴工业化国家，其生态环境和食品安全已经恢复到工业化前的水平。

人口增长和有限资源的过度开发在多大程度上能够实现平衡，需要依靠科学技术的变革（见图 3-2）。资源和粮食价格的持续上涨会促使人们开发新技术、发明新设施、开发新能源以及其他可替代品，使用新技术提高生产效率。随着科学技术的发展，因人口过多而对资源和粮食的担忧纯属杞人忧天。其一，科技进步能突破人类资源利用的空间界限，不断发现和利用新的资源；其二，科技进步可以提高资源利用效率，使现有资源创造出更多的经济福利。事实上，自 20 世纪以来，人类已经利用科技进步在粮食增产方面取得了巨大的进步。比如生物工程和遗传工程研究的品种改良，以机械、灌溉为主的耕种技术的提高，化肥有机肥的研发和使用已经使粮食的增长逐渐赶上人口增长的步伐（钟水映，简新华，2005）。

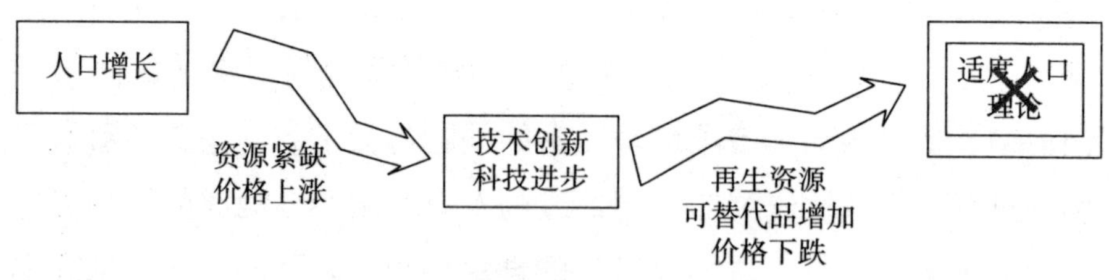

图 3-2　人口增长与资源的关系

人口的经济承载能力，主要取决于资源供给量和就业容量，19 世纪至今，技术进步和经济发展对资源供给量的扩大和就业容量的扩张起到非常重要的作用。

首先，粮食生产方面。20—21 世纪，农业和其他生物技术的发展，是保证人口“爆炸”增长阶段人类食品平衡的首要因素。农业和其他食品技术的进步，扩大了人类所需粮食和食物的供给量，并提高了人们消费的水平。从表3-6的统计数据可以看出，1950年到2014年，虽然人口规模从25亿增加到72亿，增加了1.88倍，但是，粮食生产则从6.75亿吨增加到25亿吨，增加了2.7倍。人均粮食水平，从270千克增加到347千克，增加了29%。粮食的增加，主要取决于：农业生产条件的改善，包括水利浇灌、田间道路、机械作业、人工降雨、排涝设施等建设和改进；农业技术的进步，包括化肥使用、种子优选、病虫防治、生物工程等的推广和普及。此外，人类还从其他途径扩大食物来源，如海洋捕捞、无土栽培等技术的使用，增加了水域食品和不需要耕地的农业产品。

表3-6　　1940—2014年世界粮食产量、人口总量及人均产量

年份	1940	1950	1960	1970	1980	1990	2000	2010	2014
粮食（亿吨）	5.83	6.75	9.63	12.14	15.46	19.47	20.59	22.80	25.00
人口（亿）	22.95	25.01	30.00	36.00	44.50	52.92	60.00	68.18	72.00
人均（千克）	254	270	260	337	347	368	343	334	347

其次，能源消费方面。农业社会中，木材是人类生产、取暖、做饭的重要能源来源，如果仅仅依靠木质、草质能源，人口“爆炸”式增长的后果必然是导致地球上的森林被砍伐殆尽，湿地和草原等也将大面积沙化。然而，自工业革命以来，煤炭、石油、天然气、核电、水泥及可替代能源的逐步革新，满足了人口快速增长时期人类对于交通、工业、建设、商业、城市化和生活等方面日益扩大的能源需求（见表3-7），世界人均能源消费量持续增长（2014年提升到人均1795千克石油当量），同时也大大降低了农业社会传统能源结构对树木的需求量，保持和改善了部分农业地区的森林覆盖率。尤其是可替代能源及核能技术的开发，基本不会对生态环境造成污染。世界银行发布的《世界发展指标》的数据显示，自20世纪60

年代以来，世界可替代能源和核能占能源使用总量的百分比逐渐提升，该比例在1960年、1970年、1980年、1990年、2000年、2010年分别为2.72%、2.98%、5.28%、8.75%、9.81%、9.03%。未来这些基本不会造成环境污染的新能源技术还有更大的发展潜力和空间，足以满足当前人类对于能源的需求，也不会对生态环境形成压力。

表3-7　1971—2014年世界能源消费量及人均消费量[①]

年份	1971	1980	1990	2000	2010	2014
世界能源消费量（亿吨石油当量）	48.09	63.15	78.11	98.70	119.8	129.2
人口（亿）	36.00	44.50	52.92	60.00	68.18	72.00
人均能源消费量（千克石油当量）	1336	1419	1476	1645	1757	1795

最后，纺织产品方面。人类过去对穿衣、被褥、绳索、地毯、窗帘等方面的生活需求，一方面依托于天然纤维棉花的种植，需要占用大量耕地；另一方面大量来源于动物毛皮，导致草原沙化和部分动物的灭绝，生态环境受到破坏。而工业化的发展催生了化纤工业技术，满足了人类对于纺织产品的需求。从表3-8统计数据可以发现，全球人口总量增长到2014年的72亿，人均化纤产量从1971年的2.50千克增长至2014年的9.16千克，工业化催生的化纤工业技术完全能够满足全球人口增长对纺织品的需求。因此，化纤、塑料、硅类、碳纤维等许多新材料能够替代并满足人类对棉麻、木材、钢铁等材料的需求，因而能够减少对耕地的需求以及对生态环境的破坏。

---

① 1971年以后的世界能源消费数据来自世界银行统计数据，世界发展指标，能源使用量，http://data.worldbank.org.cn/indicator/EG.USE.PCAP.KG.OE。能源包括石油、天然气、煤炭、核能、水电、可再生能源、一次能源总和。

表 3-8　　1950—2015 年世界人口、化纤、塑料产量及人均消费量

年份	1971	1980	1990	2000	2010	2014
人口（亿）	36.6	44.50	52.92	60.72	68.18	72.00
化纤（万吨）	933	1420	1886	2820	4622	6600
人均（千克）	2.50	3.19	3.56	4.64	6.78	9.16
塑料（万吨）	3040	6360	10000	18000	26880	31100
人均（千克）	83.1	142.9	189.0	296.4	394.4	431.9

如果人口“爆炸”式增长造成资源的供需关系严重失衡，供不应求的产品在价格上应当表现为急剧地上升。但是，从 1957 年到 1981 年世界人口“爆炸”期间的情况看，除石油以外的 30 种初级产品，特别是粮食、饮料、农业原料和金属等产品的实际价格指数长期都处于缩减趋势（见表 3-9）。也就是说，劳动力成本和人力资本价格相对越来越高，由于技术进步、可替代资源的发现、生产量的增长快于人类需求增长，资源性产品的相对价格逐步下降。

表 3-9　　初级产品价格指数（1975＝100）

年份	全部商品		主要商品（缩减指数）			
	名义指数	缩减指数	粮食	饮料	农业原料	金属
1957	57	127	90	171	163	131
1960	52	115	83	133	158	121
1970	58	107	82	129	103	145
1981	142	94	70	115	105	99

从进入 21 世纪第二个 10 年来看，全球粮食和石油等价格不是在上涨，而是在下跌。这说明，21 世纪以来农业生物技术的进展以及美国页岩油开采技术和应用的突破，强劲地扩大了人类粮食和能

源的来源。目前，全球人口需要的大宗产品的生产和供给能力有大于全球人口总需求的趋势。据联合国粮农组织（FAO）公布的数据显示，2014 年全球粮食价格平均指数为 202，比 2013 年下降 3. 7%，这是全球粮食价格连续第三年下跌。2015 年粮食价格指数平均值为 164. 1，比 2014 年下跌近 19%，这是全球粮食价格连续第四年下跌，同时创下 7 年最大跌幅。从 2014 年年底能源供求形势看，国际油价收盘下跌至 2009 年 5 月以来的低点。纽约和布伦特油价全年跌幅分别高达 46%和 48%。[①] 2015 年，纽约原油期货价格和布伦特原油期货价格分别下跌了 30%和 35%。[②] 因此，世界粮食和石油的供应增量在不断提升，供大于求的局面日益加剧。加上当前绿色及可持续发展已成为国际社会的共识，对新能源及新技术的追逐是各国发展的重要方向，新能源技术的开发会逐渐取得巨大的进步，也将逐渐替代传统的化石能源，不仅能满足人类对能源日益增长的需求，还能实现绿色可持续发展的双赢结果。

世界部分国家的发展经验表明，工业化以来引发的科学技术变革能在很大程度上满足人口增长对资源和粮食的需求。以以色列为例，先进的育种技术、生物杀虫技术、高超的节水技术以及“新土壤”的开发等大大提高了其农业生产效率和农副产品产量[③]。近年来，多数发展中国家在人口增长的同时其人均农业产量都有所提高，同样，人口增长也会促使有利于土地保护的财产权发生变化，保护森林和渔业的管理技术已广为人知。随着人口增长所产生的资源需求不足，不仅不会造成资源的衰竭，依托科学技术的进步，还能进一步扩大资源利用的有限空间。

---

① 黄继汇．国际油价 2014 年下跌近 50% ［EB/OL］．［2015-01-01］．http：//www. news. cn/.

② 刘雪．2016 年国际油价仍将低位徘徊？［EB/OL］．［2016-01-01］．http：//energy. people. com. cn/n1/2016/0101/c71661-28003409. html.

③ 朱永旗．感受以色列的高科技农业［J］．中国质量万里行，2000（12）．

3.4.2　人口、工业化与环境的协调发展

自人类社会进入工业文明后，人类认识自然、改造自然和利用自然的能力提高，人类的经济活动也对生态环境造成了一定的影响。人类对自然资源的开发利用、城市化与工业化加速、农业的集约化迅速发展带有一定的全球化性质，极大地影响了地球生态环境。总体来看，工业化的发展对生态环境的影响主要体现在以下几个方面。第一，资源开发。对没有利用的资源进行开采、垦殖和捕捞。第二，资源利用。对已经开发出来的资源进行加工处理及综合利用。第三，人工改造。用加工好的材料和产品改善自然资源、建设人工环境。第四，环境破坏。不合理、过度地开发和利用自然资源造成直接或间接的不良后果。第五，环境污染。在工业化生产过程中，在开发、利用和改造环境过程中产生的废弃物排放到自然环境中，对人类的健康和生物的繁殖造成一定的危害（诗图，1992）。

近代工业化时期，人类在物质资料方面得到极大发展的同时，对环境的破坏程度也达到了无法挽回的地步。对环境破坏的严重程度主要体现在：其一，家用燃烧装置、机动车辆、工业设施所造成的大气污染。其二，工业生产过程中排放出的有毒、易燃、腐蚀性、传染疾病的、有化学反应性的以及其他有害的固体废弃物所构成的工业废渣被大量排放到地球的表面造成的土地污染。其三，工业生产过程中产生的废水和废液，其中含有随水流失的工业生产用料、中间产物、副产品以及生产过程中产生的污染物，造成严重的水污染。随着人口的增长、城市化进程的加快，能源不断被消耗，环境污染的区域扩大，引发了一系列生态问题，包括全球气温升高、温室效应以及臭氧层的破坏打破了大气圈原有的物质循环和平衡；森林大面积被砍伐、生物多样性减少、部分物种灭绝、土地沙漠化造成的耕地减少、因水土流失形成的泥石流灾害、土地酸碱化、农业

化肥过度使用造成耕地生产力下降，工业用地不断扩大等；工业废水排放使河流、湖泊水质变坏，出现淡水危机，水生物减少。因此，工业化的进一步发展，使当前面临的资源和环境问题更为尖锐，已威胁到人类的生存和发展（刘峰贵，2004）。

幸运的是，人类已经意识到生态环境问题对自身的威胁，逐渐兴起了绿色工业文明，确立了可持续发展战略（见图3-3）。在1972年6月瑞典斯德哥尔摩人类环境大会通过《人类环境宣言》的基础上，1987年联合国环境与发展委员会发表的《我们共同的未来》报告中，提出了“可持续发展”的明确概念（世界环境与发展委员会，1997），即可持续发展包括生态可持续性、资源可持续性、经济可持续性和社会可持续性。它呼吁人类放弃高消耗、高增长、高污染的粗放型生产方式和高消费、高浪费的生活方式，要求人们少投入多产出（刘峰贵，2004）。1992年联合国环境与发展大会通过的《21世纪议程》，象征着人类进入保护环境、崇尚自然、以可持续发展为标志的“绿色时代”（国家环境保护局，1993）。随之兴起的是以崇尚自然、保护环境、维持生态平衡、降低资源过度消耗、促进可持续发展为基本特征的绿色工业文明的发展，人类进入一个新的发展阶段，就是可持续发展的绿色文明阶段。绿色文明要求人类摆脱工业化进程中单纯追求经济的发展和物质资料的生产，而要做到经济和生态的双重发展模式（盛连喜，2002；车生泉，1998）。

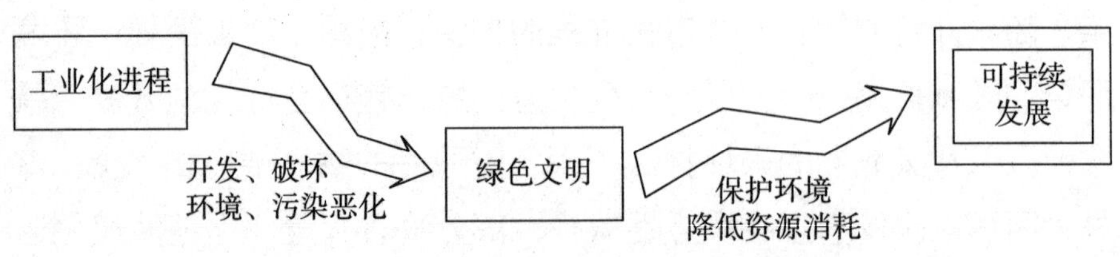

图3-3　工业化与环境的可持续发展关系

从人类与环境发展的全球格局看，欧洲、北美、澳大利亚、日韩等完成工业化的地区，生态环境已经恢复。中国也正在通过产业结构的调整、环保技术的发展和应用来提高绿化率，通过提高人们的生态环境意识和加强法制建设来控制污染扩大，逐步恢复和改善生态环境。在环境持续恶化的国家，比如处于工业化中期的印度和进入工业化不久的非洲等，基于全人类对生态环境保护意识的提高，也能够利用现有的环保技术，选择污染程度较小的项目和产业，最终缓解工业化对生态环境造成的不良影响。

从全球格局看，整个 20 世纪，尤其是进入 21 世纪以来，人口、资源和生态环境关系的是在逐渐改善并趋于和谐发展的。一方面，人类农业技术和医疗技术的进展，快速降低了人口的死亡率，并延长了人类的平均寿命；另一方面，人类在食物、纤维、建材、能源和钢铁等方面的技术进展，也极大地扩张了世界承载人口的容量。随着人类进入 21 世纪，特别是 2010 年后，俄罗斯、日本和德国等一些工业化已经完成的人口大国，人口进入负增长阶段，韩国、英国、法国、美国等大中型国家进入人口低增长阶段。当前中国的生育率已经降低到世代更替水平（2. 1）以下的 1. 4，人口增长也降低到 4. 96‰的缓慢速度[①]。到 2030 年，中国作为世界上人口数量最多的国家，将进入人口负增长阶段。印度作为全球人口第二大国，其人口生育率逐步向 2. 1 的世代更替水平靠近，并且人口增长幅度也在下降。人口高生育率和高增长的区域，逐步缩小到非洲国家以及中东的伊斯兰国家。因此，人类在 20 世纪以后的技术进步，完全解决了这一时期人口“大爆炸”可能给人类带来的粮食、棉花、木材等资源短缺的人口超载问题，也逐步改善和恢复了因人口“大爆炸”破坏的生态环境。

---

① 国家统计局 . 2015 年国民经济和社会发展统计公报［N］. 参考消息，2016-01-29.

3.4.3 人口、工业化与生态环境的动态发展

学界对人口、工业化和生态环境三者发展规律的研究，主要贡献有：一个是人口转变理论，即人口增长随着时间会呈现倒 U 型；另一个是环境库兹涅茨理论，即环境污染程度会随着工业化进程呈倒 U 型。我们先对以上两个理论进行回顾，再提出我们的“人口—工业化—环境”倒 U 型的动态协调发展理论。

人口转变理论表明，人口的增长有其特定的发展规律，遵从人口再生产类型由传统模式向现代模式转变的过程，并不会出现人口持续高增长的状态。该理论最早由美国人口学家汤普逊提出，后经诺特斯坦、布莱克、朗德里等学者的发展和完善形成了“人口转变理论”。该理论是对西方老牌发达国家经济发展过程中人口演变情况的概括性总结。根据人口转变理论，随着工业化进程、经济发展和医疗生活条件的变化，世界人口增长大体经历了高出生率与高死亡率并存、死亡率下降但出生率仍维持较高水平和出生率与死亡率同时下降三个阶段。依据汤普逊等人的划分方法，具体为：HHL 阶段，即高出生率、高死亡率和低人口增长率阶段；HLH 阶段，即高出生率、低死亡率和高人口增长率阶段；LLL 阶段，即低出生率、低死亡率和低人口增长率阶段（见图 3-4）。

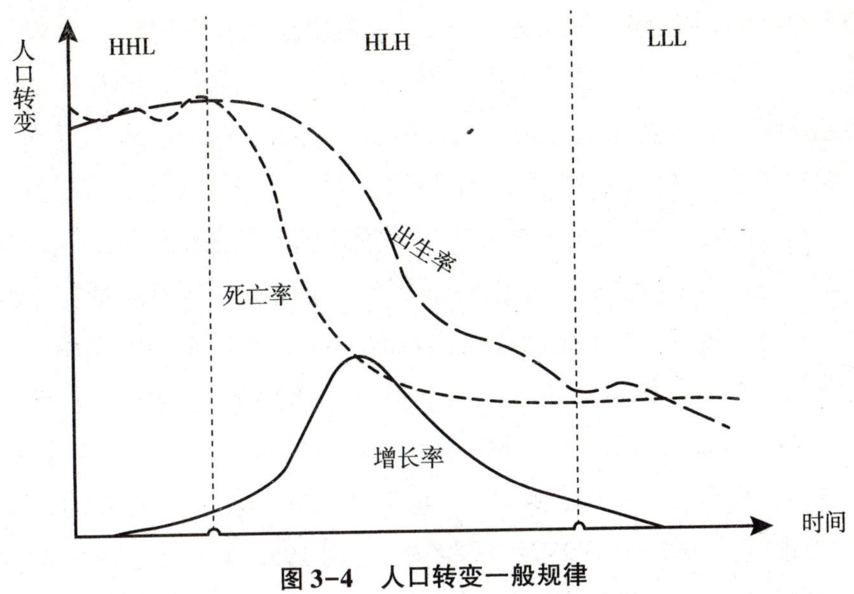

图 3-4　人口转变一般规律

该理论揭示了随着社会经济发展水平的提高，人口出生率和死亡率下降的客观趋势，人口再生产模式由原始模式向传统模式最终向现代模式转变的一般规律。该理论值得注意的是：第一，人口转变论适用于描述发达国家和发展中国家人口再生产的转变，并已经或者正在被这些国家的人口发展实践所证实；第二，由于经济发展水平不一，不同国家和地区的人口发展阶段可能出现的时期不一致；第三，发达国家和发展中国家在人口转变过程中的人口数量变化不同，但人口转变的基本阶段是一致的。人口转变理论告诉我们，无论是发达国家还是发展中国家，在工业化和城市化进程中，由于就业结构、人口死亡率、受教育程度、个人主义、理性主义发展等经济结构和社会结构的变化以及人们心态观念的变化，人口数量变化会呈现一个先增长后减少的倒 U 型变化曲线（王渊明，1995）。

环境库兹涅茨理论表明，生态环境会呈现先恶化后得到改善的一般规律。随着人口增长、工业化的推进和经济发展，生态环境污染不会持续恶化而得不到改善，而是有其特定的发展规律。20世纪50年代诺贝尔奖获得者、经济学家库兹涅茨提出假说，即在经济发展过程中，收入差距呈现先扩大再缩小的趋势，这一收入不平均和人均收入之间的倒U型关系，被称为库兹涅茨曲线（库兹涅茨，1955）。环境经济学家们据此提出了环境库兹涅茨曲线的假说：1991年美国经济学家格罗斯曼和克鲁格首次实证研究了环境质量与人均收入之间的关系，并指出污染与人均收入间的关系为“污染在低收入水平上随人均GDP增加而上升，高收入水平上随GDP增长而下降”（Grossman，1991）；1992年世界银行的《世界发展报告》以“发展与环境”为主题，扩大了环境质量与收入关系研究的影响（世界银行，1992）；1993年帕纳约托借用1955年库兹涅茨界定的人均收入与收入不均等之间的倒U型曲线，首次将环境质量与人均收入间的关系称为环境库兹涅茨曲线（EKC）（Panayotou，1993）。EKC揭示出环境质量开始随着收入增加而退化，收入水平上升到一定程度后随收入增加而改善，即环境质量与收入为倒U型关系。环境库兹涅茨曲线（见图3-5）表明，当一个国家经济发展水平较低的时候，环境污染的程度较轻；随着工业化的进程，人均收入的增加，环境污染由低趋高，环境恶化程度随经济的增长而加剧；当经济发展达到一定水平后，即到达某个临界点或称“拐点”以后，随着人均收入的进一步增加，环境污染又由高趋低，环境污染的程度逐渐减缓，环境质量逐渐得到改善。

基于以上论述，我们认为，随着工业化的推进、生产力水平的发展以及经济的增长，人口增长、工业化和生态环境是一个动态发展过程，最终将达到协调发展的状态。图3-6所示的是“人口增长、工业化、生态环境”协调发展的关系，它呈现以下几个特征：第一，基于人口转变理论，随着时间的推进，人口增长将呈倒U型曲线；第二，基于环境库兹涅茨理论，随着工业化的开启到完成，环境污染呈倒 U 型曲线；第三，随着工业化的发展，经济增长率也将呈现倒 U 型的曲线；第四，从时间先后顺序来看，人口增长的变化先于工业化（经济增长），工业化进程先于生态环境的污染；第五，到工业化基本完成，人口增长趋于平稳，环境污染程度也会低于环境容量，重回人与自然和谐发展的状态。

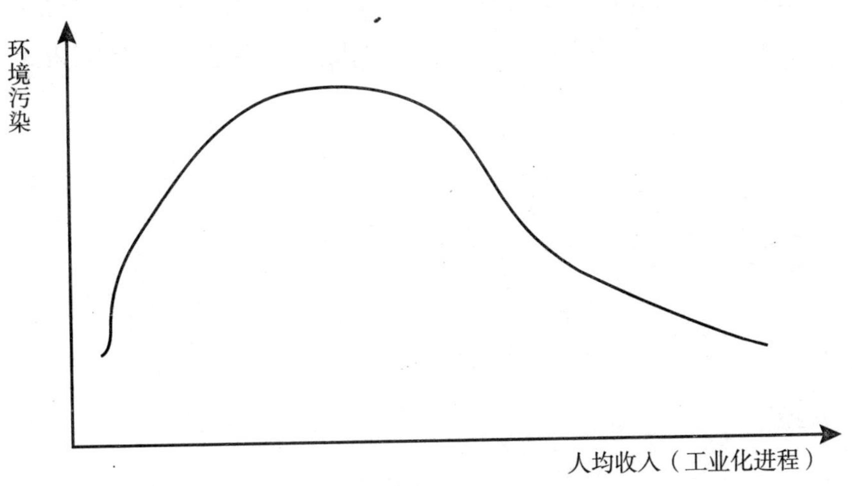

图 3-5　环境库兹涅茨曲线

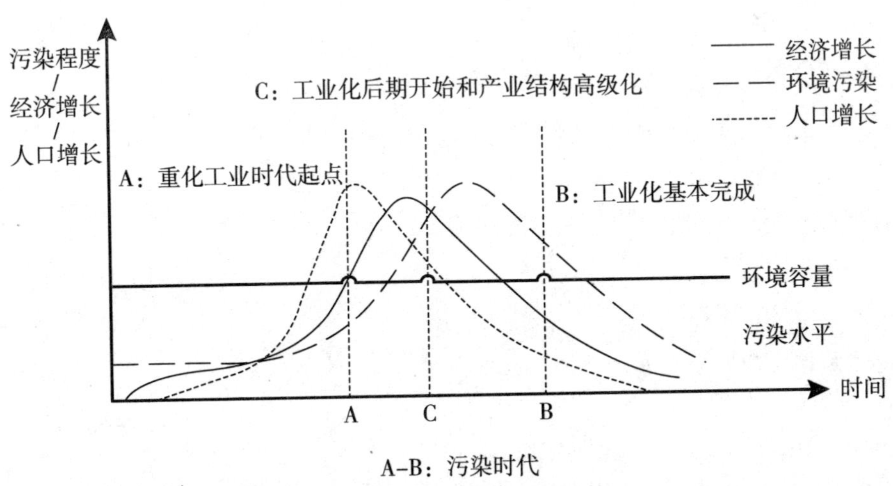

图 3-6　“人口增长—工业化—生态环境”协调发展

总之，我们认为自工业化以来的人类社会发展悲观派学者们对人口“爆炸”式增长带来的资源紧张、生态环境破坏等问题的忧虑是杞人忧天。因为，随着技术进步、工业化发展以及经济发展，人口生育和增长会受到市场机制的自动调节。全球“人口增长—工业化—生态环境”的先后发展呈现“倒U型”的变动趋势，并在互相影响的过程中实现动态协调和平衡发展，最后进入后工业化社会的情景，并不是悲观派学者们认为的“人类社会进程终会陷入末日绝境”。

4　生育权与迁移权

生育权和迁移权，是归个人和家庭所有和自主，还是部分或者全部归国家集中和支配，对于人口的生育、增长和结构以及人口的城乡和地区间流动，有着重要的基础性决定作用。若归个人和家庭所有，生育和流动的行为必会受经济和社会横向信息的影响和调节；而为国家集中和支配时，政府就要下达生育和流动的数量和方向指令，以实现所谓的按比例生育人口，以及在城乡和地区间按比例配置人口，但现实中这种模式很难做到。

4.1　生育权与迁移权的界定

从法律角度来讲，权利是法律赋予个人实现其利益的一种力量，是受法律保障的自由。法学的基本范畴中，权利与义务相对应，是指法律赋予权利主体作为或不作为的许可、认定及保障。作为公民最基本的权利之一，生育权和迁移权自提出以来，一直受到国内外学者的关注。本节在梳理现有文献资料的基础上，从经济学的视角，围绕生育权和迁移权的内涵界定和特点分析，重点探讨生育权和迁移权在个人和国家之间的归属边界问题。

4.1.1　生育权在个人和国家间的归属之争

在生物学或医学领域，“生育”指男女自然人通过自然或人工授精的方式受孕、怀胎、分娩，以及通过无性生殖的方法繁衍和抚育后代的过程。根据《辞海》对“生育”一词的解释，它指妇女受孕、足月怀胎和生产的全过程。由于世界各国的法律均规定了“父母对子女有抚养的权利和义务”，因此，在界定生育权时，“生育”仅指“生孩子”的权利（焦少林，1999）。

1. 生育权的内涵与特点

生育权的产生相对较晚（武秀英，2005），联合国文件中第一次涉及生育权的问题是在1966年，联合国大会《关于人口增长和经济发展的决议》中指出“每个家庭有权自由决定家庭规模”。随后，1968年5月，联合国在德黑兰召开的第一次世界人权会议通过的《德黑兰宣言》规定：“父母享有自由负责地决定子女人数及其出生间隔的基本人权。”此后，夫妇的生育权作为一项基本权利，得到了大多数国家的认可。1974年8月，联合国在布加勒斯特召开的世界人口会议通过的《世界人口行动计划》被视为联合国开展人口活动和指导各国人口活动的宪章。它对生育权下了经典性的定义：“所有夫妇和个人都享有自由负责地决定其生育子女的数量和间隔以及为此目的而获得信息、教育与方法的基本权利。”并要求“夫妇和个人在行使这种权利时，应考虑他们现在子女和未来子女的需要以及他们对社会的责任”。

根据联合国相关文件中关于生育权表述的变化可知，随着生育权内涵的不断发展，行使生育权的主体从“父母”扩大到了“所有夫妇和个人”，其内容也从“自由”发展到“自由负责”，再到具体的“对子女负责”和“对社会负责”。

从经济学的角度来看，由于资源具有“稀缺性”，无论是个体的时间、精力、体力，还是社会的公共资源都是有限的，在考虑成本收益的基础上，必然存在某一“最优”决策点，使得生育权的行使能够达到一种“均衡”状态。因此，本书认为，生育权是指公民基于其社会责任，在考虑效用最大化的基础上享有的自由决定生育子女的时间、数量和间隔并获得相关信息与服务的权利。

通过梳理相关文献可以发现，生育权具有以下四个特点。

（1）历史性。早期的人类活动使得生育更多的是基于人的本能，体现了其自然属性。随着社会规范的形成以及人类活动范围的不断拓宽，伴随着社会需求增加、劳动分工细化、战争力量依赖，为了解决劳动力不足的问题（恩格斯，1972），大多数社会长期采取鼓励生育的政策，生育逐渐成为一种义务。自 20 世纪以来，随着科学技术的进步、生产效率的提高、工业文明的推进、保障制度的完善、经济结构的变迁、妇女运动的发展、权利观念的增强，生育作为一项权利逐渐被国际社会普遍接受。由此可见，生育权是历史发展到一定阶段的产物，伴随着世界普遍人格观念的发展而逐渐演进，并由大多数国家政府提供保障（樊林，2000）。

（2）法定性。法律最本质的价值是自由，其赋予权利主体能够在法律许可的范围内依据自己的意志从事一切行为，并免于受到其他不法的侵害。在此基础上，生育不是一种出于人的本能的"自然权利"或"道德权利"，而是实在法上的权利，即弗洛伊德提出的"合法的生育"。梅因曾说："整个古代法的历史就是从身份到契约的历史，个人从其依附的集群、家长或族长的控制中解放出来，成为独立的权利主体（Maine，1930）。"因此，伴随着生育主体的独立，生育由义务逐渐演变为权利，这一权利具有法定性的特点，即生育主体在没有外在强制的情况下，享有自由决定生育与否、何时生育、生育数量及生育方式等的权利。

（3）普遍性。关于生育权的主体的探讨，学术界早期提出生育权是已婚妇女按照国家相关规定生育子女或按照个人意愿不生育子女的自由，并依法获得相应保障的权利（李洪祥，王雪梅，1999）。后来认为生育权是在合法婚姻的基础上，基于丈夫和妻子的特定身份，由双方共同享有的权利。最终形成了生育是夫妻或个人选择是否要生育子女的行为，其本质是个人的行为自由，生育权属于公民的一般人格权，无论男性还是女性、已婚者还是未婚者均应享有的共识。可见，在不考虑独身者能否实现其生育权的情况下，生育权与自然人的性别及其婚否无关，具有普遍性的特点。

（4）相对性。作为一项权利，生育权首先是一种自由权，它表明生育权的主体可以选择自己的行为方向，决定是否进行某一行为，但不能强行要求他人尽相应的义务（焦少林，1999）。同时，由于生育行为是两性结合的结果，生育权的实现依赖于男女双方之间的合意与合作，形成相互依赖的关系，生育权具有非单性独立行使性（张作华，徐小娟，2007）。因此，生育权具有相对性的特点。换句话说，作为一种相对要求权，[①] 生育权的拥有者只能要求他人不干预其依法自主地决定是否生育、生育的时间以及生育的次数，而不能要求他人为其生育权的实现进行一定的积极行为。

2. 生育权的个人和家庭属性与国家对生育的管制

1948 年 12 月联合国大会通过的《世界人权宣言》第 29 条明确规定："人人对社会负有义务，因为只有在社会中他的个性才可能得到自由和充分的发展。"与其他权利相同，生育权与义务之间也具有辩证统一性，公民享有的生育权利和应当承担的生育义务（或责任）是紧密联系的（王之，强美英，2007）。作为生育主体，应该严格按照法律规定行使权利和履行相应义务，以保证生育权的有效实现。从联合国文件对生育权的阐述来看，其强调公民在行使生育权时，还应考虑对社会、家庭和子女的责任承担问题，肯定权利主体在生育方面的自主性的同时，也强调了权利主体对社会（包括他人和集体）及其子女所应承担的责任与义务。可见，生育权作为公民的一项基本权利，同时也是义务和责任，受到多方面的限制，如国家计划生育政策、夫妻配偶权的限制、优生优育的限制等（付翠英，李建红，2008）。

---

① 从法律上讲，"要求权"包括两方面：一是"绝对要求权"，即权利主体可以要求义务主体进行一定行为，其权利的实现依赖于义务主体进行一定的积极行为；二是"相对要求权"，即权利主体可以要求义务主体不进行一定的行为，其实现权利时义务主体只负不干预的义务。

目前，由于各个国家的国情不同和宗教文化传统各异，加之部分发达国家生育率水平较低，因此，大多数国家的人口法律中很少规定生育义务。权利主体在行使生育权的过程中，主要依靠个人意志来承担相应的责任与义务。

然而，20 世纪 70 年代和 80 年代国际上发生人口与资源、生态、环境和经济发展关系的激烈争论，一些发展中国家和地区实施了指导性的计划生育，一些国家如印度拟强制实行计划生育，但由于民众的反对，没能如愿。当时中国就业困难、粮食不能自给、外汇短缺，“文化大革命”结束后，倡导计划生育的马寅初得以平反，适度人口理论和控制人口增长观点几乎一边倒。因此，自 20 世纪 70 年代起，我国政府把实行计划生育、控制人口增长、提高人口素质确定为一项基本国策，并采取国家政策干预居民行使生育权的控制方法（陈征，2014）。《中华人民共和国妇女权益保障法》第 47 条规定，“妇女有按照国家有关规定生育子女的权利，也有不生育的自由”。《中华人民共和国人口与计划生育法》第 17 条规定：“公民有生育的权利，也有依法实行计划生育的义务，夫妻双方在实行计划生育中负有共同的责任。”这两条规定决定了我国生育权的法律基础，并从国家意志的角度提出了生育权的社会限制：一方面，规定了生育数量和间隔；另一方面，对公民计划生育的履行规定了相应的法律责任。换句话说，生育权一定程度上收归国家，权利的行使部分由个人支配，且政府对生育进行管制，实施计划生育。

总体来看，中国对生育权的社会限制主要体现在以下五个方面。

（1）数量限制。我国自 20 世纪 70 年代开始在城乡大力推行家庭生育计划政策，鼓励晚婚晚育，提倡“一对夫妇只生育一个孩子”，即“独生子女”，实施中农村为一个半，城镇严格只生一个，对一个半的，规定间隔时间，以控制人口的增长速度。2016 年，国家虽实行全面二孩政策，但对生育数量的限制仍然存在，且部分地区仍规定了生育时间间隔。

（2）质量限制。即“优生”政策，通过婚前检查，禁止或限制某些危险人群（如患烈性传染病或有遗传缺陷）结婚，并要求女性通过孕期检查防止疾病，以获得优良个体。

（3）许多准入的行政门槛及其他限制。包括注册户口、教育、参军、就业、工作纪律，甚至一些地方还有加入党团组织、购房、评级等，都与计划生育挂钩，还有不得领养超生的婴儿和儿童，未婚生育为违规行为等规定。

（4）生育方式的限制。禁止代孕，并严禁将克隆技术用于人的复制。最近，国家在这方面的干预逐渐减少，但由于种种原因，对借腹生子（委托怀孕）及克隆人技术的限制仍较多。

（5）名义上但不能实现的性别结构选择规定。鉴于中国文化中普遍存在的男女不平等及重男轻女思想，国家一般不允许对胎儿进行性别鉴定，以维持男女性别比例的均衡状态。但由于监管规模和面积太大，成本过高，实际处于失控的状态。

从经济学的角度分析，当生育权归个人所有，公民自主决策时，男女生育从自己的需要出发，多子多福、养儿防老、人力资本投资，以及延续家族希望或事业财富等需求推动了个人生育权的行使。同时，在市场化环境中，生育权利的行使还会受到抚养教育、机会成本、就业发展等横向信号的自动调节，从而使生育决策保持在一定的合理范围之内。然而，在某些情况下，国家将生育权部分或全部集中到政府，实行计划性或指导性的生育决策，比如，在战争、工业化、区域开发等特殊时期，由于国家对人口数量的需求激增，政府会采取强制性措施发布生育指令，以增加社会总人口供给；而基于短期的食品缺乏、饮水困难、住房紧张、交通拥挤、就业矛盾，以及长期的资源匮乏、环境污染、生态平衡等人口问题的考虑，政府则通过限制生育数量及生育批准制度，采取国家政策干预个人行使生育权的控制方法，以实现社会的持续发展。此时，个体生育权利的行使除受到市场信号的横向调节之外，主要受国家计划的纵向调节。

对于生育权在个人和国家之间的归属之争，我们以一个家庭的生育决策剖析作为分析的起点。为简化论述，我们尝试用定量的方法进行探讨。

假设家庭每生育一个子女，该名新增个体在一生成长过程中产生的边际资源消耗量呈现先减少后增加的趋势①。同时，由于每个公民终身创造的社会价值不同，为便于分析，这里简化为平均值，即每个子女创造的社会价值相同。② 就研究目的而言，个体消耗资源的价值以及创造的社会价值的绝对数和测算货币是无关宏旨的。因此，可假定家庭生育子女的数量与社会财富增长净值之间的关系如表 4-1 所示。

表 4-1　　生育权全部归属个人对社会财富增长的影响

生育数量	消耗资源价值	边际消耗资源价值	创造社会价值	社会财富增长净值
1	10	10	11	1
2	18	8	22	4
3	25	7	33	8
4	34	9	44	10
5	46	12	55	9
6	62	16	66	4

图 4-1 显示了生育权全部归属个人时，家庭生育子女的数量与其消耗资源总价值、创造的社会总价值以及社会财富增长净值之间的关系。

从图 4-1 中可以看出，受规模效应和边际收益递减原则的影响，当生育权全部归属个人时，在市场化环境下家庭理性决策的结果是当

① 这里主要考虑抚育及培养社会个体的边际成本由于规模效应的存在而表现出的先降低后提升的情况。

② 根据现有研究的推算，大部分社会公民终身创造的社会价值会大于其消耗的社会资源总价值，我们认为这是符合实际的。

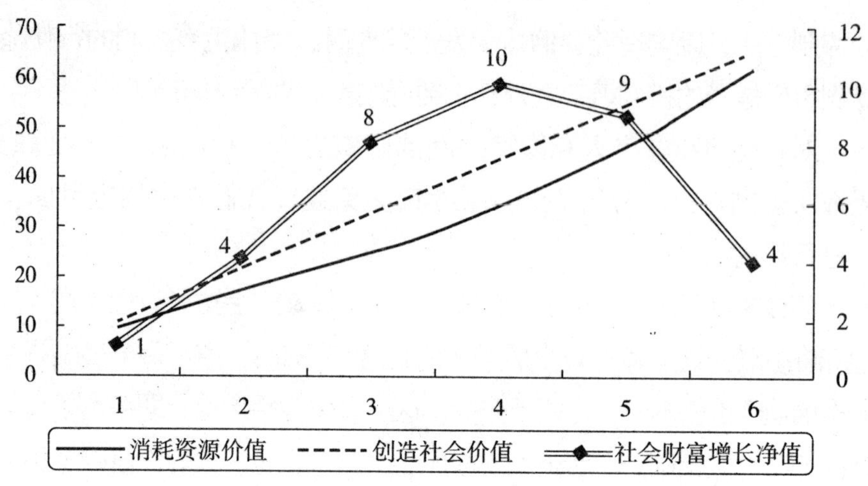

图 4-1　生育权全部归属个人的量化分析结果

新增家庭成员所带来的边际消耗资源价值大于创造的社会价值时，即停止生育。此时，家庭成员消耗资源的价值虽然在增加，但社会财富的边际增长净值达到最大。当然，在实际生活中，不同家庭在行使生育权利时，对消耗资源价值和创造社会总价值的判断不同，虽不能保证所有家庭的选择均能实现社会财富边际增长净值最大化，但从长期来看，在人口自然增长和结构均衡基础上的社会总财富增加是必然的发展趋势。

当生育权部分归国家所有，如政府将家庭的生育数量限制在某一特定上限以内时，在表 4-1 的基础上，可进一步假定家庭生育子女的数量与社会财富增长净值之间的关系如表 4-2 所示。

表 4-2　　生育权部分归属国家对社会财富增长的影响

生育数量	消耗资源价值	边际消耗资源价值	创造社会价值	社会财富增长净值
1	10	10	11	1
2	18	8	22	4
3	0	0	0	0
4	0	0	0	0
5	0	0	0	0
6	0	0	0	0

图 4-2 非灰色区域显示了生育权部分归属国家时，家庭生育子女的数量与其消耗资源总价值、创造的社会总价值以及社会财富增长净值之间的关系。

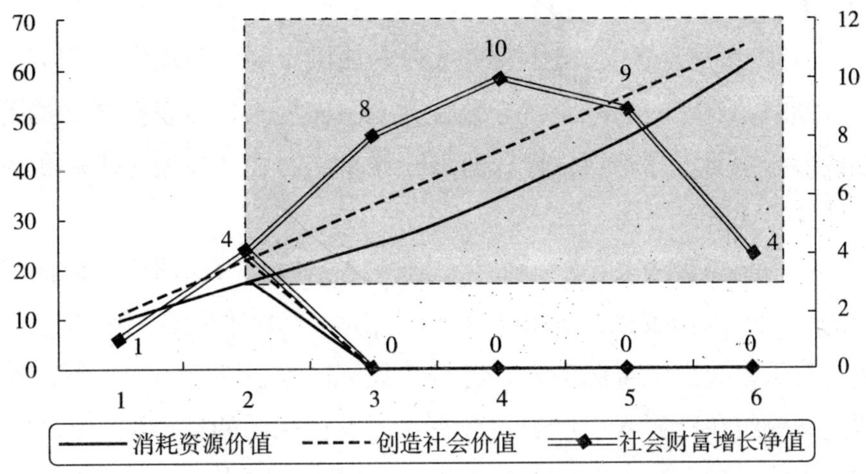

图 4-2　生育权部分归属国家的量化分析结果

假定政府基于短期的粮食、外汇、公共福利补贴等问题将家庭生育数量上限强制性地控制在 2 个，从图 4-2 中可以看出，当超出出生上限时，家庭成员消耗资源的价值虽然断崖式地降低为 0，保证了社会资源消耗被控制在一定范围内，但却失去了灰色区域内国家社会财富增长的机会。当然，这种计划式的生育控制理论上可以在政府对人口与资源、生态环境、经济发展相协调的合理规划下实现“最优”，但由于市场化环境下的个体决策主要受横向信号的调节，大部分针对群体的计划是无法实现或者不可预计的，如信息收集成本过高、技术进步不可预估、政府的人口计划与被计划者不一致等无法周全的考虑均将导致计划不能实现。此外，从长期来看，当生育权部分由国家支配时，一方面，权利主体在市场行为的作用下，可能会通过缴纳社会抚养费来增加生育数量，但人为增加的过高的生育成本将导致整个社会合法的生育总量锐减，总财富的增加仍然无法实现；另一方面，在中国传统文化的影响下，当个人的生育权受到一定的限制时，部分权利主体对子女性别选择的行为被强化，而在政府监管失控的情况下，这一现象进一步导致了人口性别比例的失衡。

由以上分析可知，当生育权部分归属国家时，市场自动调节与政府纵向调节之间的冲突将导致社会无法实现人口数量或结构的跨期调节与均衡。只有当生育权全部归属个人时，才能通过市场机制的调节实现这一平衡。

从中国的实践来看，2006 年，国家人口发展战略研究课题组发布的《国家人口发展战略报告》提出，实行计划生育政策 30 余年来，我国公民少生 4 亿多人。但是，我们认为，国家人口发展战略研究课题组在计算人口增长时没有考虑农业生活的货币化、农村人口外出流动务工、生育抚养成本和机会成本、城市化、城乡妇女受教育水平的提高等因素对人口生育和增长的调节。因为有这样一些内在自动的调节机制发挥作用，若不实施计划生育，这 30 多年中，人口并不可能多增加 4 亿多人，而是最多在 2 亿多。现在看来，生育权被国家收归，并强制管制，只能计划收缩可能新生育的人口，而不能计划调减已经存在的人口，特别是不能压缩老年人口规模，不能使人口按比例发展。干预人口生育和增长的客观自然规律，带来了一系列严重的经济后果：经济发展失去了 2 亿多 1 岁到 30 多岁的人口，而且强度过大、时间过长，致使消费需求突然下行，形成一系列产业过剩；由于年轻人口的减少，经济增长速度有可能长期下行，导致国民经济从人均 GDP 为 5500 美元中等收入发展阶段向 12000 美元高收入发展阶段冲刺时失去动力，造成了未富先老、未强先衰的症状；人口结构过度失衡，老龄化程度太高，养老负担沉重，给中国未来的产品的世界竞争力、财政和金融体系的稳定性等积累和潜伏了巨大的隐患，还造成了主体民族收缩、男女比例失调、独育独子文化形成、老年贫困失理、战时兵源及质量下降、国防安全难度增大等其他社会和安全方面的问题（华东政法大学生育权和人权课题组，何勤华，2009；易富贤，2013）。

4.1.2　迁移权在个人与国家间不同的安排

迁移权的前提是人的流动。根据现有文献（胡学勤，2007），人的流动指个体根据市场条件的差异和自身条件，在国际间、地区间、产业间、部门或行业间、职业和岗位间所选择的迁移或转移行为。迁移和转移的主要区别如表 4-3 所示。

表 4-3　迁移和转移的区别

不同点	迁移	转移
流动目的	以改变定居地为目的，超过一定地界的流动	在迁移的基础上，还包括以不改变居住地为目的的流动
常住地	一般会改变常住地，即户口所在地	不一定改变常住地，如就地转移
流动程序	单向，即“迁出常住地→迁入常住地”，迁出后很少有复归	既有单向流动，也有往返流动，即“流出常住地→流入临时居住地→回流常住地”
常住时间	常住时间与常住地一致	常住时间与常住地可能一致，也可能分离，在或长或短的时间内，人不在常住地工作和生活

根据魏津生的区分方法，是否存在户口的改变是判断迁移的主要标准（魏津生，1984）。这一标准也得到了学者的认可（朱云章，2008）。

1. 迁移权的内涵与特点

迁移权，又称为迁徙权，即公民迁徙自由权，是指公民在符合法律规定的范围内离开原居住地到外地（包括国内和国外）旅行或定居的权利。从广义范围来看，迁徙自由等于居住自由。狭义上，迁徙权仅指公民在国籍所在国领土内自由旅行和定居的权利（王家福，1998）。

迁徙权是国际公认的一项宪法权利。1996 年 12 月 16 日，联合国大会通过的《公民权利和政治权利国际公约》成为国际社会人权保护的核心之一。该公约第 12 条第 1 款规定："合法处在一国领土内的每一个人在该领土内有权享受迁徙自由和选择住所的自由。"这里，"合法"一词指符合该国国内的法律。此外，《世界人权宣言》《欧洲人权公约》《美洲人权公约》及《非洲人权和民族权利限制》也对迁徙自由权做出了与《公民权利和政治权利国际公约》基本一致的规定。可见，迁徙自由是一国公民享有的在国内自由选择居住地以及出入国境的自由。迁徙自由可以从不同的角度来理解：从地域范围看，迁徙自由可以分为国内迁徙自由和国际迁徙自由；从迁徙主体看，可分为个人迁徙自由和集体迁徙自由；从迁徙的目的看，分为因择居、择业、受教育、旅行等的迁徙（王娜，2010）。

从经济学的角度来看，公民以改变居住地为目的的迁移必然伴随着一定的迁移成本和迁移收益，这种成本收益既有个体层面的也有社会层面的，在考虑总收益的基础上，必定存在某一"最优"决策点，使得迁移权的行使能够达到一种总效用最大化的"均衡"状态。因此，本文认为，迁移权是指公民及其家庭成员基于效用最大化原则，在国籍所在国领土范围内自由选择迁移时间和迁移目的地并与当地居民享受同等公共福利待遇的权利。

梳理相关文献可以发现，目前学界对于迁徙权的性质与特点主要集中于以下三点。

自然属性。作为自然界的组成部分之一，人类是生物的一种，行走、移动、迁徙是再自然不过的行为，趋利避害更是人的一种本能。可以说，迁徙行为是人类面对自然及社会变动的一种本能反应。人类历史就是一部不断迁移、不断流动、不断交融的历史。因此，迁徙自由是人身自由不可分割的组成部分，迁徙权在形式上表现为公民身体上的自由，故迁徙权具有人身自由权的属性，是人身权的重要组成部分。

经济属性。随着经济的不断发展，不少国家尤其是地方政府开始认识到人口的流动和迁徙对本地经济发展的促进作用，并逐渐放松了对迁徙的限制。迁徙自由在降低交易成本、提高生产效率、促进人力资源的市场化配置、实现人才合理流动的同时，也必然会要求迁徙人口的经济利益，包括获得其所迁居之地的社会保障等。因此，迁徙自由是经济自由的一部分，迁徙权应包括财产权、劳动自由、营业自由等，具有经济属性。

政治属性。对于政府来讲，所辖范围内公民行使政治权利，有利于政府机关及其工作人员依法、勤政、廉洁、高效地办事，有利于政府取信于民以及整个国家的长治久安。同时，公民的迁徙权与公民政治权利之间又有着重要关联，如国家承认公民的迁徙权，那么当公民从甲地迁往乙地时，就应当享有乙地公民所享有的选举权和被选举权。因此，迁徙权是公民应当享有的一项重要的公民权利和政治权利，具有政治属性。

综上所述，迁移权是市场经济和人权意识发展到一定程度的必然产物，迁徙自由的宪法保障不仅对于市场经济的发展是必要的，也是国家统一和公民平等的重要体现（张千帆，2005）。

2. 国家对个人迁移权的集中和限制

作为公民基本的宪法权利之一，迁移权在世界上大多数国家，无论发达国家还是发展中国家，都被明确写入宪法，并规定了公民的迁徙自由。英国是最早规定迁徙权的国家，早在 1215 年的《自由大宪章》中就明确提出了公民的迁徙自由。美国于 1776 年在《独立宣言》中也对迁徙权作了较为全面的规定。日本 1946 年《宪法》第 22 条规定：“任何人在不违反公共福祉之范围内，均享有居住、迁移及职业选择之自由。”1947 年，《意大利共和国宪法》第 16 条规定：“除非根据保健和安全方面的理由法律可按一般程序规定某些限制外，每个公民均可在国内任何地区自由迁徙和居住，不得以政治理由规定任何限制。”1949 年，《德意志联邦共和国基本法》第 11 条规定：“所有德国人在联邦领土内均享有迁徙之自由。”1993 年，《俄罗斯联邦宪法》第 27 条规定：“每个合法居住在俄罗斯联邦境内的人都享有自由迁移、选择停留和居住地的权利。”

在中国，“迁徙”一词古已有之，意指将犯人及其受株连的亲人迁离乡土的刑罚。秦汉之时尚无流刑，但已盛迁徙。元代定“迁徙法”——凡应徙者，验所居远近，移之千里。此后，明清基本承袭元制。由此可见，历代封建王朝的法律关于“迁徙”的规定在法理意义上不仅不意味着自由，反而意味着对自由的剥夺（李卫，李家瑞，1993）。1912 年，《中华民国临时约法》第 6 条第 7 款规定：“人民有居住迁徙之自由。”这是中国历史上第一次以法律形式保护公民迁徙权。新中国成立后，1954 年颁布的《中华人民共和国宪法》明确规定“中华人民共和国公民有居住和迁徙的自由”。

1958 年是中国人口管理制度的一个分水岭，中国将迁移权逐步收归国家。这一年颁布了《中华人民共和国户口登记条例》，也配套了一些规定，为限制农村人口流入城市提供了详细的制度安排。自 1975 年起，《中华人民共和国宪法》及以后的修正案中对迁移权的条文进行了调整。经过多年的管理，我国逐步形成了现行的户籍制度，成为政府对人口迁移权的各方面的限制体制。

户籍制度，是政府职能部门对所辖人户的出生、死亡、迁徙、婚姻等基本状况进行登记并进行相关管理的一项国家行政管理制度。其中，人口的迁徙流动是户籍管理非常重要的组成部分之一。

在农业社会，政府为了保证耕地的劳动力供给和粮食的充足供应，往往会严格限制农村地区的人口迁移。在中国计划经济体制下，国家用户籍制度将人们规定在某一个狭小的区域。因此，在计划经济时期，通过对“农转非”的政策和指标控制，政府几乎完全控制了农村到城市的迁移，并决定了人们工作与居住的地点，留给个人决策的空间非常小（Chan 和 Zhang，1999）。改革开放以后，户籍制度放松了对人口流动和迁移的限制，实现了劳动力自由选择工作和居住地点以及自由择业的重大突破，然而原有的制度障碍并未完全消除，对户口迁移的限制仍然存在。在目前的社会条件下，户籍制度的主要作用是防止外地人享受当地城市户籍人口享受的公共福利，以此节省政府开支和社会资源，特别是在子女教育和医疗保障两个方面；通过限制流入地常住人口的数量来防范群体性突发事件，以降低政府控制的成本和风险以及提高当地人口的就业率等。因此，流动就业人员难以享受与当地居民平等的权利和待遇，意味着离真正实现自由迁徙和居住的权利仍存在很大差距。

从经济学角度分析，当迁移权完全归个人所有，即无外部管制因素影响的情况下，公民为获得更多的收入以提高个人和家庭成员的生活质量或追求事业的成功和自我价值的实现，从而获得城市政府和社会对家庭提供的各种外部经济性，在考虑迁出地经济退出以及成本收益的基础上，会自主选择迁移时间及迁移目的地。同时，由于劳动力的流动往往伴随着技术、商品和知识的流动，因此，在市场经济条件下，劳动人口必将流向市场发出信号对劳动力和技术等生产要素有急切需求的地区。在这一流动的过程中，个人通过自主决策行使迁移权，一方面，能够通过参与经济生产加快当地的城市化进程；另一方面，也在其个人及家庭的生活过程中为当地各产业的消费提供了主体来源。

政府收归部分迁移权，即迁移权部分归个人所有、部分归国家所有，如现行的“户籍+临时居住证”制度，公民可自行选择工作地点，也可通过办理长期有效的临时居住证在流入地工作和生活，但基于户籍的社会福利仍会受到一定的限制。一方面，现有外来人口虽然在城市居住，但由于没有户籍，因而没有选举权和被选举权，被排斥在当地的政治生活之外，成为没有政治权利的“二等公民”。另一方面，建立在户籍制度基础上的社会保障体系也将这部分城市外来人口排斥在外，虽然他们和本地居民一样工作，为社会的经济发展做出贡献，但却因为户籍的关系，使得他们在贡献了劳动（包括与之相伴的税收、其他财政收费、企业利润等）后，却无法享受当地社会经济发展的成果，最终选择回流到户籍所在地（相对落后的地区）。在迁移权“半管制”的情况下，由于权利边界不清，一方面，“不能市民化的城市化”使得人口流入地的城市化进程减缓甚至停滞；另一方面，由于人口的回流或漂泊，虽然表面上政府节省了养老金等成本支出，但导致流入地“消费塌陷”，不利于推动经济的长期增长。

对于迁移权在个人与国家之间的不同安排，我们从一个家庭的迁移决策和某一人口流入地区的城市化发展两个方面展开微观和宏观的探讨。为简化论述，这里尝试用图的形式来分析长期的变化趋势。

假设家庭对于迁移决策的判断主要依据利益，特别是经济利益的变动，且行使迁移权过程中所有的收益（如增加的收入、子女接受的教育、享受的公共福利等）和成本（包括购买住房、日常生活开支、对当地资源的消耗等）可衡量。当迁移目的地的总收益大于流出地的总收益时，家庭的决策结果是进行迁移。同时，由于彻底让农村人口比较容易地获得和城市人口相同待遇的户籍制度改革，会对农村人口流动产生实质性影响，在促进社会公平的同时，引导合理的城市化进程（孙文凯，2011）。因此，在考虑城市发展过程中第三产业所占比重及对劳动力人口需求量①的基础上，假设当更多的人口选择迁移时，迁移目的地的城市化进程加快。

基于家庭迁移权决策的微观视角，迁移权全部归属个人和迁移权部分归属国家两种情况下，家庭的迁移收益、成本以及消费情况的变化趋势如图 4-3 和图 4-4 所示。

---

① 从发达国家的发展历程来看，随着国民经济财富的增加，第三产业在经济发展中的比重会越来越大，且第三产业本身对劳动力人口的需求量呈逐渐上升的趋势。

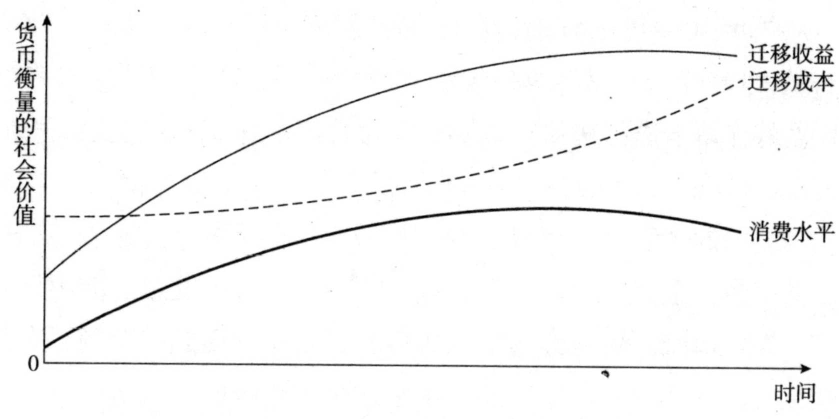

图 4-3　迁移权全部归属个人的家庭决策结果

图 4-3 表示当迁移权全部归属个人所有时，在市场经济的调节下，家庭基于对迁移总收益的判断，做出迁移决策，且直接或间接地提高了人口流入地[①]的消费水平。此时，劳动力流动以及相伴而来的技术和知识等生产要素的流动，从增加产品或服务的供给以及扩大消费需求两个方面强有力地推动了当地的经济增长，城市化进程加快。

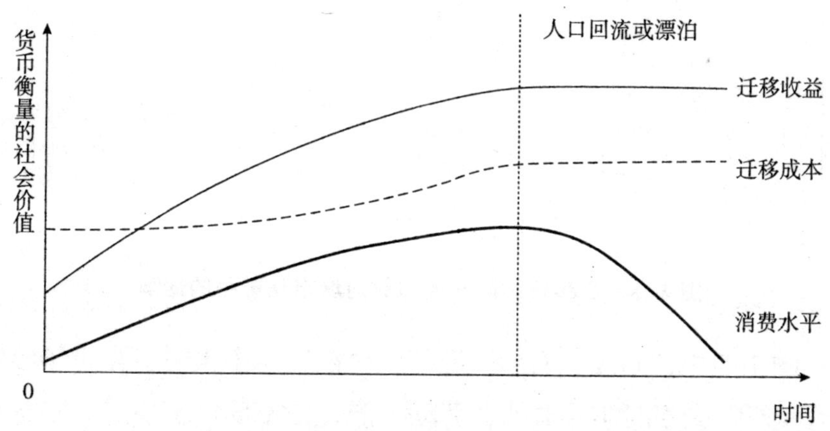

图 4-4　迁移权部分归属国家的家庭决策结果

① 根据不同家庭的实际情况，这里的人口流入地可能是机会更多、资料更丰富、公共服务更好的一线城市，也可能是生活成本相对较低，但总收益大于流出地的二、三线城市。

从图 4-4 中可以看出，当国家收归部分迁移权，实行“半管制”的人口流动制度时，家庭除了受横向市场信号的调节，还在纵向制度的作用下进行决策。最初，在考虑流出地和流入地之间总收益差距的基础上，家庭选择流动，此时，对人口流入地而言，伴随劳动力流动的“红利”逐渐释放。然而，由于无法享受流入地的全部公共服务，家庭会逐渐选择回流，即回到相对欠发达的流出地或漂泊。在人口流入地，虽然相关的政府支出和管理成本得到了有效的控制，但不管对流入地的经济水平还是对整个国民经济而言，家庭所能够带来的消费水平都将大幅度降低，即前文所提出的“消费塌陷”。因此，迁移权全部归属个人和迁移权部分归属国家两种情况下，人口流入地的城市化发展进程必然呈现不同的趋势，如图 4-5 所示。

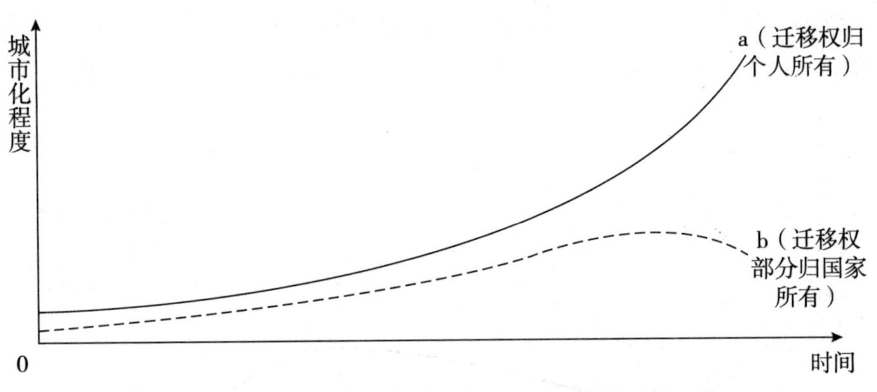

图 4-5 迁移权不同归属边界对城市化进程的影响

图 4-5 中，曲线 a 表示当迁移权全部归属个人时，在市场经济的环境下，受横向信号调节，劳动力流动由市场供需决定。随着社会的进步以及科学技术的发展，农村地区吸收就业人口的数量逐渐下降，而城市地区第三产业人口容量和就业缺口不断增加。此时，人口迁移带来的人口流动最终使得社会全要素生产率达到最大化，即实现了“均衡”，城市化进程不断加快，从而最强有力地推动了经

济的长期持续增长。

当迁移权部分归属国家时，“半管制”的结果导致迁移主体的自主决策与现实约束脱离，即产生了一种扭曲的状态。此时，技术进步的不可预见性使得计划制订者无法预计何时、何地需要更多的劳动力和技术，且臆想的人口分布及控制可能与实际相违背。最终的结果是城市化进程放缓，甚至倒退，国民经济整体运行效率降低，如图 4-5 中曲线 b 所示。

由以上分析可知，当迁移权部分归属国家时，迁移主体的自主决策与现实约束脱离导致城市化进程放缓，国民经济整体运行效率降低；只有当迁移权全部归属个人时，才能通过市场机制的调节实现社会全要素生产率的最大化。

4.2　生育权的经济学分析

纵观 20 世纪全球生育发展状况可知，一方面是发达国家人口的零增长甚至负增长，另一方面是发展中国家高生育率基础上人口规模的持续扩大。针对这一现象，有学者提出“当人们对生育子女的数量有更大的控制权时，少生子女的意愿也就同时得到了加强”（杨国枢，1984）。因此，基于前文对生育权的探讨与界定，本节主要从经济学的视角对生育权在归属边界明晰的前提下其权利的正常行使进行理论分析和推导。

4.2.1　生育权的经济学解释

根据前文对生育权的界定可知，生育决定权是生育权的核心，是生育主体在没有受到外来强制影响的情况下，基于其对子女和社会承担的责任而享有的按照自我意志决定生育时间、生育数量、生育方式等的权利。从经济学的角度来讲，生育权是权利主体在自身成本收益分析的基础上对是否生育、何时生育（包括生育的时间和间隔）、生育数量以及生育方式所做出的决策。其数学表达式可简化为：

$$RR=\begin{cases}0\\ f(N,\ T_i,\ M)\end{cases} \tag{4-1}$$

其中，RR 代表生育权的决策结果，根据权利主体的生育意愿，可分为不生育（$RR=0$）和生育（$RR=f(N,\ T_i,\ M)$）两种状态。在生育状态下，$f(N,\ T_i,\ M)$ 表示生育权由生育子女的数量 N（$N=1$，2，…，n）、生育子女的时间 T_i（即女性生育第 i 个子女的年龄，$T=1$，2，…，70；$i=1$，2，…，n）、生育子女的方式 M（按照不同的标准，主要有顺产/剖宫产、人工授精/试管婴儿等）构成。其中，$T_{i+1}-T_i$ 可表示女性每相邻两个子女之间的生育间隔。

生育方式 M 主要受到母体自身情况、科学技术手段、社会伦理规范等的影响，我国在这一方面的行政干预性不强，我国允许试管婴儿、禁止克隆人等相关政策与其他国家类似。因此，为便于对生育权的行使进行经济学分析，可将式（4-1）简化为：

$$RR=\begin{cases}0\\ f(N,\ T_i)\end{cases} \tag{4-2}$$

在考虑女性生理特征及社会经济生活对适龄女性生育年龄影响[①]的基础上，当生育权完全归属个人时，个体生育权的决策结果 RR 可绘制为简单的函数形式，如图 4-6 所示。

① 从生理学的角度来看，自发育成熟开始，女性的最佳生育年龄在 23~35 岁，伴随着年龄的增加，女性的生育能力会快速下降。同时，随着现代社会生活的发展，各个国家和地区的女性初次生育年龄均呈逐年上升趋势。

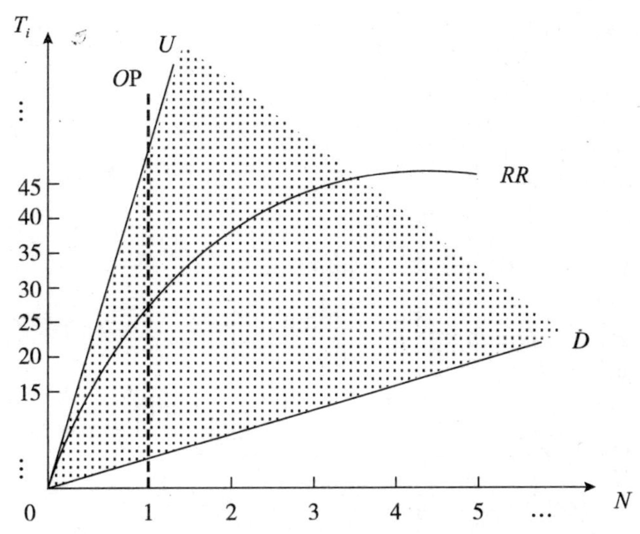

图 4-6 权利边界明确时个体生育权决策结果的函数形式

图 4-6 中，横轴为生育子女的数量，纵轴为女性生育第 i 个子女的年龄。当明确界定权利边界时，在无外来强制性因素影响的前提下，由于不同生育主体的身体状况及所处环境不同，其对生育权的决策结果各异，既可能选择不生育（$RR=0$），也可能在不同的年龄阶段选择生育 1 个、2 个、3 个甚至更多的子女。总体来看，随着年龄的增长以及身体各项机能的衰减，在考虑子女抚养成本的基础上，个体生育权的决策结果 RR 表现为一条斜率逐渐减小的曲线，且会在生育主体达到一定年龄、生育一定数量子女的情况下终止。同时，由于生育权会受到女性生理发育的生物性限制，故其所在范围局限于下限 D 和上限 U 之间的阴影区域。

在中国的计划生育政策下，一孩政策使生育主体的生育权决策结果强行终止于 $N=1$ 时，即图 4-6 中的 OP，此时，RR 的取值只能为 0 或 1。虽然近年来国家对相关政策进行了调整，如双独二胎、单独二孩、全面二孩等，RR 仍然受到了限制，即 $RR\leqslant 2$。因此，在当前我国公民的生育权部分由国家支配时，个体生育权决策结果的函数形式如图 4-7 所示。

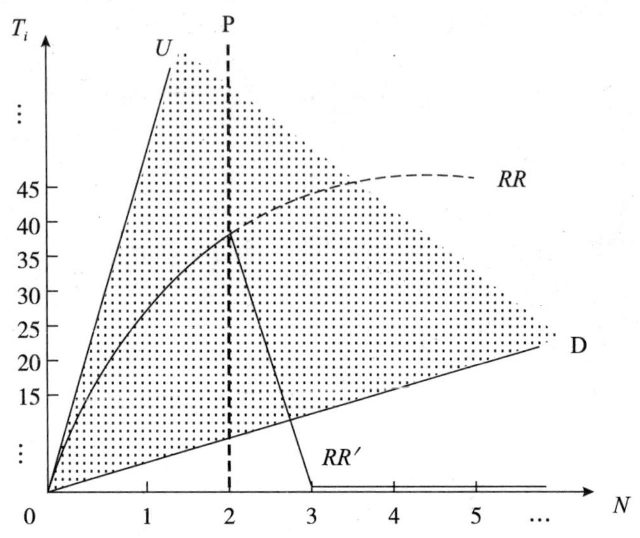

图 4-7　权利边界不明时个体生育权决策结果的函数形式

图 4-7 表示生育权部分归属国家时个体决策的结果。由于此时权利边界不明确，在国家政策的强制性因素影响下，生育主体的生育权决策结果终止于 $N=2$，即图 4-7 中的虚线 P。此时，生育权的决策结果 RR' 的取值只能为 0、1、2，而生育主体任何试图将 N 值增加到 3 及以上的行为，均会面临交纳高额社会抚养费、无法获得合法的户籍并享受公共福利，甚至失去现有工作岗位等惩罚。最终的结果一方面会倒逼部分国内人口流失到海外，即国外生养；另一方面则可能加大家庭生活负担，国家"人口红利"逐渐消失。

4.2.2　生育权行使的经济学探讨

从经济学的角度来看，权利主体行使生育权，即决定生养孩子的数量和时间间隔的长短，本质上是一种投资收益决策。是否生孩子、生几个孩子、间隔时间多久，需要综合平衡生育收益（如养儿防老、享受天伦之乐）和生育成本（包括生养孩子在时间和精力上的消耗等直接成本和牺牲享受生活或发展事业的代价等机会成本）。由于每生一个孩子都会受到成本收益的影响，因此，理性的经济人会在考虑边际收益（Marginal Revenue，MR）和边际成本（Marginal Cost，MC）的基础上进行生育决策，即行使生育权。

由于生育权是生育主体的自主选择行为，为便于对生育权的行使进行简单的经济学分析，本文在明确生育权内涵和特点的基础上，提出以下三点基本假设：

（1）生育主体行使生育权，是一种自愿选择并实施的行为，不受外来强制性因素的约束；

（2）权利主体行使生育权时，不受身体状况、生育方式或另一方的限制，即不考虑无法生育的情况；

（3）生育主体是理性的经济人，其行使生育权主要考虑个人的成本与收益，并追求效益最大化。

对于每一个公民或家庭来说，子女的出生总会带来欢乐和老有所依的安全感，但随着子女数量的增加，每生育一个孩子所带来的欢乐和安全感会呈现出先增加（受儿孙满堂和人丁兴旺等文化传统的影响）后减少（子女出生所带来的新鲜感逐渐减少）的趋势，即 *MR* 先上升后下降，如图 4-8（a）所示。

与此同时，生育也需要花费时间和金钱，且可能影响个人的生活质量与事业发展，故随着子女数量的增加，每生育一个孩子所产生的成本（包括直接的生育成本和间接的机会成本）会呈现出先减少（一定条件下生育子女的规模经济性）后增加（如需要购买更大的房子或者辞去工作岗位等）的趋势，即 *MC* 先下降后上升，如图 4-8（b）所示。

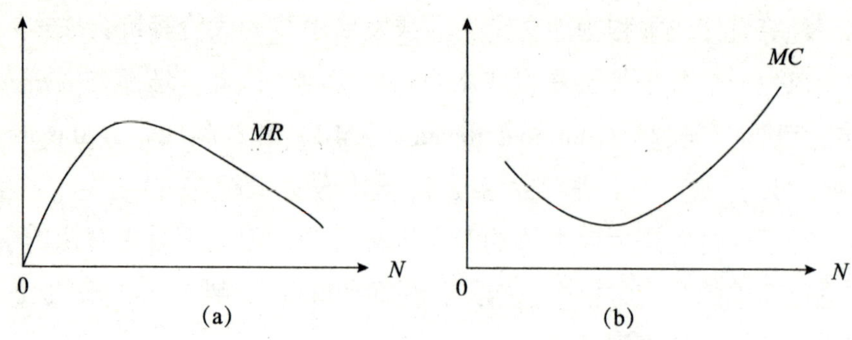

图 4-8 生育权行使的边际收益与边际成本

作为理性的经济人，权利主体对于生育子女时间，特别是生育数量的选择，是 *MR* 和 *MC* 综合作用的结果。鉴于不同生育主体所面临的 *MR* 和 *MC* 各异，生育权行使的总效益可分为以下三种情况，如图 4-9 所示。

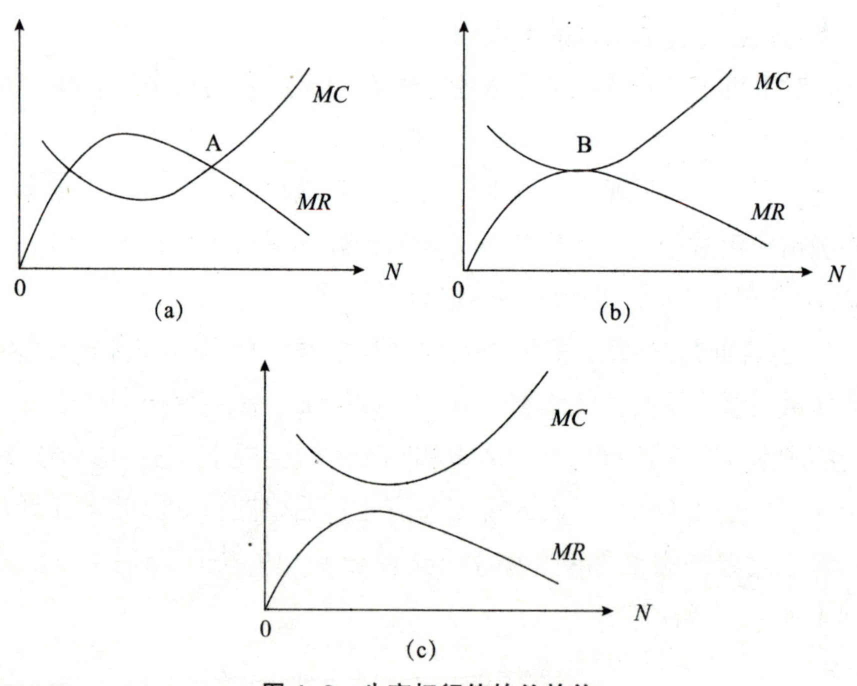

图 4-9 生育权行使的总效益

在图 4-9（a）和图 4-9（b）两种情况下，*MR* 和 *MC* 有交点，

即存在生育权行使总效益最优的生育数量。换句话说，当权利主体行使生育权并达到 A 或 B 对应的生育数量时（此时 $MR=MC$），理性的经济人会选择停止生育，不管这一数量是 1、2、3 或更多。而图 4-9（c）中，MR 和 MC 无交点，这就表示对权利主体来说，生育任何一个子女的成本均高于收益，此时，最优的理性选择就是不生育，如现实生活中丁克家庭的生育权行使结果。

当从整体来看一个国家所有生育权行使主体的最优生育数量时，将呈现如图 4-10 所示的分布状态①。

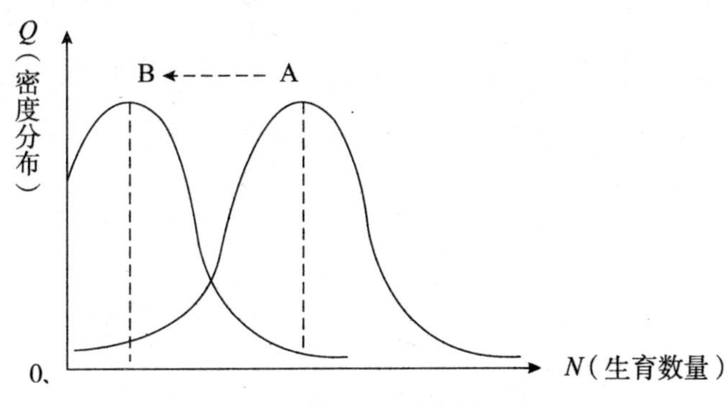

图 4-10　最优生育数量的密度分布

在图 4-10 中，横轴为生育数量 N，纵轴为以最优生育数量为标志的生育权行使主体的密度分布 Q。随着国家社会经济的发展以及房价和物价的不断攀升，生育子女的边际成本，特别是女性一方的机会成本必将逐渐上升；同时，伴随社会保障制度的完善以及物质和文化生活的日益丰富，使得生育子女的边际收益有所降低，权利主体的最优生育数量必然呈现下降的趋势。从国家层面来看，最终就会表现出最优生育数量的密度分布整体向左移动的现象，即图 4-10中，最高点从 A 点移动到 B 点，与此同时，选择不生育

① 该分布状态为估计分布，由于本部分的探讨重点在于分布状态的整体变化趋势，故未对该分布状态做详细的推导与具体的分析。

(N=0)的权利主体数量将大大增加。这也部分解释了目前世界上大多数发达国家生育率下降以及人口自然增长率为负的现实状况。

长期来看，当生育权完全归个人所有时，在权利边界明确的前提下，主体决策受市场机制的调节，一国总人口将呈现结构均衡基础上的自然增长趋势，如图4-11中*TP*所示。在人口增长的过程中，随着社会经济的发展以及物质文化生活的丰富，人口的增长率会逐渐降低，甚至为负。当生育权部分归国家所有时，由于权利边界不明，主体决策受市场机制和制度约束的双重调节，决策结果扭曲。从长期来看，虽然人口总数也呈现出一定的增长趋势，如图4-11中*TP′*所示，但会过早地进入人口负增长阶段，即最高点从*E*向左移动到*E′*，从而对国民经济的长期持续发展带来负面影响。

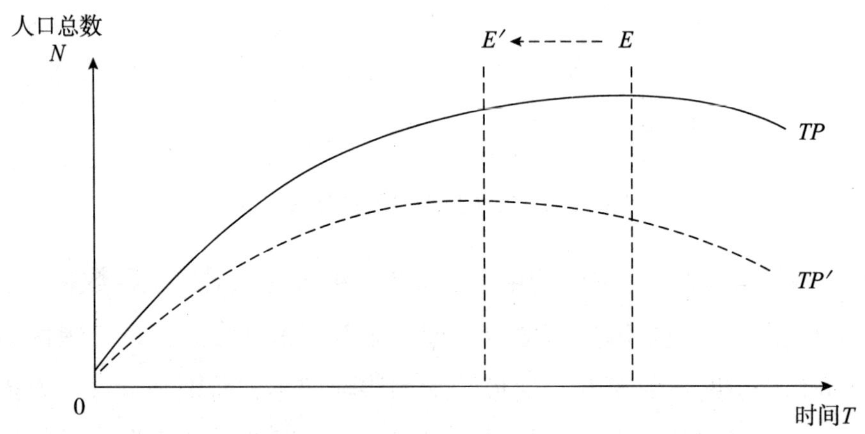

图4-11　不同权利边界下生育权行使对总人口的长期影响

综上所述，从长期来看，当权利边界明确且生育权完全归个人所有时，生育权行使决策受成本收益的市场机制调节，权利主体的最优生育数量呈逐渐下降趋势，且随着生育率的下降，国家人口的增长率会逐渐降低，总体表现为结构均衡基础上的自然增长。因此，相较于国家拥有的生育权，个人拥有的生育权更有效率。

4.3　迁移权的经济学分析

现代城市文明的进步和发展，在很大程度上得益于城市的开放性和包容性，对户口转换和迁移的严格控制，不仅限制了公民自主选择生活地，特别是居住地的权利，也制约着城市的开放与发展(陆益龙，2012)。因此，基于前文对迁移权的探讨与界定，本节主要从经济学的视角，对迁移权在归属边界明晰的前提下的正常行使进行理论分析和推导。

4.3.1　迁移权的经济学解释

根据前文对迁移权的界定可知，迁移权的本质是公民的自由迁徙权，是权利主体在不受外来强制因素影响的情况下，自由选择定居地并享受当地教育和社会保障等福利的权利。从经济学的角度来看，迁移权的本质是权利主体根据“效用最大化”原则，在自身成本收益分析的基础上对于是否迁徙所做出的决策。借鉴现有研究的结论，其数学表达式可简化为：

$$RT=\begin{cases}0\\ f[V(I)],\ f'>0\end{cases} \tag{4-3}$$

其中，RT 代表迁移权的决策结果，根据权利主体的生育意愿，可分为不迁移（$RT=0$）和迁移（$RT=f[V(I)]$）两种状态。其中，$V(I)$ 表示迁移者计划期内预期迁移前后收入差异的净贴现值。

作为经济发展过程中资源配置的一个重要内容，人口流动是经济学中一个古老的话题，特别是涉及经济转型的城乡劳动力流动，更是受到学界广泛的关注。发展经济学将劳动力流动置于宏观经济发展的框架之下，在强调现代部门和传统部门之间结构性差异的基础之上，将经济增长和劳动力流动有机地结合在一起，在二元经济的框架下提出了经典的理论，并确立了城乡收入差距在劳动力流动决策中的中心地位（戎建，2009）。代表性理论有刘易斯（Lewis，1954a）的二元经济模型和托达罗模型（Harris 和 Todaro，1970；Todaro，1969）。

刘易斯的二元经济模型认为，传统和现代部门在劳动生产率和收入水平上的差异，使得在某一高于农业部门收入的工资水平下，农业劳动力不断向工业部门转移，从而引起农村人口向城镇的迁移流动。随着劳动力转移，农村和城市的工资差距会不断缩小，直到将农村剩余劳动力吸收完毕，两部门的劳动生产率相等，一国的工业化过程也宣告完成。在该理论中，传统农业和现代工业的工资水平的差异是劳动力流动的直接原因。

美国经济学家托达罗于 1970 年发表了他的农村劳动力向城市迁移决策和就业概率劳动力流动行为模型，对刘易斯的二元结构劳动力转移模型很大程度上予以了否定。托达罗基本模型包含的思想是农村劳动力向城市转移，取决于在城市里获得较高收入的概率和对相当长时间内成为失业者风险的权衡。他还认为，发展中国家二元经济结构决定了较大的城乡收入差距，而这又导致了农村人口源源不断地涌入城市，造成了城市劳动力市场严重失衡，使失业问题越来越严重。其政策含义是，抑制城市，发展农村，阻缓剩余劳动力人口向城市流动（Todaro，1969）。对此，周天勇教授认为此观点值得商榷。

首先，应当将收入差异分析微观个体化，并引入时间长度。一个农村劳动力在外出的一年中，能找到工作的时间可能为一个月、两个月，甚至全年。这样分析的意义在于，单个从农村流入城市的劳动力虽然在城市中不可能找到全年能出满勤的工作岗位，但是他有可能断断续续找到能工作几个月时间的岗位，这样找到工作的概率不再由托达罗所描述的因素确定①，而是决定于流入城市找到不同时间长度工作的劳动力与从农村流入城市的总的劳动力的比例（谭崇台，1996）。其次，农村向城市流动的劳动力，其就业有一个与之对应的行业结构。乡村劳动力在城市中的不同行业能得到的就业概率是不一样的，有的可能几乎等于 0，有的由于城市劳动力不愿意从事而几乎为 1。概率越高，在其行业中农村转移劳动力的就业对城市劳动力的就业影响就越小，农村向城市流入的劳动力就越多。因此，相当数量的农村劳动力在城镇工作，并不会影响城镇劳动力的就业。再次，农村中劳动力的收入是一个较为复杂的变量。农村劳动力分为在家劳动力与外出劳动力，两者之间可以替补。实际的微观情况中，由于农业机械、化肥、农药、电力、收割机等现代化生产手段在农业上应用，农村劳动力在农村实际工作时间比率是很低的，中国农村一般低于 30%，有的人多地少的地区甚至低于 10%。因而，农村农业劳动力的可用时间比率很低，一个家庭中的一个劳动力出外打工，可由家庭其他成员替补他的工作时间。在一定的范围内，农村劳动力外出务工，不会带来农业生产的损失，也就是说其机会成本很低或者为零（周天勇，2001a）。最后，市场化的土地制度下，对于土地的权限应具有合理的退出机制，即土地制度与市场经济的协调发展，当农村中部分劳动力流出后，农业仍然能够通过规模经济来实现最大化产出和有效的增长。

4.3.2　迁移权行使的经济学探讨

与发达国家相比，我国的文化传统、经济发展程度和政策规定均呈现出典型的中国特色，尤其是我国现行的户籍政策、区域发展

① 托达罗认为，$\pi=[rN\div(S-N)]$，其中 r 为现代部门工作创造率，N 为现代部门总就业人数，S 为城市地区总劳动力规模。

不均衡等政治经济制度，造成了劳动力市场的分割，形成了明显的城乡二元体制。这就从客观上影响和制约着权利主体对迁移权的行使决策。因此，结合我国的实际情况，本文在明确迁移权内涵和特点的基础上，提出以下三点基本假设：

（1）权利主体行使迁移权，是一种自愿选择并实施的行为，不受外来强制性因素的约束；

（2）权利主体是理性的经济人，其行使迁移权主要考虑个人的成本与收益，并追求预期净收益现值最大化；

（3）二元经济结构下，存在两个部门，即农村部门和城市部门，且两个部门的劳动力市场始终处于分割状态。

根据托达罗的理论，假设公民迁移前后的收入全部来自劳动收入，即工资，则 $V(I)$ 的计算公式为：

$$V(I)=w_1\times\pi-w_0 \tag{4-4}$$

式（4-4）中，w_1 表示迁移目的地的实际平均工资率，w_0 表示原居住地的实际平均工资率，π 为当地的就业概率。当 $V(I)>0$，则权利主体愿意迁移，迁移目的地（城市）净流入人口增加，城市规模扩大；若 $V(I)<0$，则权利主体不愿意迁移，甚至从迁移目的地（城市）倒流回原居住地（农村），城市净流入人口减少，城市规模不变，甚至缩小。

假设城市和农村两个经济部门的生产函数均为规模收益不变的C—D 生产函数，短期内，城市部门由既定总量的资本 $\overline{K}$ 和一定的从业劳动力 L_u 生产，其生产函数为：

$$Y_u=F(L_u,\ \overline{K})=A_uL_u^{\alpha}\overline{K}^{1-\alpha},\ 0<\alpha<1,\ F'>0,\ F''<0 \tag{4-5}$$

农村部门则由固定数量的土地 $\overline{Q}$ 和一定的劳动力 L_c 生产，其生产函数为：

$$Y_c=F(L_c,\ \overline{Q})=A_cL_c^{\beta}\overline{Q}^{1-\beta},\ 0<\beta<1,\ F'>0,\ F''<0 \tag{4-6}$$

在不考虑城乡人口自然增长的情况下，假设社会劳动力总量为 L，且为一常数，则有：

$$L=L_u+L_c \tag{4-7}$$

根据完全竞争的劳动力市场中工资收入与就业人数的关系（黄蓉，2014），在式（4-5）的基础上，可以得到迁移目的地（城市）的实际平均工资率：

$$w_1=F'(L_u,\ \overline{K})=\frac{\partial\ Y_u}{\partial\ L_u}=\alpha A_u L_u^{\alpha-1}\overline{K}^{1-\alpha} \tag{4-8}$$

同理，在式（4-6）的基础上，得出原居住地（农村）的实际平均工资率：

$$w_0=F'(L_c,\ \overline{Q})=\frac{\partial\ Y_c}{\partial\ L_c}=\beta A_c L_c^{\beta-1}\overline{Q}^{1-\beta} \tag{4-9}$$

将式（4-8）和式（4-9）代入式（4-4）后，可以得到：

$$V\ (I)\ =\alpha A_u L_u^{\alpha-1}\overline{K}^{1-\alpha}\times\pi-\beta A_c L_c^{\beta-1}\overline{Q}^{1-\beta} \tag{4-10}$$

将 A_u，A_c，$\overline{K}$，$\overline{Q}$ 等外生既定变量视为常数，使：

$$H_1\equiv\alpha A_u\overline{K}^{1-\alpha} \tag{4-11}$$

$$H_2\equiv\beta A_c\overline{Q}^{1-\beta} \tag{4-12}$$

则联合式（4-7）、式（4-11）、式（4-12），式（4-10）可简化为：

$$V\ (I)\ =H_1L_u^{\alpha-1}\times\pi-H_2\ (L-L_u)^{\beta-1} \tag{4-13}$$

从式（4-13）可以看出，影响迁移权决策结果的 $V\ (I)$ 由城市劳动力数量 L_u 决定，由于 α 和 β 的取值范围均在 0 到 1，故随着 L_u 的增加，$L_u^{\alpha-1}$ 减少，π 降低，$(L-L_u)^{\beta-1}$ 增加，$V\ (I)$ 下降，进而最终影响权利主体的迁移权决策结果。简单来讲，随着从农村向城市迁徙人口的增加，一方面，会使城市的实际平均工资率下降，就业概率降低；另一方面，会使农村人口数量减少，农村实际平均工资率增加。虽然降低或增加的幅度由于 α 和 β 的取值不同而有所差异，但权利主体迁移权决策结果 $V(I)$ 的值在没有外在限制的情况下，也会随着迁徙人口的增加而逐渐降低。

根据刘易斯对工业化进程的模式分析，可绘制出权利主体在迁移权行使的过程中，社会劳动力从农村部门（农业部门）向城市部门（工业部门）不断迁移的过程，如图 4-12 所示。

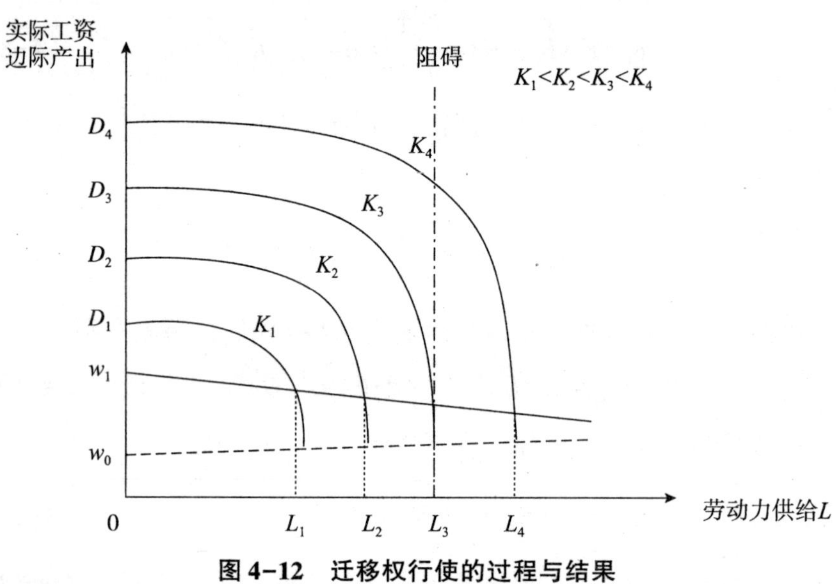

图 4-12　迁移权行使的过程与结果

图 4-12 中，在初始阶段，工业部门的资本是 K_1，此时的劳动力需求由不断递减的边际产出决定，为 L_1。当工业部门将利润投入再生产，使资本从 K_1 增加到 K_2，劳动力需求也随之增加为 L_2，如此往复。此时，在城市化进程中会出现一个利润急剧增加、资本加速积累、农村劳动力迅速转移的时期。随着城市的实际平均工资率逐渐降低，而农村的实际平均工资率逐渐上升，直至 $V(I)=0$，权利主体不再行使迁移权，即劳动力停止迁徙，甚至回流，工业化和城市化进程初步完成。此后，工业部门和农业部门的收入将随着劳动生产率的提高而上升，即刘易斯提出的二元经济逐步变为一元经济。

此外，在迁移权行使的过程中，若有外来的强制性因素，如现行的户籍制度等，阻碍城市劳动力供给 L 的增加，使城市部门的劳动力供给终止于图 4-12 中的 L_3，则会导致工业化和城市化进程的中断。现有研究也表明，当人均收入极低，而农产品支出为主要支出的情况下，城市难以形成。随着人均收入的提高，工业品支出份额逐渐提升，城市化率不断提高，城市范围不断增大，且呈现加速扩大趋势。但城市化速度会先增加后降低，城市人口由高密度居住向低密度居住转变，且劳动力从乡村向城市的流动障碍越大，城市化的进程越缓慢（朱妍，2010）。目前我国现行土地制度对权限的控制使得迁移权的个人决策主体不能退出，农业的规模经济短期内无法实现。这也进一步导致农村发展为小城镇或社区及街道，人口逐渐增加的时间跨度困境，以及社会整体运行中城市化进程的减缓。

综上所述，从长期来看，当权利边界明确且迁移权完全归个人所有时，二元经济下的城乡收入差距驱使权利主体及其家庭进行迁移，国家的工业化和城市化进程加快，在向一元经济转变的过程中，经济的持续增长则有利于进一步缓解公共服务的压力。因此，相较于共有的迁移权，个人拥有的迁移权更有效率。

通过上述对生育权与迁移权的经济学探讨，我们认为，生育权和迁移权一般来说归属于个人和家庭，如果一个国家要想对人口生育和配置进行计划，前提是需要不同程度地集中、管制和干预这种权利。然而，在一个其他要素都由市场配置的经济体制中，如果市场和政府对人口生育和流动进行双重调节，无论制度安排者是从理想的假设理论出发，还是从当时实际的困难考虑，其信号和导向的扭曲及紊乱，结果会造成国民经济运行和发展的低效率。正如科斯所说，“家庭是国民经济所仰仗的基础，破坏了家庭，最终将破坏经济体系中最重要的一环”。因此，若将生育权和迁移权部分收归政府，使得权利边界模糊不清，将难以实现资源的跨期最优配置，而这一混乱和扭曲的状态从长期来看也将导致国民经济增长的下降。反之，将生育权和迁移权全部归还个人，明确权利边界，不仅不会带来社会公共服务等压力的增大，反而能够通过经济的发展和社会财富的增加进一步解决现有教育和医疗等稀缺公共资源的使用问题，从而强有力地推动国民经济长期持续发展。

5　世界经验：基于不同生育权和迁移权的配置

从市场经济效益的角度来考虑，生育权和迁移权应完全归属个人；从国家政治利益的角度来考虑，生育权和迁移权则应部分或完全归属国家。目前，国际上对生育权和迁移权的配置有三种不同的模式：在大部分国家和地区，生育权和迁移权全部归属个人和家庭；部分国家对生育权和迁移权做出限制，对人口的生育及迁移决策进行指导和干预，生育权和迁移权部分归属国家；少部分国家对生育权和迁移权实行了严格的控制和较强的干预，生育权和迁移权完全归国家所有。这三种模式对国家人口的再生产、劳动力的区域及城乡配置、城市化进程以及经济发展产生了不同程度的影响。本章主要通过梳理不同国家和地区对人口生育权和迁移权的配置方式，从中总结不同配置方式对经济产生的影响。

5.1　基于不同生育权配置的国际经验

从经济学角度分析，生育权的配置和归属应由市场决定，然而，部分国家（尤其是亚洲国家）在 20 世纪下半叶为了应对资源危机、粮食危机、失业及住房等难题，先后出台了相应的生育政策以对本国人口的生育进行计划和控制。从国际经验来看，有的国家对人口生育完全放开，并在经济上获得了持续快速的增长，如美国。部分亚洲发达国家和地区先后对人口的生育采取了指导性控制计划和鼓励人口生育的政策，如日本、韩国、中国台湾等。对于生育的收缩性干预，有的国家在推行强制性人口计划生育政策的过程中受到文化传统、宗教习俗等国情的限制遇到了阻碍，如印度。目前，实行过计划生育的国家和地区针对人口低生育率、低增长率的现状开始鼓励生育，但因经济水平的提升、人们思想观念的转变以及生育抚养成本的增加，使得即使政府利用各种方式鼓励生育，总体人口生育率仍处于世代更替水平以下，人口增长率不断下滑。

5.1.1 美国不干预的生育及经济发展

美国人口生育数量和生育间隔的决策权完全归属个人和家庭支配。在美国，生育权归属个人和家庭，国家对人口的生育不干预也不鼓励。从美国的实际情况来看，美国地大物博，人口密度小，可以容纳更多的人口。美国国土面积居世界第三，1960 年以来，美国的人口密度一直较低，最高的 2014 年也才仅 35 人/平方千米。其人口密度与中国和印度相比，远远低于中国的 145 人/平方千米以及印度的 436 人/平方千米，因此，国家并没有理由对人口生育进行干预。[①] 在美国，生育权归个人和家庭主要有以下表现：一方面，个人和家庭可以根据自身情况，决定是否生育、如何生育、生育多少数量以及何时生育等，国家不对其干预和规定，生育权被视为公民的一项自决权。另一方面，美国法律规定了妇女在不伤害“胎儿”生命权的前提下可以行使是否生育的权利。美国联邦最高法院于 1973 年批准了全国堕胎合法化，但包括得州在内的多个州近年来相继通过地方立法把合法堕胎限制在怀孕三个月以内[②]。即在怀孕三个月以内，个人有生育与否的自由决定权；在怀孕三个月以后，除非孕妇健康受到威胁，否则禁止堕胎。因此，美国的生育权完全由个人和家庭支配。

---

① 资料来源于世界银行：世界发展指标，人口密度（每千米土地面积人数）。http：//data. worldbank. org. cn/indicator/EN. POP. DNST。

② 杨杰．从罗诉韦德案到全美最严堕胎法［EB/OL］．［2015-06-09］．http：//bjgy. chinacourt. org/article/detail/2015/06/id/1647437. shtml.

个人和家庭享有的生育自由，推动了美国人口的快速增长，也保障了人口年龄结构的合理发展。一方面，生育自由为美国人口自然增长提供了基础。美国人口总数已突破 3 亿，成为世界上仅次于中国和印度的第三人口大国。1960—2014 年，美国人口增长了 1.38 亿（见表 5-1），其中 60% 的人口增长来源于国内，40% 的增长人口来源于持续的移民（楚树龙，方力维，2009）。1960 年以来，美国人口生育率一直维持在世代更替水平上下，没有出现较大的波动。2014 年，美国人口总体生育率为 1.87，高于大部分发达国家，包括英国的 1.8、德国的 1.4、加拿大的 1.6 以及瑞士的 1.5。另一方面，生育自由维持了美国人口结构的平衡发展，劳动力人口充足。1960—2014 年，美国 15～64 岁的劳动力人口占比一直保持在 59.83%～67.3%；2014 年，美国 15～64 岁的劳动力人口占比达到 66.55%，0～14 岁以下的少儿人口占总人口的 19.05%，人口年龄结构合理，不仅能保障充足的劳动力供应，还延缓了老龄化速度。

表 5-1　　美国 1960—2014 年人口情况

年份	人口出生率（‰）	人口增长率（‰）	总体生育率（个）	人口总数（亿）
1960	23.7	14.2	3.65	1.81
1965	19.4	10	2.91	1.94
1970	18.4	8.9	2.48	2.05
1975	14.6	5.8	1.77	2.16
1980	15.9	7.1	1.84	2.27
1985	15.8	7.1	1.84	2.38
1990	16.7	8.1	2.08	2.49
1995	14.6	5.8	1.98	2.66
2000	14.4	5.9	2.06	2.82
2005	14	5.7	2.06	2.95
2010	13	5	1.93	3.09
2014	12.5	4.4	1.87	3.19

美国相对快速增长的人口数量和合理的人口结构，是美国经济得以持续较快增长的重要因素。美国迅速发展成为世界经济总量第一的发达国家，与其人口增长有较大关系。自1776年建国开始，美国的人口数量增长到1亿用了139年，人口从1亿增长到2亿用了52年，从2亿（1967年）增长到3亿（2006年）仅用了40年，在人口快速增长的过程中，美国快速发展成为全球最大的发达经济体。此外，自2008年金融危机以来，美国的经济增长速度由2008年、2009年的0.3%、-2.8%逐渐恢复到2015年的2.7%，这与美国前期的人口优势不无关系。从美国合理的人口年龄结构来看，更多年轻的劳动力人口为美国经济发展注入活力。相比于日本和其他欧洲发达国家，美国人口老龄化并不严重，老年人口抚养比较低。从世界银行统计数据来看，2014年，美国人口总抚养比为50%，而日本人口总抚养比为63%；从老年抚养比来看，与日本的42%、德国的32%、意大利的34%相比，美国仅为22%。[①] 加上美国移民人口对经济的增长效应，更多年轻化的人口对美国经济持续增长注入了活力，为维持经济的稳定和持续增长提供了动力。

5.1.2 日本指导性计划生育与经济的先富后低

1947—1949年的“婴儿潮”使得日本的人口出生率维持在30‰~34.3‰的高水平。1948年《优生保护法》的问世成为日本推行计划生育政策的标志，日本政府开始从多方面推进人口生育政策的实施（Muramatsu和Katagiri，1981），包括人工流产合法化、制售避孕药具合法化、财政拨款资助、培训专业人员和行政管理人员以及动员民间媒体进行人口控制的宣传等措施，加上日本国民对人口

① 数据来源于世界银行网站：世界发展指标，老年抚养比（占工作年龄人口的百分比）。http://data.worldbank.org.cn/indicator/SP.POP.DPND.OL。

生育控制政策并不排斥，为政府推行人口控制政策打开了通道并获得了显著成效。相关资料显示，日本人口出生率从 1947 年的 34‰降到 1960 年的 17‰，生育率也从 4. 54 减少到 2，意味着日本自 1960 年开始进入了以低出生率为特征的人口再生产阶段。

从政策实施来看，日本对人口生育的控制是指导性的，政府并没有把对人口的生育控制公开声明为一项强制性的政策。但这种对人口生育的指导性管制同样造成了低迷的生育率，并带来了“人口萎缩”和“社会老龄化”等社会问题，严重影响国家经济的发展。1960 年后，日本各行各业均出现了劳动力供不应求的情况，为保持经济的中高速增长，政府逐渐放松了对人口生育的管制，实行国民倍增计划，人口出生率开始回升，到 1970 年，日本的人口出生率上升至 18. 8‰。然而，政府长期的计划生育指导以及市场经济下人们对生育成本收益的衡量，导致低生育文化和生育惯性的形成。因此，1970 年至今，日本的生育状况持续低迷，随着老龄化和少子化现象的出现，加之经济增长持续在低位徘徊，日本政府不得不重新审视本国的人口问题，并通过各种方式鼓励人口生育。尽管如此，鼓励政策和制度很难提高当前日本人口的增长率和生育率水平。从世界银行统计数据来看，日本人口出生率从 1947 年的 34. 3‰直线降低至 2013 年的 8. 2‰；妇女终身生育率从 4. 54 人锐减为 1. 43 人；日本人口占全球人口比例也从 1950 年的 3. 25% 降到 2015 年的 1. 75% 。根据日本总务省公布的数据显示，2015 年日本总人口比 2010 年减少约 94. 7 万人，47 个都道府县中有 39 个出现人口减少①，日本正面临着高度的人口危机。

从经济发展来看，“婴儿潮”时期出生的人口推动了 20 世纪下

① 日本官方证实人口首次负增长 2015 年总人口较 2010 年减少 94. 7 万 [EB/OL]. [2016-02-27]. http: //news. xinhuanet. com/world/2016-02/27/c_128756941. htm.

半叶日本经济的腾飞，同样，自21世纪以来日本经济的停滞不前也主要归因于人口问题。近20年来，日本的GDP增长率仅维持在1.5%左右，“人口萎缩”和“社会老龄化”等人口问题成为影响日本社会经济发展的重要因素。一方面，较低的生育率造成了严重的“少子化”现象，使得创新活力不足，严重阻碍了经济的运行，据统计，当前日本的十大高科技企业都是30年前创建的（梁建章，2012）。另一方面，随着人口平均期望寿命的延长，社会的“老龄化”问题加剧。资料显示，日本早在1970年就步入了“老龄化”社会，2015年，日本的老龄人口比例突破26%，“老龄化”问题已非常严重。人口“老龄化”使得日本政府在养老金、医疗费、护理保健费、社会福利费、社会保障费等方面的财政支出不断增加，这使得本就接近停滞的日本经济增长雪上加霜。

5.1.3 韩国指导性计划生育历程

1955—1960年，韩国是世界上生育率水平（平均为5.57）最高的国家之一，此后30余年，韩国政府相继采取了多项措施对人口生育进行控制，取得了较大的成效。韩国主要通过在健康中心广泛宣传避孕节育信息、免费提供避孕药具和计划生育生殖健康服务、对小规模家庭提供经济奖励和免税措施等政策进行人口控制。人口计划生育控制活动、人工流产的合法化及结婚年龄的延迟等成为韩国生育率快速下降的重要因素（Kim，1987）。此外，韩国一系列“五年经济发展计划”的实施，取得了每年8%的经济增长速度，人均收入、妇女受教育水平及社会地位不断提高，社会经济发展本身也促进了人口生育率的下降。经过政府的大力宣传和资助服务，韩国的人口生育控制取得了较大的成效，人口经历了从高增长到低增长的过程。

从政策实施来看，韩国自20世纪60年代开始实施的人口计划生育控制政策属于温和渐进的指导性计划生育。20 世纪 60 年代，韩国对人口生育的控制主要集中在农村地区，包括允许使用进口和国产避孕药具、成立私人志愿组织“韩国计划父母联盟”、为国民提供免费的避孕信息服务及为各乡镇健康中心安排计划生育工作者等措施（Cho，1996）。到 20 世纪 70 年代，越来越多的农村人口转移到城市，人口生育控制的重点也转移到城市，尤其是针对低收入家庭和在工业部门工作的人。政府实施了诸多社会福利政策传播“小规模家庭”概念，包括对小规模家庭的奖励、对相关法律政策的修订、对少子女家庭免税以及优先分配公共住房等政策。20 世纪 80 年代后，韩国政府重点关注的是人口增长对未来国民社会经济发展的影响，政府通过总统令颁布了新的人口政策，导致人口增长急剧下降。该时期实施的政策主要包括：提升计划生育的管理和操作机制，修订法律根除重男轻女观念，加强教育、信息和交流活动，加强政府部门间的紧密协作以开展计划生育活动，以及修订《母婴保健法》使特定情况下的人工流产合法化等多项人口控制政策。从世界银行统计数据来看，1960 年至今，韩国人口出生率从 39. 4‰降到 9. 6‰；人口增长率从 27. 5‰降到了 5. 1‰，总和生育率从 5. 57 降低到 1. 19（见表 5-2）。

表 5-2　　1961—2013 年韩国人口情况

时期	人口出生率（‰）	自然增长率（‰）	总和生育率（个）
1961—1965 年	39. 4	27. 5	5. 57
1966—1970 年	33	23. 2	4. 74
1971—1980 年	25. 1	16. 7	3. 43
1981—1990 年	17. 2	11. 7	1. 82
1991—2000 年	15	9. 2	1. 58
2001—2013 年	9. 6	5. 1	1. 19

从经济发展来看，1990 年以后，为了抑制出生性别比偏高、缓

解“老龄化”等社会问题，韩国在性别平等、保护女性权益、鼓励家庭生育等方面均制定了一系列措施和法规。近20年来，15~64岁的劳动力人口比例均维持在71% ~72%的水平，韩国经济还未显现出较大的压力。虽然没有出现像日本那样严重的“少子化”现象，但随着社会经济的发展，韩国人口的生育率也在不断降低，截至2013年已经降至1.19。资料显示，随着人口“老龄化”问题越来越严重，韩国从1999年正式进入老龄化社会，到2015年，老年人口比重已达到13.1%。从长期来看，如果韩国不进一步采取措施应对人口危机，则会面临更为严峻的“少子化”和“老龄化”社会问题，从而影响国家经济的长期持续发展。

5.1.4 中国台湾地区的指导性计划生育

第二次世界大战后，中国台湾地区为解决高生育率和高人口增长率引致的一系列社会问题，逐渐推行“家庭计划”以对人口生育进行控制。1949年国民党退守台湾地区并带去了200万人口，加上人口死亡率随着医疗水平的提高而降低，因而出现了“婴儿潮”。1949年，台湾地区人口自然增长率达到36‰的高水平，1951年总生育率达到7.04，人口自然增长率则达到了38.4‰的历史最高值。较高的人口增长带来了入学就业困难、住房短缺、耕地面积减少、交通拥挤等一系列社会问题，因此台湾地区开始推行“家庭计划”以控制生育（水波，1999）。1964年，台湾地区全面推行“家庭计划”工作，主要包括：成立“台湾省卫生处家庭卫生委员会”作为执行组织，[①] 相继颁布“台湾地区家庭计划实施办法”和“人口政策纲领”等人口政策，重视宣传教育和推广计生产品等人道主义政策措施。此外，台湾地区还根据人口变动趋势制定和调整人口计划宣传

① 谢楠．台湾“家庭计划”：一场静悄悄的生育革命［N］．今日中国，2014-02-12.

口号（见表 5-3）。

表 5-3　　1967—2014 年台湾地区“家庭计划”宣传口号及生育率变化

年份	宣传口号	总和生育率（个）①
1967	“五三”口号：婚后三年才生育、间隔三年再生育、最多不超过三个孩子、三十三岁前全部生完	4.82
1969	“子女少、幸福多”	—
1971	“两个孩子恰恰好，男孩女孩一样好”，“三三三一”	3.71
1990	“适龄结婚，适量生育”	1.81
2001	“两个孩子恰恰好，女孩男孩一样好”	1.4
2005	“两个孩子很幸福，三个孩子更热闹”②	1.12
2010	“孩子是我们的传家宝”③	0.89
2014	“幸福很简单，宝贝一、二、三”	1.17

从政策实施来看，台湾地区的“家庭计划”措施和手段属于人道的指导性计划生育，具有重视宣传教育、普遍使用计生产品、配套政策严密及强制小等特点。一方面，台湾地区推行的“家庭计划”主要以宣传教育和推广计生产品相结合的方式。政府通过自上而下对大众进行宣传教育，使其了解“家庭计划”的目的和意义，并为愿意实施避孕节育的家庭低价提供相关工具。另一方面，台湾地区的“家庭计划”政策以自愿节育和利益诱导相结合，并不具有强制性的特点。即便是在台湾地区人口增长较快的一段时期，1969 年颁布的第一个“家庭计划”条文性政策法令“人口政策纲领”也明确指出“国民得依其自由意愿，实施家庭计划”（刘云，2000）。

① 数据来源：台湾“内政部”育龄妇女生育率。

② 台湾人口政策发生转变：从节育变为鼓励生育［EB/OL］.［2005-11-14］. http://www.taiwan.cn/wh/ktw/200511/t20051114_211778.htm.

③ 从“不过三”到“传家宝”——台湾生育口号变迁［EB/OL］.［2011-04-08］. http://news.xinhuanet.com/tw/2011-04/08/c_121282328.htm.

1954—1963年，台湾地区只有少数民间组织（比如“中国家庭计划协会”）在部分乡村地区小范围内宣传节育。粮食供应危机的出现，引起了各界对台湾地区人口问题的重视，而多年来台湾地区指导性计划生育的推行也取得了一定成效：在“家庭计划”实施之前，1964年，台湾地区人口总生育率高达5.75，1983年接近人口世代更替水平2.16，1990年，总和生育率已降至1.81，低于世代更替水平。

从经济发展来看，台湾地区指导性的生育措施所产生的人口惯性问题包括生育率过低、年轻人太少、社会老龄化加剧等，成为台湾地区经济增速放缓的主要因素。从1984年开始，台湾地区人口总体生育率已降到人口世代更替水平以下，超低的生育率导致了人口老龄化和劳动力不足。尽管随后台湾地区停止了“家庭计划”工作，改为提倡、鼓励并奖励生育的政策，但是目前生育率仍然处于较低水平，2014年，台湾地区的生育率仅为1.16，位于全球最低之列。1960—1980年，台湾地区人均GDP每年以7%的高速度增长，以“亚洲四小龙”之一的身份跃入发达经济体行列。然而，最近20年，台湾地区经济增速大幅放缓，常年低于3%的增速，2008年后经常“保1争2”，甚至一度出现了负增长。出生人口长期减少，不仅抑制了幼教、高教的消费需求，还造成了大量的劳动力缺口。老龄化严重以及富有创业精神的企业家和年轻人流失，使得台湾地区的经济发展逐渐失去活力，人口问题对台湾地区经济的破坏性影响尽管作用缓慢但却十分强大。

5.1.5 计划生育政策在印度的流产

印度是较早开始实行人口计划生育的国家，也是世界上第一个官方推行计划生育的国家，但因受到传统文化、民族宗教、教育水平低、经济市场化步伐慢等因素的限制，政府对人口生育的控制近于失败。印度自1951年开始推行家庭生育计划，但与日本、韩国及中国台湾地区的文化相比，印度宗教习俗对国民生育的影响较强，最终人口生育控制效果并不显著。世界银行数据显示，2013年，印度的妇女总和生育率为2.48，仍处于世代更替水平以上，出生率为20.44‰，人口增长率为12.5‰。

从政策实施来看，印度的计划生育控制政策具有起步早、进程慢、大起大落的特点，强制程度低，人口控制效果并不显著（见表5-4）。1951年，政府宣布推行家庭生育计划以控制人口的增长，并在各个“五年计划”时期制定措施进行控制。印度政府在第一个“五年计划”中宣布印度过多的人口已酿成了一系列经济社会问题，开始进行人口生育控制活动。“二五”计划时期，主要的人口控制措施是成立推行家庭生育计划服务的行政机构、增拨资金展开有关避孕节育和人口控制的宣传、扩大节育诊所并推广科学避孕节育的知识和技术等，但人口控制丝毫未见成效。“三五”和“四五”计划期间，印度政府把人口控制措施从创办家庭生育计划诊所转向加强人口教育和国家对家庭生育计划的指导方面，同时加大了政府对家庭生育计划的拨款力度。尽管如此，由于传统文化、民族宗教的影响和国民的抵制，政府对人口生育控制仍然不见成效。“五五”和“六五”计划期间，印度政府对人口控制力度趋于严格和强制，包括对男性集中施行绝育手术以及宣布人工流产的合法性等手段。1975—1977年是印度政府在人口生育控制方面实施的决心最大、声势最大的一次行动，但甘地总理因实施强制的人口生育控制在大选中惨遭失败。在此期间，由于反对党派和邦派对人口节育工作造成的失误大肆渲染，人口生育控制仍未见成效①。此后，印度政府便废

① Jump up ^Rao, Mohan (2004) from population control to reproductive health, Sage publications, ISBN 0-7619-3269-0.

弃了强制性的人口生育计划，转而实行以自愿生育和政策鼓励为导向的人口政策，这一措施受到了印度绝大多数民众的支持和赞赏。至今印度政府还是以鼓励、优惠和提倡而非强制的方式对人口生育进行控制（Sen，2000）。

表 5-4　　　　1951—2013 年印度的人口情况

时期	人口出生率（‰）	自然增长率（‰）	总和生育率（个）
1951—1955 年	42	15. 4	—
1956—1960 年	44. 4	19. 8	—
1961—1965 年	44	26. 2	5. 82
1966—1970 年	42	23. 2	5. 63
1971—1980 年	39. 2	22. 7	5. 04
1981—1990 年	32. 8	21. 7	4. 23
1991—2000 年	27. 7	18. 2	3. 45
2001—2013 年	22. 5	14. 1	2. 73

从经济发展来看，正是人口的不断增加造就了印度当前的经济增长。据世界银行的统计数据显示，印度每年的人口出生率均高于世界平均水平。2013 年，印度的人口出生率为 20. 44‰，而世界平均人口出生率为 19. 18‰；印度妇女总和生育率仍高于世代更替水平 2. 1；2013 年，印度人口增长率为 12. 42‰，高于中国的 4. 9‰、美国的 7. 1‰，以及世界平均水平 11. 63‰。印度的人口和劳动力优势促进了印度经济的快速发展，15~64 岁劳动力人口占比以每年 0. 3% 的速度增长，这为印度在互联网和制造业方面的发展赢得了机会。资料显示，印度的制造业竞争力强大，有望在 2018 年成为仅次于中国的全球第二大制造业强国。即使在全球经济形势复杂多变的情况下，印度的经济仍然表现出强劲的增长势头。印度中央统计局公布数据显示，2015 年印度 GDP 增速达 7. 6%，创五年以来最高水平，

已成为全球增长最快的大型经济体①。基于人口优势，可以预见，未来印度大量的国内产品和服务的消费需求将会助推印度经济持续发展。

5.1.6　不同生育权配置的国际经验总结

从以上对世界不同国家实行的生育政策及社会经济后果分析来看，无论是实行了指导性计划生育政策还是因为历史原因导致的人口减少，对一个国家人口增长及社会经济的深层次负面影响都是巨大而长远的。

首先，人口生育率降低到世代更替水平以下后，很难在短期内通过鼓励和刺激生育的政策得以恢复。比如日本，人口生育率从 1949 年的 4.3 降到 1960 年的 2，只用了 10 多年的时间；从 1970 年开始停止对人口生育的管制，人口生育率在 40 多年也未恢复到 2，2015 年总体生育率也只有 1.4。而印度因为文化、宗教等复杂因素对人口计划生育的抵制，至今人口生育率仍高于世代更替水平，2013 年为 2.48。

其次，人口的长期萎缩会危及种族延续和国家安全。比如日本，2013 年人口约为 1.27 亿，预计到 2060 年，日本人口大概减少为 0.86 亿。联合国世界人口展望方案显示，到 2100 年，日本人口在世界人口中的占比将从 2013 年的 1.76% 降到 0.9%，人口只减不增，逐渐衰落直至消失。

最后，最显著也最重要的是，人口的减少将会直接影响国家经济的增长。人口不断减少，使得日本、韩国和中国台湾等国家和地区在后工业时代失去了经济持续增长的动力，表现出下行、老态及疲软等不良反应，与后发新兴经济体印度相比，缺乏劳动力和创造

① 李厚何．且慢嘲笑“印度 GDP 领跑全球”［N］．新京报，2016-02-10（A02）．

力的优势。据世界银行发布的统计数据显示，2014—2015 年，日本 GDP 增长率分别为－0.1% 和 0.4%，韩国的经济增长为 3.3% 和 2.6%。中国台湾地区的经济增长在 2008 年后经常“保 1 争 2”，甚至一度负增长，2015 年经济增长为 0.85%。印度近乎失败的人口生育控制并没有造成人口的快速下降，使得印度的经济增长具备了重要的人口优势。印度近年来的经济增长一直保持在 5% 以上的水平，2015 年更是高达 7.6%，首超中国并领跑全球，成为全球经济增长最快的大型经济体。实行指导性计划生育政策的国家和地区，如日本、韩国及中国台湾地区，均呈现明显的“先富后老”特征，这些国家和地区在人口兴盛时期完成了工业化，但在后工业时代却面临着人口萎缩和经济低迷的压力；印度则由于具备人口优势在未来的经济发展中具有相当大的潜力。

5.2 基于不同迁移权配置的国际经验

目前，大多数国家的宪法及法律都赋予了公民自由迁移的权利，但仍有部分国家不同程度地将迁移权收归国家所有。总的来看，国家宪法赋予了公民迁移自由的权利，但从经济学的角度分析，国家的管理体制限制了公民的迁移自由，在市场经济体制下必将影响城市化进程。这里我们主要分析国际上的两种迁移权配置方式：第一种配置方式，包括美国、日本和法国等在内的国家，其健全的社会保障体系完全保证了公民的迁移自由，这些国家公民的迁移自由权在法律和经济学层面均归属个人支配。第二种配置方式，包括俄罗斯、印度等在内的国家因社会保障体系、种族歧视及城市化建设不足等因素，公民的自由迁移权利受到国家的干预，尽管在法律层面迁移权归公民个人支配，但在经济学层面迁移权却受到国家的“半管制”。本节通过梳理世界不同国家的人口迁移权配置方式，分析各配置方式对城市化进程、经济发展产生的影响，并从中总结经验。

5.2.1　美国的人口迁移自由

美国法律和历年法院判例赋予了公民自由迁移的基本权利，还保障了公民在各州享受的优惠、平等和豁免权。在美国，与迁徙权相配套的各项权利受宪法保护的依据是“优惠与豁免条款”[①] 和“平等保护条款”[②]。根据这两个条款，迁移、流动人口有权享受流入地州政府提供的各项服务保障，而且新迁入的居民与本州居民享受同等待遇，流入地政府有责任保障新迁入本地居民的各项权利（曹淑江，2007）。美国公民自由随意的州际迁徙没有造成美国社会秩序的紊乱，这得益于社会保障号（Social Security Number，SSN）制度的管理。1935 年，美国政府为维持美国工人阶级的生活稳定，推出了《社会保障法》（该法案最初名为《经济保障法案》），这一法案被“新政”后的美国各届政府不断修正和完善，从而构成了美国现代社会保障制度的基础。每个合法的美国公民都有一个社会保障卡，且社会保障号伴随一个人从出生到死亡，美国人每到一个地方就要到社会保障机构办理住所变更手续，以保证在该地享受各项权利。联邦当局能根据迁移人口的住宿变更情况进行信息追踪，了解、掌握、查询、统计全国人口的迁移情况。社会保障号信息系统随时记录美国人口的迁移、流动、工作变动、收入变化以及缴纳税费等情况。各地区、各行业以及各部门都能通过社会保障号查询公民的个人情况，社会保障号就像一只“看不见的手”随时起着调节作用，保障美国的社会经济有条不紊地运行。

---

① 《美国联邦宪法》第 4 章第 2 节规定：“每个州的公民均享有诸州公民所有优惠和豁免权。”《美国联邦宪法》第 14 修正案规定：“所有在合众国出生或者入籍、并受制于其管辖权的人，都是合众国和其居住州的公民。任何州不得制订或者实施任何法律，来剥夺合众国公民的优惠和豁免权利。”

② 平等保护条款规定：“各州不得在其管辖区域内，对任何人拒绝提供法律的平等保护。”

美国人口在全国范围内的自由流动促进了城市化的良性发展。得益于发达的铁路网、州际公路网，以及家用汽车的普及，美国人口在城乡、州际之间自由迁移。当前，美国是世界上城市化水平较高的国家之一，早在20世纪60年代，城市化率就达到了70%以上，2014年，城市化率高达81.5%①，显然这是人口自由流动的结果。鉴于美国政府对人口迁移和城市化的行政干预较少，美国的城市化进程基本都是依靠社会和市场的力量推动。美国人口迁移的方向在城市化的各阶段有所不同，在集中城市化阶段，人口主要从乡村迁移到城镇、小城镇迁移到大城市；在城市郊区化阶段，人口主要从城市迁移到郊区，形成大都市区。当前，美国的郊区化有效缓解了美国各中心城市人口密集、住房紧张、交通拥挤、环境污染等问题，改善了公民的城市生活质量。

5.2.2 日本的人口迁移和住民登记

《日本国宪法》明确规定日本公民享有迁移自由的权利。② 日本从1952年开始通过“住民登记制度”对迁移人口进行管理（新华，2003）。每个日本居民持有一张“住民票”，相当于户籍文本，它以每个居民的居住地为基础设立，记录个人姓名、出生日期、性别、当前住址等信息，以及个人居所变动、迁移、纳税等信息，它既是政府为个人提供公共服务的凭证，又是日本对迁移人口进行管理的制度。“住民票”完全跟随公民的住址而移动，国民在迁移到其他地方前，首先要带上新居住地的房屋租赁合同，到居住地区政府办理

---

① 数据来源于世界银行数据库：城市发展指标，城镇人口（占总人口比例）http：//data.worldbank.org.cn/indicator/SP.URB.TOTL.IN.ZS。

②《日本国宪法》第3章国民的权利与义务中第22条明确规定公民具有居住、迁移及选择职业的自由，移住外国和脱离国籍的自由：“1. 在不违反公共福利的范围内，任何人都有居住、迁移以及选择职业的自由。2. 不得侵犯任何人移往国外或脱离国籍的自由。”资料来源：《日本国宪法》，日本国驻华大使馆，1946年11月3日公布，1947年5月3日施行。

“住民票”迁出证明，注明迁出的原因和计划前往的地址。搬入新住址 14 日内要到新住地区政府办理迁入登记，居住地点的信息登记要求十分详细，这样就变更了原来的“户籍”材料，也就成为新迁入地的公民，并享受与当地居民同等待遇的子女教育、国民健康保险、公共设施利用及公共服务享受等社会福利。自 2011 年以来，日本又出台了“住民基本情况网络登记制度”，这是“住民登记制度”电子政务的一项重要举措。该制度要求迁移人口安顿下来后，1 个月内到当地行政部门登录新居住地点，实现户籍材料的自然变更，显著提高了迁移人口管理效率。[①]

“住民登记制度”是日本人口迁移和户籍管理中非常关键的环节，一方面，保证了日本人口迁移、流动的有序进行；另一方面，也加强了日本行政当局与居民的有效互动，即享受当地各种优惠政策与遵守当地的行政措施和法律，因为日本政府可以随时掌握公民的行踪。[②]“住民登记制度”虽不具备调控城市化人口流向和流量的阀门功能，但能对迁移人口进行有序管理。目前，日本属于全球城市化水平较高的国家之一，2014 年城市化率达到了 93%，东京人口占日本总人口比例超过 1/4。由于高度发达的城市化和工业化，并不存在大量低素质人口大规模涌入东京等大城市的现象。因此，日本有序的人口迁移管理依托于完备的“行政管理制度”和健全的“市场调节机制”有机结合，前者保证了对迁移人口管理的“疏而不漏”和“自由平等”，后者保证了流入大城市人口的“优胜劣汰”和人才资源的优化配置。

① 何德功. 日本居民身份管理便于人口流动［EB/OL］.［2003-07-17］. http://news.xinhuanet.com/world/2003-07/17/content_981062.htm.

② 世界各国的身份管理制度一瞥［EB/OL］.［2003-07-25］. http://old.chinacourt.org/html/article/200307/25/70628.shtml.

5.2.3 法国的迁移自由和流动人口管理

1946年法国《新人权宣言》和1950年签订的《欧洲保障人权和根本自由公约》赋予法国公民迁徙自由的基本权利。[①] 每个法国公民拥有个人户籍信息，包括姓名、性别、国籍、出生日期、出生地址、父母的职业、经济收入、宗教信仰、居住地址等个人信息。如果一个法国公民迁移至新居住地，只需要通知以前居住地的社会保险机构，将其个人户籍信息转到新住址所在地的相应社会保险机构即可，法国公民可以随意跨区域迁移而不受任何措施的限制。[②] 可见，法国流动人口的秩序是以其完善的社会保障体系为基础的。法国公民的医疗保险、失业救助等社会保险全国联网，每个公民对应一个社会保险号码，可以在全国范围内享受医疗保险、失业救助、住房补贴、看病就医、教育等一切社会福利。

迁移自由的前提是人口的自由流动，法国采取分类发放“流动证”制度对国内流动人口进行管理。需要办理“流动证”的群体主要是有工作但没有固定居所者、无家可归者以及罗姆人（吉卜赛人），每年的数量有30万~40万人。法国实行的“流动证”制度具有三个鲜明特点[③]：第一，“流动证”制度具备法律支撑。法国法律

---

① 1950年11月4日签订于罗马的《欧洲保障人权和根本自由公约》（以下简称“公约”），第2条即是迁徙自由。公约具体规定为：1. 合法地处于一国领土之内的每一个人都应当在该国领土之内享有迁徙自由和自由选择其居住地权利。2. 每一个人均有权自由地离开任何国家，包括其所属国。3. 对于这些权利的行使不得被施加任何限制，但根据法律施加的限制以及在一个民主的社会出于保护国家安全和公共安全、维护公共秩序、预防犯罪、保护健康或道德、保护他人的权利和自由的需要而施加的限制除外。4. 第1款中所设定的那些权利也可以在个别领域中受制于一些按照法律而施加并基于民主社会的公共利益而正当化的合理的限制条件。资料来源：欧洲人权法院，《欧洲保障人权和根本自由公约》，http：//www. echr. coe. int/Documents/Convention_ZHO. pdf。

② 美国法国日本户籍制度［EB/OL］.［2005-11-28］. http：//news. xinhuanet. com/politics/2005-11/ 28/content_3846265. htm.

③ 美国法国芬兰巴西流动人口管理的经历与得失［EB/OL］.［2012-02-07］. http：//finance. people. com. cn/GB/70846/17040165. html.

规定，年满 16 岁且居无定所者必须办理流动证，有效期为 5 年，期满后必须到警察局办理延长手续。如果警察检查到符合条件而无法出示“流动证”，则面临惩罚甚至监禁。第二，“流动证”制度实行分类发放与管理。针对流动人口的“流动证”的发放、审核时间长短，法国根据流动者是否有固定居所、固定工作地点和固定收入而定，分为 A、B、C、D 四类。第三，“流动证”必须与市镇相关联。法国“流动证”的申领人必须同时申请同国内某个市镇相关联，形成绑定关系。关联有效期 2 年以上，之后可以更换关联市镇。在关联生效期内，“流动证”持有者必须在该市镇完成相应的义务并遵守法律，连续 3 年与一个市镇关联才拥有选举权。此外，一个市镇接纳“流动证”持有者不超过当地人口的 3%。拥有“流动证”可让持证人享受法国公民的民事权利，以及关联市镇的选举、被选举权和司法援助等政治权利。该“流动证”管理制度不仅实现了对不同人员的分类管理，提高了流动人口服务管理的法律强制效力，而且从某种程度上控制了市镇的人口规模。

5.2.4　俄罗斯人口迁移及其低流动性

根据《俄罗斯联邦宪法》，俄罗斯联邦每位公民不论男女都享有在俄罗斯联邦境内自由迁移、选择停留地和居住地的权利。① 公民的迁徙行为无须经过地方政府审批，只需进行合法的迁出、迁入登记即可（Schaible，2001）。1995 年，俄罗斯联邦政府根据法令正式颁布具体的执行方案，规定公民迁移到一个地方，非当地户口的本国和外国居民在 3 天之内必须办理户籍登记，接受俄罗斯移民局、警

① 1993 年 12 月 12 日由全民公决通过的《俄罗斯联邦宪法》第 2 章第 27 条规定：“1. 合法地处于俄罗斯联邦境内的每个人都有自由迁徙、选择逗留和居住地点的权利。2. 每个人都可以自由地离开俄罗斯联邦国境。俄罗斯联邦公民有不受阻碍地返回俄罗斯联邦的权利。”资料来源：《俄罗斯联邦宪法》，中俄法律网，http：//www.chinaruslaw.com/CN/InvestRu/Law/2005531140842_6715509.htm。

察局和安全局的备案（Rubins，1998）。俄罗斯联邦政府虽强调和维护公民的自由迁徙权，但由于缺少对国内迁移人口的实际性管理，导致在莫斯科、圣彼得堡这类大城市存在对外来迁移人口的隐性限制。俄罗斯联邦当前对国内迁移人口的政策性管理文件主要是“俄罗斯联邦移民管理纲要”，该文件力求优化国内人口流动，促进劳动力资源的有效利用。尽管俄罗斯联邦宪法及联邦立法对俄公民常住地选择上未设任何行政限制，但就国内移民管理而言，政策制定和执行仍显不足，护法机关实行的登记制度在一定程度上限制了劳动力的自由流动，甚至破坏了联邦公民自由迁移的权利（于小琴，2011）。对于莫斯科和圣彼得堡这样的大城市而言，受种族主义冲突背景下的治安压力、社会福利资源分配的压力、市场化在大城市居民中形成的对外来人口的竞争性心态，共同导致大城市对外来流动人口的自由迁居限制。为消除城市流动人口中存在的恐怖主义威胁，俄罗斯立法机构修改了涉及流动人口管理、移民、机动车过户、居住登记、交通工具安全管理等近 30 个法律法规，新法规针对人口流动的限制大大超过以往（周开颜，2013）。

由于联邦政府缺乏利用人口流动对劳动力市场进行平衡的管理意识，且对这一过程协调不足，甚至对毕业生的就业还实施了行政命令体系下的管理措施。因此，俄罗斯联邦部分行政因素对国内人口迁移的限制，导致国内人口流动不畅。这些限制性的行政因素主要包括：第一，人口的迁移借助官僚化的登记程序，登记手续过于烦琐，限制了外来流动人口的居住。目前俄罗斯对国内流动人口统计不足，临时劳动移民也未纳入登记体系。第二，大部分社会保障体系与公民常住地绑定，这限制了迁移人口获得迁入地社会保障的权利，包括医疗保健、退休及社会救助服务等。第三，大城市住房供给不足以及高昂的房价极大地抑制了公民的迁移，包括缺乏廉价公寓住房、贷款体系不健全以及收入水平较低等因素大大阻碍了人口的迁移。第四，人才市场及就业中介服务机构发展落后，就业信息不对称，很难促进人口的广泛流动。尽管俄罗斯联邦公民有自由迁移的权利，但由于受到各种行政管理制度的限制，致使各联邦跨地区的人口流动性较低。

5.2.5　印度的人口迁移与贫民窟的形成

印度宪法赋予印度公民在国内自由迁移的权利，[①] 但由于缺乏健全的制度对过亿人口的流动和迁移进行有效管理，导致了诸多社会问题。自 1947 年印度独立以来，印度公民没有唯一能标志印度公民的身份证，只能用选民证、工作证、驾照、护照、银行账户等证明身份的证件在特定的地方工作和居住，这就带来公民身份资料重叠的可能性，政府更无法对几亿规模的迁移人口进行有效管理。由农村迁移人口构成的城市贫民的快速增长，加上印度政府对贫民窟居民的社会保障、医疗服务、义务教育等供应能力有限，导致印度的城市化质量和城市运行管理效率低下。

印度政府对迁移人口的管理不善产生的社会问题体现在：首先，印度属于发展中大型经济体，地区间社会经济发展水平不均衡，导致落后地区的人口季节性和永久性地大规模向较发达地区迁移。每年印度终身迁移人口总量高达全国总人口的 27.4%，农村作为人口迁移的发源地和目的地，共有 70.5% 的国内迁移人口来自农村，农村之间的迁移人口占总迁移人口的 64.2%，大量迁移农村人口面临就业、居住、教育等问题，这些当前印度政府都还无法对其进行有效管理。其次，大规模的流动人口既无法回到农村重新被安置，又无法被城市正常吸纳，催生了快速增长的贫民窟。相较于凋敝的农

---

① 1949 年通过的《印度宪法》在“自由权”一节第 19 条第 1 款规定：“一切公民均享有下列权利：在印度领土内自由迁徙。”

村，城市虽能够为流动人口提供就业机会，但却无法提供正常的城市生活、社会福利及平等的学习和工作机会。为了满足最低程度的生存需求，大量流动人口只能选择废旧铁皮、油毛毡、塑料布和几根竹竿搭成的简陋窝棚作为安身之所。久而久之，越来越多的窝棚犬牙交错，开始向城市的空隙蔓延，逐渐形成规模惊人的贫民窟。就印度的贫民窟现状而言，印度政府在未来较长时间内可能都无法解决。[①] 最后，住房建设速度赶不上贫民窟增长速度，城市化质量较低。在印度法律里，保障人的迁徙权和居住权比公私土地产权具有更优先的地位。由于印度法律的规定，一旦公民在一处住房居住满一年，则该公民就有优先购买这处住房的权利，以及相比于其他公民的无限期租住的优先权。这样就导致了私人出租房屋和建造出租房屋的供给减少。这种情况下，虽然印度政府计划为贫民窟的流动迁移人口提供住房，但目前的建设速度仍赶不上贫民窟人口的增长速度（刘培林，2010）。

5.2.6 不同迁移权配置的国际经验总结

从以上对世界不同国家实行的迁移权配置方式分析来看，以美国、日本和法国为代表的国家迁移权完全归公民所有；像印度和俄罗斯等国家，其公民的迁移权受到国家的“半管制”。通过本节对不同国家人口迁移和流动管理的分析可见，公民的自由迁移和流动对国家的城市化进程及经济发展具有积极的推动作用；反之，如果公民的迁移自由受到国家制度的限制，则会阻碍甚至扭曲城市化进程的发展。

一方面，人口的自由迁移与否，影响劳动力的市场配置和城市化进程。人口的自由流动可以迅速使农村剩余劳动力集中到城市，

---

① 数据来源：世界银行数据库，http://data.worldbank.org.cn/indicator/all。

加速城市化进程。比如美国、日本及法国，这些国家均快速完成了城市化，当前已处于城乡一体化的逆城市化阶段。而在公民的迁移自由权受到政府社保制度、种族歧视等“半管制”的状态下，由于权利边界不清，流入城市的公民无法市民化，导致人口流入地城市化进程减缓，比如俄罗斯，建立在户籍制度基础上的社会保障体系将城市外来人口排斥在外。外来人口在贡献了劳动（包括与之相伴的税收、其他政府收入、企业利润等）后，无法享受当地社会福利和社会保障，结果是人口流动和迁移的动力降低，城市化进程迟缓。再比如印度，因政府无法对大量农村迁移人口进行安置，对贫困居民的社会保障、医疗服务、义务教育、住房等供应能力有限，形成了规模惊人的贫民窟，城市化质量低下。

另一方面，人口能否自由迁移，会对市场经济产生重要的持久性影响。市场经济要求发展所需的一切劳动要素均能够自由流动，从而实现资源的有效配置和经济的最佳发展。以美国为例，经济学家舒尔茨曾计算，美国20世纪初的经济增长动力有1/4来自人口流动，这得益于美国对流动人口的较少干预，以及健全的社会保障制度的实施。美国是世界上人口流动最大的国家，国内人口的流动在20世纪50年代、60年代和70年代，分别有28个、27个和16个州出现人口净流出，且基本集中于美国的北部和中部地区。近年来，美国人口的迁移率更是高达30%左右。一个国家的人口流动如果受到阻碍，必然影响经济的持续增长。比如俄罗斯，尽管俄罗斯联邦公民有自由迁移的权利，但因受到各种行政管理制度的限制，致使各联邦区跨地区的人口流动性低，经济发展缓慢。

第3部分

中国人口生育管制的经济后果

在实践上中国是贯彻抑制人口理论较为彻底和强制的人口大国。从实施指导性计划生育至今达45年，强制性的计划生育实施了35年之久，人口规模从20世纪70年代初的8亿人左右，增长到2014年的13.6亿人左右。作为人口规模全球第一的国家，中国既经历了计划经济阶段，又经历了市场调节的转型，为验证悲观派需要国家强行抑制人口增长和乐观派社会自动抑制人口生育并实现增长转型两派理论的正确与否，特别是观察政府管制和社会自动机制双重力量调节下人口生育和增长的变动会对经济增长产生什么样的内在影响，提供了足够长时间和足够大样本的案例。本篇拟从数理和实践上分析中国人口生育管制的经济后果。第一，讨论生育管制在人口数量上形成的“人口坑”及其对经济增速的影响；第二，分析人口增长变动对经济增长的即期影响和跨期影响；第三，探讨人口结构失衡引发经济排浪式衰退；第四，揭示人口老龄化对中国经济增长下行造成的沉重压力。

6 “人口坑”与经济增长的陷阱

长期强制性的计划生育造成了一个“人口坑”，“人口坑”深浅不同，经济高速增长的时间长短不一。中国由于“人口坑”较深，GDP增速高于8%的经济增长时间分别比韩国和中国台湾地区缩短了9年和15年。研究还发现，早期的人口高速增长，对后期由于市场机制形成的低人口增长率，形成一种跨期的人口补偿和平衡，如果早期人口增长被政府不同程度的干预政策所抑制，工业化后期可能陷入由于消费、创新创业和劳动力投入人口不足，国民经济进入低速增长的区间。

6.1 “人口坑”深浅与经济高增长时间的长短

政府对人口生育的干预模式不同，会形成不同的人口增长曲线。如果生育不受政府干预，那么人口增长曲线是一条自然增长的曲线，指导性干预和强制性干预均会形成深浅不同的两条曲线。而人口自然增长曲线与政府在不同干预程度下的两条曲线之间，就会形成深浅不同的“人口坑”。我们也发现，不同程度的曲线，对应不同速度的经济增长率：假定其他条件相同，人口自然增长状况下，经济高增长持续的时间最长；指导性干预状况下，经济高增长的时间略短，但在经济与人口的关系方面实现了先富后老；而强制性干预状况下，经济增长的时间缩短，并且形成未富先老的经济与人口后果。

6.1.1 工业化阶段的“人口坑”与经济增长速度

一个国家从农业社会向工业化及后工业社会转型的过程中，尤其在市场经济体制和机制调节的工业化过程中，由于各阶段人口生育和死亡的经济模式、生活水平和医疗条件不同，使出生率、死亡率和自然增长率相互变化。在不受政府干预的情况下，这个阶段的人口增长率是一个从低到高、从高到中、从中到低的自然变动过程，是人口自然增长变动曲线。如图 6-1 所示。

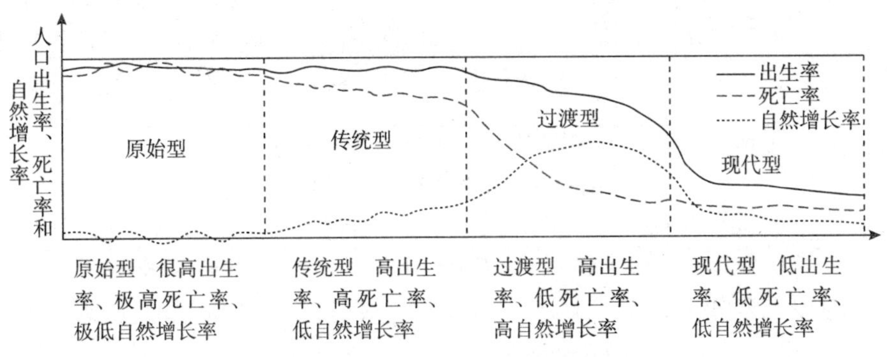

图 6-1　人口增长模式及转变示意

如果政府对上述过程进行干预，主要是对生育率进行调节，视强弱程度的不同，会形成无限多个政府干预下的人口增长曲线。在人口自然增长曲线与政府干预的人口增长曲线之间，有无限多个深浅不同的区域，我们称为政府干预下的“人口坑”。为了使分析简单化，这里将一些国家和地区政府，为了控制人口增长，曾经对人口生育进行指导性干预，形成的人口增长曲线称为指导性计划人口增长曲线；而对为了控制人口增长，曾经对人口生育进行强制性干预，形成的人口增长曲线，我们称为强制性计划人口增长曲线。它们之间形成的不同区域，我们分别称为指导性计划生育“人口坑”和强制性计划生育“人口坑”。如图 6-2 所示。

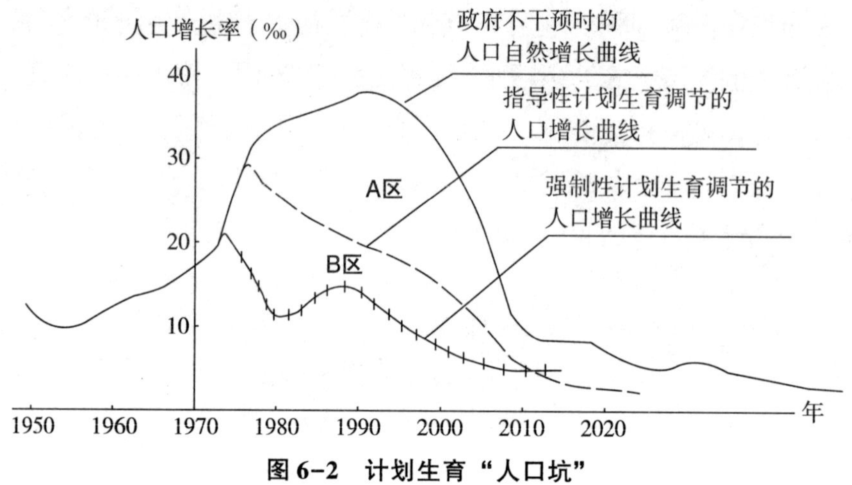

图 6-2　计划生育“人口坑”

可以看出，如果政府不干预人口生育，在工业化初期，人口自然增长率是向上行的曲线，一直到工业化过程的中间，人口增长率变得平缓，并在中前期开始下行；在市场经济环境中，随着成本收益、受教育水平的提高，人口流动和城市化等机制的调节，工业化中后期，人口从高增长转入中低增长，即形成政府不干预生育时的人口自然增长曲线。

当人口生育受到政府指导性计划干预时，政府指导调节的作用加社会自动调节机制的作用，形成低于人口自然增长的一条曲线，从而形成 A 区“人口坑”。然而，当政府强制性干预生育时，加上社会自动调节的力量，形成比上两条线更低的人口增长曲线，与人口自然增长时相比，其形成的“人口坑”为 A、B 两个区域之和。也就是说，强制性计划生育形成的“人口坑”要比指导性计划生育调节形成的“人口坑”更大、更深。不同深浅的“人口坑”，代表了在工业化阶段，政府对人口生育的不同干预程度。我们先来看人口增长率与经济增长率的关系。

人口增长速度，与以人均 GDP 衡量的经济增长速度有着显著的相关关系。一般来说，生育率越低，人均 GDP 水平越高；而人口增长率越低，甚至负增长，则经济增长速度也越低。根据世界银行 2013 年公布的人口增长和经济增长数据，我们对 208 个国家和地区的截面数据进行回归分析。先来看人口增长速度与经济增长速度的关系，图 6-3 为其散点：

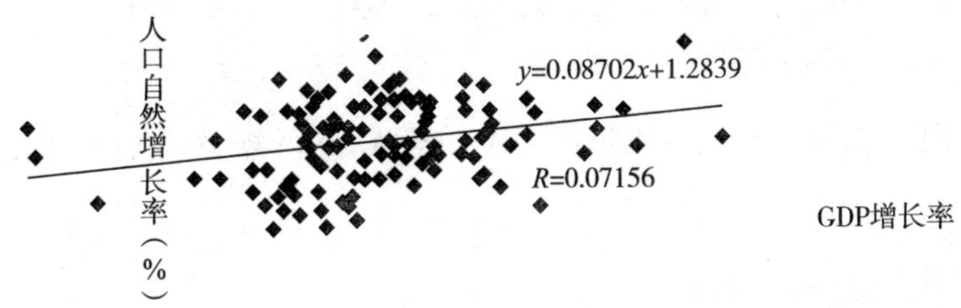

图 6-3　人口增长与经济增长关系①

除去极端的数据，一般来说，人口增长率高的国家和地区，经济增长率也高；反之，人口增长率越低，或者负增长的，经济增长率也就越低。其数学关系式为：

$$rGDP = 7.63rpop - 6.85^{②} \qquad (6-1)$$

rGDP 为 GDP 增长率（%），*rpop* 为人口增长率（%）。

不同发展水平的国家和地区的横截面统计数据能动态地表现一个国家和地区从经济不发达到经济发达状态的有关变化。从一般人口增长速度与经济增长速度的匹配关系来看，如果没有其他因素的推动，在工业化发展阶段中，强制干预人口生育的国家和地区，因超低生育率和低人口增长率的基础性影响，其国民经济在后期急剧转入中低速度增长的可能性最大。

一般来说，政府如果不干预生育，在人口自然增长的状况下，人口增长率高的国家，经济增长速度较快速，而且绝大多数表现为经济增长速度快于人口增长速度；人口增长率较低的国家，其经济

① 数据来源：世界银行数据库，http：//data. worldbank. org. cn/indicator/all。

② P 值=0.00，调整的 R^2=0.16，*rGDP* 的 p 值=0.00，显著。

增长速度也较低。这实际意味着，人口增长速度高的国家，人口年轻，劳动力供应充裕，消费增长速度较高，人口流动加速和城市化规模扩张，经济增长有较强的动力。人口低速增长，则人口结构可能老化，劳动力供应不足，消费增长乏力，人口流动频率下降，经济发展成功的国家，城市化已经完成，经济转入成熟期，即后现代化的后工业社会。

然而，当一些国家和地区对人口生育进行指导性或者强制性干预时，由于人口增长率不同程度地下降，导致经济增长速度不同程度地下降，如图 6–4 所示。

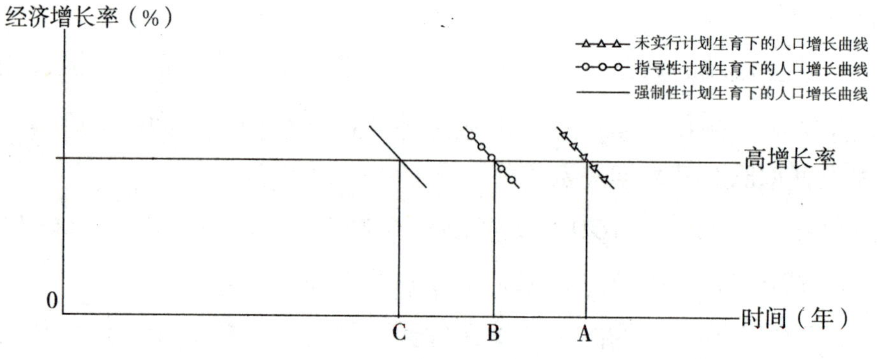

图 6–4　不同人口增长曲线下不同的经济高增长时间

图 6–4 中 A 线是没有人为干预的人口自然增长曲线，B 线是指导性计划生育调节下的人口增长曲线，C 线是强制性计划生育调节下的人口增长曲线。可以看出，根据人口增长率高低与经济增长高低正向相关性分析，在其他因素相同的情况下，人口自然增长的国家和地区，经济高增长持续的时间为 0—A，较长；实施指导性计划生育的国家和地区，经济高增长速度的时间为 0—B，比 0—A 要短一些；而对生育进行强制性调节的国家和地区，其经济高速增长的时间为 0—C，比人口自然增长 0—A 和指导性调控 0—B 的两类国家和地区都短。

从短期经济分析，人口增长率的降低会导致人口规模扩张放缓甚至萎缩，消费增长下行，经济增长速度也会受到影响。从长期来看，结合图 6-2 分析，图 6-2 坐标中两种不同的曲线，分别代表相对于人口自然增长时的水平而形成的“人口坑”的大小和深浅。当人口自然增长时，前期新生人口的增长为后期积累和储备了年轻的人口。在一个阶段后，他们成为中青年人口进入经济发展阶段，成为劳动力供应者、有收入后的消费者、结婚生子消费人群、住宅购买者、技术发明者、中产阶级等，强劲地推动后一个阶段的经济增长。也就是说，从一个较长的时期看，人口增长对经济增长跨期储备和跨期使用具有重要的意义。当一个国家和地区在工业化阶段不同程度地控制人口增长时，由于前期储备的人口减少甚至严重不足，导致后期人口（由于前期减少的人口在后期收缩了生育人口，导致生育人口增长也下降）和劳动力的不足，使经济增长的消费和劳动力供应不同程度地收缩，进而影响投资领域和出口竞争力，致使经济增长速度下降。

不同的发展水平和阶段上，人口的生育率不同。人均 GDP 水平越低，生育率越高；人均 GDP 水平越高，生育率水平越低。总和生育率随人均 GDP 的增加而降低，但人均 GDP 水平提高到一定程度后，总和生育率保持在一个中低水平的稳定状态上。人均 GDP 的临界值约为 10000 美元，其人均 GDP<10000 美元时的散点图如图 6-5 所示。

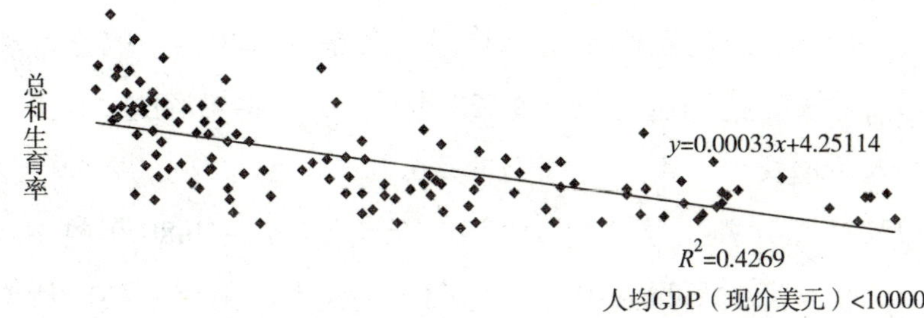

图 6-5　生育率与人均 GDP 关系[①]

① 数据来源：世界银行数据库，http：//data. worldbank. org. cn/indicator/all。

其生育率与人均 GDP 水平的数量关系为：

$$FERT=4.25-0.0003345\times PGDP^{①} \qquad (6-2)$$

FERT 为总和生育率，*PGDP* 为人均 GDP（美元）。

人均 GDP 每增加 1 美元，总和生育率降低 3.35×10^{-4}。结合上面的分析，这个回归研究的经济含义是：如果工业化前中期对人口生育进行强制性的干预，由于人口消费和劳动力供应的跨期储备和跨期动态使用的关系，工业化后期导致消费不足，增长速度很快下降，高增长的时间严重缩短，可能导致未富而先进入国民经济低速增长的状况；如果在工业化前中期对人口生育进行指导性的调控，后期投入使用的人口和劳动力供应也会减少，但是，跨期收缩的幅度比强制性干预生育要小，结果是先富而后进入国民经济低速增长阶段。需要指出的是，即使是对生育进行指导性干预，由于第一代收缩减少第二代生育人口的形成，第二代减少的人口又影响第三代生育人口收缩，虽然先富了，但是进入后工业社会后，比始终没有对人口生育进行过干预的国家和地区，其经济增长还是会陷入低迷状态。

6.1.2　中国“人口坑”与经济增长速度放慢

中华人民共和国成立后，中国人口发展经历了两个主要阶段，一是没有计划生育的自由高增长阶段，二是计划生育下的低速和超低速增长阶段。我们这里只分析 20 世纪 70 年代起形成“人口坑”阶段的人口增长。

1971 年是计划生育“人口坑”的起点。1971—1980 年的 10 年，是人口增长从高位下行到中位的时期，生育率、出生率和自然增长率分别从 1970 年的 5.91、33.6‰和 25‰下降到 2.24、18.21‰和

---

① *P* 值=0.000，调整的 $R^2=0.4269$，*PGDP* 的 *p* 值=0.000，显著。

11.87‰。20世纪70年代人口增长率的急剧下行，有这样一些原因：一是“文化大革命”期间，收回自留地，割资本主义尾巴，使人口多生育的自然经济条件荡然无存；成人的工分年终不能获得足够的粮食分配来供养幼童，约束了农户的生育数量；二是“文化大革命”十年中，大量的城镇知识青年到农村上山下乡，包括一部分从城市被强制迁移到农村的居民，推迟婚姻，延迟和减少了生育；三是批斗运动不断，不时有武斗发生，城乡收入相对下降，饮食营养较差，影响了人们生育的欲望；四是计划生育开始提倡。1973年，国务院设立“计划生育领导小组”，提倡“晚婚晚育，一对夫妇两个孩子”，计划生育在全国城乡普遍展开。“提倡生一个，允许生两个，杜绝生三个，奖励不生育”是当时执行的政策。同年12月，在中国第一次全国计划生育工作汇报会上提出“晚（男25周岁、女23周岁结婚）、稀（两胎之间间隔4年左右）、少（只生两个孩子）”的生育政策。一些城镇单位开始在党员团员中强制执行计划生育，后来在所有的职工中普遍推行，包括妻子在农村的城镇职工，响应政府的号召，受到单位约束，逐步少生少育。虽然这一时期的计划生育强制程度不高，但避孕节育已经开始在城乡大面积推广和普及，再加上其他几个原因，中国人口增长从高位运行降低到中位水平。

1981—1990年，是人口增速小幅反弹的阶段。人口生育率、出生率和自然增长率分别从1980年的2.24、18.21‰和11.87‰，略微上行到2.37、21.06‰和14.39‰。从1978年第一次把“国家提倡和推行计划生育”写入宪法开始，计划生育政策越来越严格，但这一时期的人口却出现了反弹性增长。主要原因有以下几点：一是20世纪60年代初第二次人口生育高峰中出生的人口陆续进入生育年龄，结婚生子；二是随着农村经济商品化、货币化和人口流动逐步退减，农村集体经济转向分田到户的联产承包制，从而形成了一个能多生育近10年的自然经济期；三是20世纪70年代因终止上山下乡和迁移到农村的家庭而推迟婚姻和生育的1000多万婚育年龄人口回城结婚生子；四是粮食供应改观，生活水平上升，营养水平提高，生育欲望和能力都增强。在计划生育背景下，这四方面的力量共同推动了这一时期人口的快速增长。1981—1990年年均增加人口1584万，净增1.43亿，1990年总人口达到11.43亿。也正是因为这种增长，导致了更加严厉的计划生育管制。

特别值得庆幸的是，20世纪80年代人口增长的反弹和较高速的增长，为2001年到2010年提供了大量年轻劳动力，与加入WTO形成的机遇相结合，劳动力转移到东部和城市，加工出口强劲，各种因素一起推动了国民经济十年之久的高增长。这一点从中国20年前的人口增长与20年后的经济增长回归分析中看，高度相关，且十分明显。

1991年到2014年，人口增长快速下滑和低位缓慢下行。人口生育率、出生率和自然增长率分别从1990年的2.24、18.21‰和11.87‰，下降到2014年的1.26、12.37‰和5.21‰。1991年中共中央、国务院颁布《关于加强计划生育工作、严格控制人口增长的决定》，要求“各级党委和政府务必把计划生育工作摆到与经济建设同等重要的位置上来……党政第一把手必须亲自抓，并且要负总责”。此后，各地推行计划生育一票否决制。2001年，全国人大常委会通过《中华人民共和国人口与计划生育法》；2002年，国务院公布《社会抚养费征收管理办法》，规定以当地人均收入为计征的参考基本标准，结合当事人的实际收入水平确定征收数额。在越发严格的生育管制政策下，自从1998年人口自然增长率首次降到10‰以下后，人口一直保持超低速增长，自然增长率持续下降到目前的0.5%左右，长年低于世界水平。

实际上，1993年中国人口生育率已经到了2.009替代率水平上，出生率高的原因是当时婚育年龄人口比例较大，人口自然增长率快是人均寿命延长所致。由于成本机制、受教育水平提高、人口流动、经济货币、城市化等因素对人口生育观念影响越来越大。其实，这时是计划生育逐步退出和停止的最佳时机。但是，我们出台计划生育法，反而加强对生育的管制，结果是自动机制和政府管制越来越强的双重调节，使人口生育率、出生率和自然增长率在 1993 年到 2003 年快速下降，而 2004 年到 2014 年，人口生育率、出生率和自然增长率三大指标，已经进入超低速徘徊的阶段。

前面已经分析，不同人均 GDP 水平上有不同的人口增长率。我们去掉中国等国家的数据，选取了 1992 年世界各国和一些地区人均 GDP 与当年人口增长速度的横截面上的相关数据，描绘了一条不干预生育国家和地区的不同人均 GDP 水平上不同的增长率曲线。按照中国不同时期的人均 GDP，勾画了一条假设对人口生育由社会内在机制自动调节情况下的中国人口自然增长率曲线，将中国 1970 年以来的人口自然增长率与之表示在一个图上，描述出由于对人口生育进行强制性干预形成的“人口坑”，如图 6-6 所示。为了进一步量化中国计划生育“人口坑”的大小，我们用积分的方法粗略估算出计划生育以来（1970—2015 年），中国总共缺失了 2.16978 亿人口。①

① 首先，确定没有计划生育时的人均 GDP 与人口自然增长率间的函数关系，考虑到城市化发展、避孕技术的普及和推广对生育率的影响，我们没有直接采用中间年份的 1992 年剔除中国后的世界其余各国人均 GDP 与人口增长率，拟合出二者的函数关系式为 $f(x) = -0.273\ln(x) + 3.6945$，$x$ 表示人均 GDP，$f(x)$ 表示人口增长率。其次，确定中国计划生育背景下的人均 GDP 与人口增长率的函数关系，考虑到货币时间价值，我们根据汇率变动，将中国每年的人均 GDP 折现到 1992 年，使其与上述其他国家的人均 GDP 保持一致，都在 1992 年的水平上，得出函数关系 $f(x) = -0.502\ln(x) + 4.5142$。最后，用人口数量对人口坑面积进行积分计算，积分区域为 $[8.1832, 13.7462]$，下限和上限分别表示 1970 年与 2015 年的中国人口总数，计算得到中国自计划生育以来造成的人口缺失，即“人口坑”的大小为 2.16978 亿人。以上使用的人口增长率、人均 GDP 数据均来自世界银行。

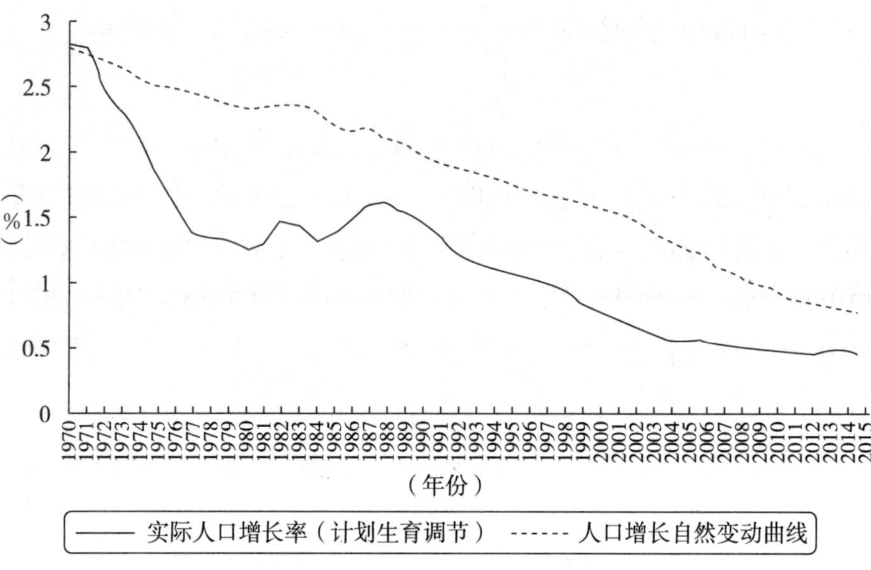

图 6-6　中国计划生育“人口坑”[①]

中国人口增长率在市场经济环境中，也会是一条下行的曲线，即便政府不干预，人口数量最终还是会进入低增长的转型阶段。改革开放以来，我们没有考虑到市场经济条件下直接抚养成本和机会成本对人口生育和增长的自动抑制作用，没有考虑到技术进步会扩张人口生存和发展的资源空间，没有考虑到创新可以帮助我们挺过工业化前中期人口增长过快的艰难时期，更没有考虑到中国经济长期需要以人口为基础的人力资本、制造、创新等比较优势。中国在 20 世纪 70 年代初开始实行强制性计划生育政策，使得我们在 20 世纪 70 年代中期，经济增速远远落后于欧美发达国家的时候，人口增速却快要和它们持平，甚至已经“赶超”了很多国家。中国的人口生育率和增长速度提前进入低水平区间，形成了上述的人口增长自

① 数据来源：实际人口增长线来自中华人民共和国国家统计局网站。人口自然增长曲线是我们采用 1992 年世界各国不同人均 GDP 发展水平上对应的人口增长率，模拟动态中国人口增长率而得。

然变动曲线与实际超低下行曲线所围的区域，即中国计划生育“人口坑”。

我国2013年人均GDP为6807元，按回归方程可得应有的总和生育率为2.24，但实际仅为1.60左右（世界银行数据），远低于应有值。如果按照从8%的经济增长速度跌下来时，2011年的人均GDP以5414美元计算，当年总和生育率应当为2.44，但是，2011年中国实际的总和生育率只有1.20左右。这说明前期的人口生育控制，形成跨期的人口收缩。

中国2013年的GDP增长率为7.67%，由式（6-1）可得对应的人口增长率应当是18.9‰，但实际人口增长率只有4.9‰。这说明，中国人口增长率推动的经济增长率已经减弱，主要是技术进步因素开始替代“人口红利”以及房地产透支性投资等因素推动。当然，也可能有GDP被虚估的因素。

我们按照前面的分析逻辑，与实行指导性计划生育的国家和地区相比，经济增速和时间方面，中国台湾地区和韩国分别从20世纪50年代和60年代起进入经济高速发展阶段，从GDP增长8%的速度跌下来的年份分别是1998年和2003年，分别高增长了48年和42年。而中国如果从人均GDP为200美元的1978年算起，GDP增速高于8%的经济增长时间为33年，我们与中国台湾地区和韩国相比，高增长的发展时间分别短了15年和9年。中国大陆是未富先开始跨入了中低速度增长的阶段，韩国和中国台湾地区则是先富和先完成工业化，经济增长才跨期跌入中低速度区间。

一个国家从落后国家向发达国家发展的进程中，中等收入向高收入阶段的迈进是最为关键的时段。中国2011年人均GDP为5414美元（见表6-1），如果国民经济以8%的速度持续增长到2015年，GDP规模应当是79.64万亿元人民币，人均GDP为5.9万元人民币，按汇率折合9100美元。假如2011年以后GDP平均以8%的速度增长，即使汇率不变，到2020年，中国人均GDP将达到13155美元，完成工业化和城市化，到后工业社会，进入新兴经济发达国家的行列。如果8%的速度再一直增长到2025年，按2014年的汇率不变，人均GDP可达到19000多美元，发展水平与2014年的捷克、爱沙尼亚、希腊、葡萄牙等国家相当，接近于我国台湾地区2014年的发展水平。

表6-1　韩国、中国大陆和中国台湾地区人口增长与经济增长的关系①

国家和地区	GDP增速（%）	人均GDP（美元）	人口自然增长率（‰）
韩国	10（2002）	12094（2002）	9
中国台湾	8.4（1997）	14048（1997）	10.1
中国大陆	9.3（2011）	5414（2011）	4.79

由于人口相对萎缩造成的经济下行，已经使中国蒙受了巨大的经济损失。结果中国2015年GDP规模为67.67万亿元人民币，人均GDP为49200元人民币，按汇率折合7570美元。GDP总规模如果按照没有实行计划生育的正常增长速度，2015年减少了12万亿元人民币，人均GDP减少近1530美元。这也说明，人口萎缩和老龄化对经济增长造成的陷阱已经开始显现。值得担忧的是，日韩与中国台湾地区跨期收缩对经济增长的影响显现在先富后老的后工业社会，中国由于对人口生育干预的力度比它们强，对增长的跨期影响提前到工业化快要完成而还未完成的阶段，使实现富裕的时间被延迟，而且即使进入发达的后工业化社会后，人口跨期对经济是否繁荣的影响是累积性的，后果比日韩及中国台湾地区更加严重。

① 数据根据三地统计局网站进行采集、计算和整理。

6.2　人口增长变动对经济增长速度的影响

人们在探讨短期宏观经济运行和长期经济增长波动时，往往忽视人口增长变动的影响。这是因为他们暗含了一个假定，短期内人口增长平稳，当年新出生人口人均分摊的GDP份额较小；长期看，人口的增长按照2.1的替代率均衡变动。实际上，短期看，当年人口正增长率幅度大，或者处于负增长，或者当年人口增长上行或者下行速率较大，对当年的经济增长速度会有一定的影响；长期看，如果人口增长率大起大落，其跨期传导效应更大，在其他条件不变的情况下，经济增长周期性波动是由前期人口增长波动引起的。

6.2.1　即期影响：人口增长对经济增长的影响

即期观察，就是看当年的人口变动对当年消费、投资、劳动力供给和经济增长等因素变动的影响。在本章第6.1节中我们已经通过世界各国的数据分析，得出一个国家当期人口增长与经济增长存在显著的正相关关系，这里我们再进一步详细分析中国从2008年以来的情况。

1. 人口变动与消费相对收缩

中国的人口增长率，自1997年为10.06‰开始，到2007年的10年间下滑到了5.17‰，在人均GDP水平还很低的格局下，提前进入了后来的5‰以下人口低迷增长的阶段。并且，新出生人口连年处于负增长收缩状态。首先影响的是当期消费增长（见表6-2）。

表 6-2　　2007—2015 年中国人口变动和消费变动

年度	2007	2008	2009	2010	2011	2012	2013	2014	2015
人口自然增长率（‰）	5. 17	5. 08	4. 87	4. 79	4. 79	4. 95	4. 92	5. 21	4. 96
劳动年龄人口减少（百万）	—	—	—	—	—	345	244	371	487
消费增长率（%）	16. 8	21. 6	15. 5	18. 3	17. 1	14. 3	13. 1	12	10. 7

从幼儿和青少年人口来看，0 ~ 4 岁人口逐步减少，幼儿奶粉、幼儿园（国内幼儿园短缺是政府对其准入管制造成的）、玩具、童装等消费需求逐步萎缩；5 ~ 14 岁人口逐步减少，小学教育萎缩，小学学校逐步过剩；15 ~ 24 岁人口逐步减少，初中、高中入学减少，甚至大学教育需求也会在未来逐步萎缩。根据国家统计局公布的官方数据，我们统计了中国 2006 年到 2013 年普通小学、初中、高中的在校学生数量和学校数量。数据表明，从小学到高中确实存在逐步萎缩的现象。从表 6-3 的数据来看，普通小学在校生，从 2006 年的 10711 万，下降到 2013 年的 9306 万，7 年间减少 1405 万；普通初中在校生从 2006 年的 5937 万，下降到了 2013 年的 4439 万，7 年间减少 1498 万人；普通高中生在校人数也开始下降，从 2006 年的 2515 万人，减少到 2013 年的 2436 万人，7 年间减少 79 万人。相应地，各类学校数量也在逐年减少。2013 年与 2006 年相比，普通小学、初中和高中学校数量，分别减少了 128110 所、7786 所和 2801 所。当然，其中也不乏有学校调整结构和优化合并的因素。但是，总体来看，入学年龄人口规模的萎缩，是小学和中学学校数量锐减的基础性原因。

表 6-3　2006—2013 年中国小学、初中和高中学校数量①

学校类型	万/所	2006 年	2007 年	2008 年	2009 年	2010 年	2011 年	2012 年	2013 年
普通小学	在校学生数	10711	10564	10332	10071	9941	9926	9696	9306
	学校数	341639	320061	300854	280184	257410	241249	228585	213529
普通初中	在校学生数	5937	5721	5574	5434	5276	5064	4763	4439
	学校数	60550	59109	57701	56167	54823	54063	53167	52764
普通高中	在校学生数	2515	2522	2476	2434	2427	2455	2467	2436
	学校数	16153	15681	15206	14607	14058	13688	13509	13352

小学到大学年龄人口的生活消费，特别是教育支出，是城乡居民家庭消费结构中比例较大的一项。从生活来讲，家庭要对其食物、服装、自行车、其他各种用品等需要进行购买；从教育来看，需要支付学费，购买书籍和其他学习用品，参加各类学校以外的学习班费用，甚至在学区租房等也需要支出。小学到大学年龄人口的相对快速萎缩，对消费需求的影响很大。

16 岁到 60 岁劳动人口，特别是 20 岁到 60 岁年龄段的人口，是推动经济增长的主力军。这部分人口的数量变化会在很大程度上影响消费的变动。工作才能有收入，消费支出决定于收入，劳动年龄人口比重的增加或者减少，是影响消费需求扩张和收缩的另一个重要因素。从表 6-2 可以看出，2012—2015 年，劳动年龄人口各年分别减少了 345 百万人、244 百万人、371 百万人和 487 百万人。这个年龄段人口增长趋缓，特别是青年人口规模下降，导致消费增长速度放缓，甚至在某些方面引发消费萎缩，如服装、耐用消费品、汽车和住房等消费。以汽车为例，根据国际经验，高购车需求人口的年龄段集中在 25~44 岁，2013 年，中国汽车销量 2198. 41 万辆，比 2012 年增长 13. 87%；2014 年，全国汽车销量 2349. 19 万辆，仅比

① 数据来源：中华人民共和国统计局网站，各年社会和国民经济统计公报，以及统计发布。

2013年增长6.86%，增速低于中汽协年初预计的8%~10%的幅度；2015年，全国汽车销量2459.76万辆，同比增长4.68%；低于协会6%的预计；到了2016年，2月乘用车销量约138万辆，同比下降1.5%。从经济增长的人口消费红利消退，年轻人数量收缩的角度来看，未来食品饮料和服装等日用消费品、汽车类的耐用消费品的增速都会出现下滑。

住宅消费是拉动建材、建筑安装、装修、家具、家电、居住用品等许多产业的重要领域。但是，从这几年住宅销售面积的增长来看，住宅消费其实并不乐观。

从表6-4可以看出，商品住宅销售面积在2010—2015年，除了2013年有所反弹外，其他年份，要么低迷，要么负增长。中国目前的房地产之所以供给过剩，除了因土地财政政策导致的过度开发外，婚龄人口在2015年达到最高峰后呈下降趋势，住宅刚性需求减少，也是一个重要的原因。

表6-4　　2010—2015年中国住宅销售情况

年份	2010	2011	2012	2013	2014	2015
商品住宅销售面积（万平方米）	93376	96528	98467	115722	105187	105181
增长率（%）	8.34	3.37	2.01	17.52	-10.01	-0.001

总之，0~14岁人口的收缩，导致了其阶段生活和教育等消费的增长缓慢和萎缩；而中国25~44岁人口数是在2015年左右达到峰值的，之后出现负增长，因此，以青年和中年人为主的汽车、住宅等消费需求高速增长的时代已经过去。这就是目前中国钢铁、水泥、有色冶金、汽车、住宅、家电、纺织服装等产业几乎全面过剩的深层次消费需求方面的原因。

2. 人口变动与投资需求相对收缩

消费需求相对收缩，带来的后果是生产过剩、产业开工率低，同时，由于利率下降、成本上升等原因，扩大再生产的投资不再进入。从资源配置的角度看，因为人口相对收缩而造成消费需求相对萎缩的产业，配置的资源已经过多，不再需要配置新的资源进入，其表现就是投资放缓或者退出——新进入投资增速低，甚至负增长。我们来看一些与人口消费有关领域的需求放缓和相对萎缩影响的投资增长率。

从表 6-5 中可以看出由于小学到大学的人口数量收缩，特别是小学和中学学生数量减少，校舍扩建阶段已经结束，学校投资主要是提高质量和危校改造。教育投资在 2009 年达到高峰后，虽然国家提倡要达到 GDP 的 4%，但增长率仍然是下降的。未来除了农民工人口进城务工，人口从农村向城镇集中外，农村过去建设的学校大量闲置，与适龄人口绝对数量的减少有非常大的关系。未来教育投资不再是扩大，而是更新，增幅难以提高。

表 6-5　2007—2015 年中国主要消费领域的投资增长率　单位：%

年份	2007	2008	2009	2010	2011	2012	2013	2014	2015
总投资	24.8	25.9	30.0	23.8	15.9	20.3	19.3	15.3	9.8
教育	3.9	6.0	37.2	14.6	13.7	20.3	19.1	24.0	15.2
批发零售	27.1	29.9	37.2	17.5	23.3	31.9	29.7	15.7	10.7
汽车	11.2	-11.0	19.4	38.6	36.9	32.8	15.2	9.4	13.7
房地产	32.2	23.0	19.9	33.5	27.9	16.2	19.8	11.1	2.5

幼童、少年、青年和中年人口对服装、窗帘、被单等需求较大，这部分人口的增长率突然下行甚至负增长，对这类需求产生收缩性影响。而纺织服装产品销售困难，价格低迷，投向纺织服装业的资本增长下降甚至发生萎缩。

25 岁到 44 岁是购买汽车和房屋的一个年龄段，这部分人口增长的上行，使对汽车和房屋的需求扩张；反之，其增长的下行，使对汽车和房屋的需求相对减少，甚至绝对萎缩。房屋和汽车销售增长缓慢，或者负增长，也导致采矿、冶金、钢铁加工、水泥、机械、汽车制造、建筑安装、装修等一系列产业吸引投资进入的利润指标恶化，投资增长幅度也会下降，甚至趋于负增长。

一个产业投资增长速度的下降，会引起关联产业的萎缩，也会使这些关联产业的投资增长速度下降。比如，汽车产业投资的下降，会引发汽车制造配套的轮胎、车灯、发动机等一系列工厂投资的下降；房地产投资的下降，则会引致装修、家电、床上用品、瓷砖、油漆、家具、厨具等一系列相关工厂投资的收缩。房地产业投资的起落，对国民经济的影响十分显著，中国房地产投资从2010年的33.5%下降到2015年的2.5%，与中国20岁到44岁人口的相对萎缩有着很高的正相关关系。

3. 劳动力成本上升与出口的下行

出口是拉动经济增长的三个重要方面之一。由于城镇实行一孩和乡村实行一孩半的政策，中国人口生育率长期低于更替率，导致进入劳动年龄的人口越来越少。前面已述，2012年开始到2015年，中国15周岁到60周岁以下劳动年龄人口，分别减少345百万人、244百万人、371百万人和487百万人。从图6-7可以看出乡村能够向东部制造业地区和城镇流动的青年劳动力，从20世纪80年代末大量积累的剩余规模，到进入WTO后快速出清，再到2010年以后，规模相对收缩，甚至绝对量下降。这导致珠三角、长三角、东南沿海等地制造业招工难。据广东省人力资源和社会保障厅统计，2015年春节过后，广东用工缺口峰值为60万~80万人，主要集中在劳动密集型企业、传统制造业等行业。

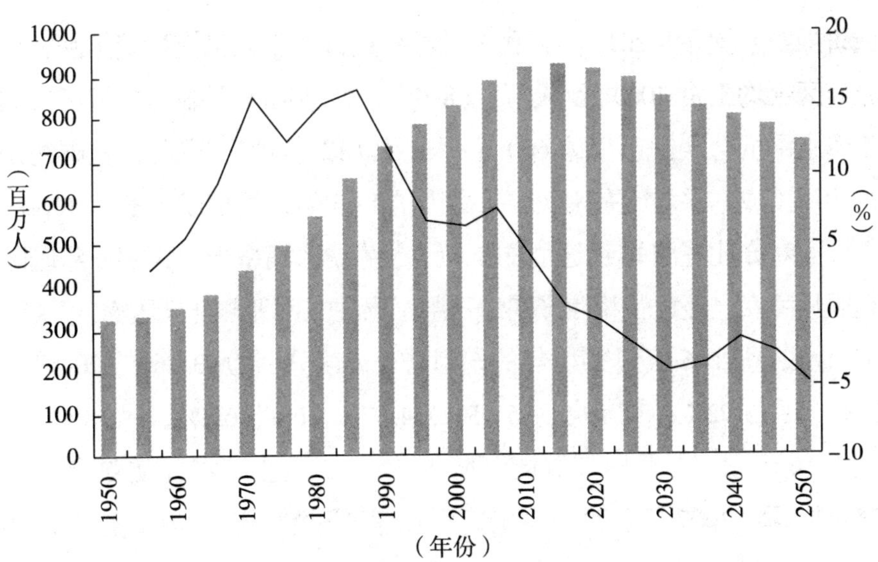

图 6-7　中国劳动年龄人口及其增长率（彭文生，2011）

劳动年龄人口不断减少，以至供不应求，劳动力的价格即工资将会大幅提高。从表 6-6 可以看出 2002 年我国农民工人均月工资 640 元，城镇职工人均月工资 1031 元。2015 年，农民工人均工资 3072 元，是 2002 年的 4. 8 倍，2015 年城镇职工人均工资 3617 元，是 2002 年的 3. 5 倍。近十年来，我国职工人均工资，尤其是农民工人均工资，上涨了 3~4 倍（卢锋，2012）。

表 6-6　　农民工与城镇职工工资上涨趋势对比

年份	2002	2005	2010	2014	2015
农民工工资（元）	640	861	1690	2864	3072
城镇职工工资（元）	1031	1517	3045	3349	3617

以农民工为主体的普通劳动力成本持续上升，对我国劳动密集型的制造业，如纺织业、制鞋业等造成了严重的影响，制造业产能提前失去了在国际竞争中的成本优势，从而导致出口需求对经济增长的拉动力下降。据中国长丝织造协会《2013 年夏季长丝织造中小企业实地

调研报告》显示，2013年，我国长丝织造行业工人工资持续上涨，部分地区平均工资4000元/人/月（8小时工作制），而缅甸纺织工人的工资水平折合人民币仅为600元/人/月（12小时工作制），我国纺织行业用工成本平均比东南亚国家高出了1~3倍，用棉成本多出30%以上。面对如此高涨的劳动力成本，许多劳动密集型产业，如一些国际鞋服品牌商已经逐步将生产基地从中国迁往东南亚和非洲国家。

中国从2006年到2015年的出口增长速度分别为23.86%、20.57%、7.3%、-13.72%、30.46%、15.15%、4.97%、6%、6.1%、-1.8%。进入2016年后，1月出口同比下降6.6%，2月出口同比更是负增长25.4%。从2007年以来中国出口增长速度开始下降，2008年和2009年出口下降幅度较大，其中有美国次贷危机的影响。但总体还是反映了劳动力人口萎缩、劳动力成本上升导致出口竞争力下降的因果关系。进出口总值占GDP比重的下降（见图6-8），背后的实质性原因是劳动年龄人口增速的下降和负增长。

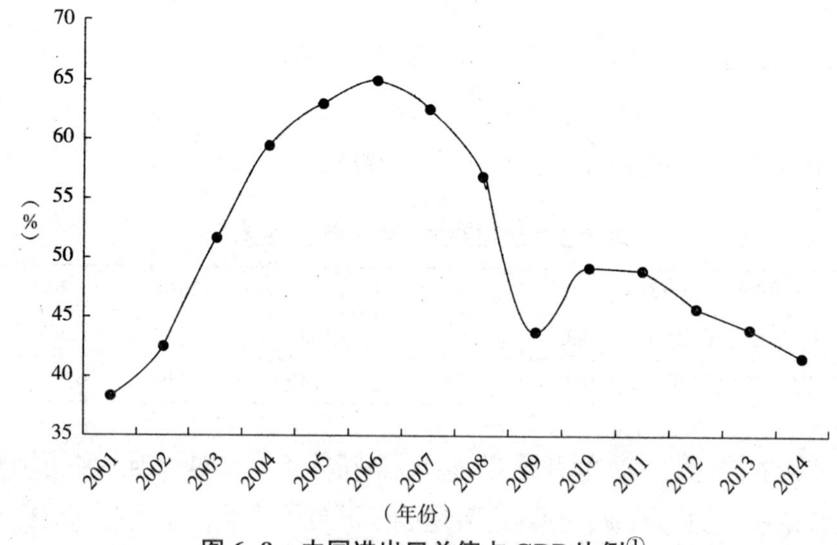

图6-8　中国进出口总值占GDP比例[①]

① 数据来源：中华人民共和国海关总署年度发布的数据。

6.2.2　长期影响：人口变动的 20 年延期影响定理

我们在数据的对比中发现，20 年后的经济增长率的曲线，与 20 年前人口增长率的曲线有极高的相似性。于是我们得出这样的结论：一个国家和地区的人口生育率和增长率波动较大，将滞后并较大程度地影响到 20 年后的经济增长率；当一个国家和地区人口生育率长期为 2.1 左右，人口长期平稳增长时，人口增长率因素对 20 年后人口增长率的波动影响较小。

一个国家和地区工业化阶段人口生育和增长前期对后期主力消费、创新、创业和劳动力供应人口的跨期储备和积累，以工业化初前期的高人口增长平衡和防备后期人口的不足。也就是说，如果从跨期来看，当我们将 20 岁到 50 岁年龄的人口当作消费、创新、创业和劳动力供给的主体即推动经济增长的主力人口时，人口高增长阶段的高生育率，对人口可能出现中低生育情况的市场经济环境中后期的经济增长，有一个人口的跨期储备和积累作用。特别是发展中国家在工业化的中后期，从 5500 美元的中等收入向 12000 美元的高收入发展阶段冲刺时，足够的跨期储备和积累的消费、创新、创业和劳动力供给的经济增长主力人口尤为重要。如果在工业化的中前期，政府对高生育率的人口进行强制计划和干预，导致工业化后期推动经济增长的主力人口不足，发生未富先老、经济增长速度过快放慢的问题。正如本章第 6.1 节中表 6-1 所描述的，中国大陆经济从 8% 的增长速度跌下来的 2011 年人均 GDP 只有 5414 美元，但人口老龄化程度比韩国和中国台湾地区都要高。而且，国民经济 8% 以上速度增长的年份也比韩国和中国台湾地区短了 9 年和 15 年，即发展未富先老，增长未强先慢。

图 6-9 表示的就是这样一个原理，即工业化前期高出生率，但死亡率下降较快，如果不受外部干预，可以看出高出生率积累了大

量的人口，到工业化后期，虽然人口出生率由于社会自动调节机制的调节而下降，但前期的人口进入 20 岁到 50 岁，成为推动经济增长的主力人口。这就是工业化后期人口增长速度降低，但许多国家还能保持 8% 左右的速度增长 10~20 年的机理。

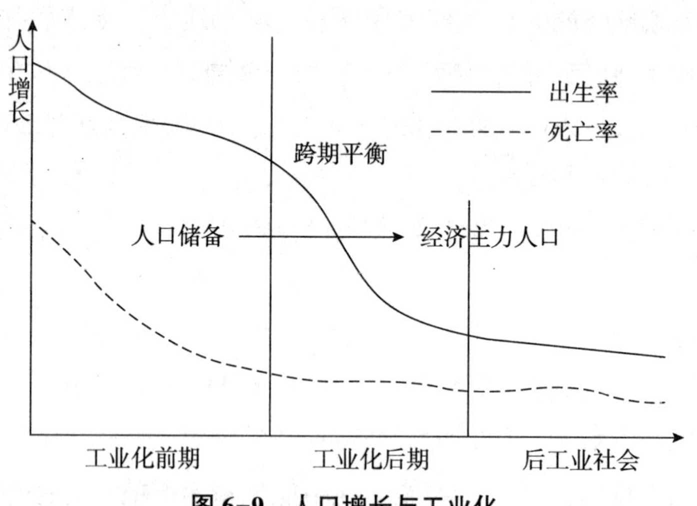

图 6-9　人口增长与工业化

日本、韩国、新加坡、中国台湾、中国香港等国家和地区，虽然不似中国大陆强制性地干预人口生育和增长，但对人口生育也进行了指导性的干预。幸运的是，它们干预的程度较轻，实现了先富后老，在中等收入到高收入发展阶段还有足够的主力人口推动增长，跨越了这一阶段，较为顺利地进入了后工业社会。然而，由于人口干预的代际生育收缩规律，它们在后工业社会也遇到了对前期人口干预而导致的本期内主力人口不足的问题，国民经济陷入长期增长低迷的境地。日本就是一个非常典型的例子，韩国和中国台湾地区也可能会步其后尘。如果在工业化初中期不对人口生育和增长进行任何干预，让其通过社会自动调节机制自然变动，假如人口生育率最后能稳定在 2. 1 替代率水平上，如现在的美国一样，由于消费、创新、创业和就业的劳动力较为充足，国民经济就可以实现人均

GDP 近 6 万美元高水平上稳定和理想的 2%～3% 的增长率。

我们前面已述，当人口增长波动幅度较大时，20 年前左右的人口增长决定现在的经济增长。这实际是一个人口增长与经济增长跨期平衡或者补偿的重要体现。

当中国人口增长下行时，对 20 年后的经济增长形成下行压力。1973 年到 1978 年，人口增长率从高位的 22.83‰下降到 13.38‰，相应地，20 年后的 1993 年到 1998 年，GDP 增长从 13.9% 下降到 7.8%。当然，这一阶段的人口增长率和经济增长率都在高位增长的水平上变化。1988 年到 1994 年，人口增长率从 16.1‰下降到 11.3‰，GDP 增长率从 2008 年的 9.62% 下降到 2014 年的 7.3%。这一次进入中低位增长的人口变动，影响 GDP 也开始进入了中低位增长的状态。进行回归分析，分别得出：（1）1973—1978 年：$ry = 0.752 + 0.586 \times pop$，$R^2 = 0.911$，$pop$ 的 p 值 = 0.003，显著；（2）1988—1994 年：$ry = 1.908 + 0.491 \times pop$，$R^2 = 0.6509$，$pop$ 的 p 值 = 0.028，显著。这两个时段中国人口增长率与经济增长率对比情况，如图 6-10 所示。

当中国人口增长上行时，对 20 年后的经济增长也有上行的推动影响。比如，1979 年到 1987 年是中国人口快速增长的一个时期，主要原因有两个：第一，农村从人民公社集体生产体制，变革为家庭联产承包经营制，自然经济生育习惯反弹。这一阶段的农村生产方式从集体劳动、计为工分、国家收购、少有副业、年终按工分分配，改革为一家一户自己核算的自然经济，减少了人口的大规模流动，这使农村人口的出生率比集体经济时上升。第二，从 20 世纪 50 年代开始一直到“文化大革命”结束为止，大部分城镇知识青年被下放到农村，考虑到未来要回城，这部分人即便到了结婚年龄，也不敢在农村结婚生子。到了 20 世纪 70 年代末，国家停止城镇知识青年上山下乡活动，并允许 1000 余万名在农村的知识青年回城参加

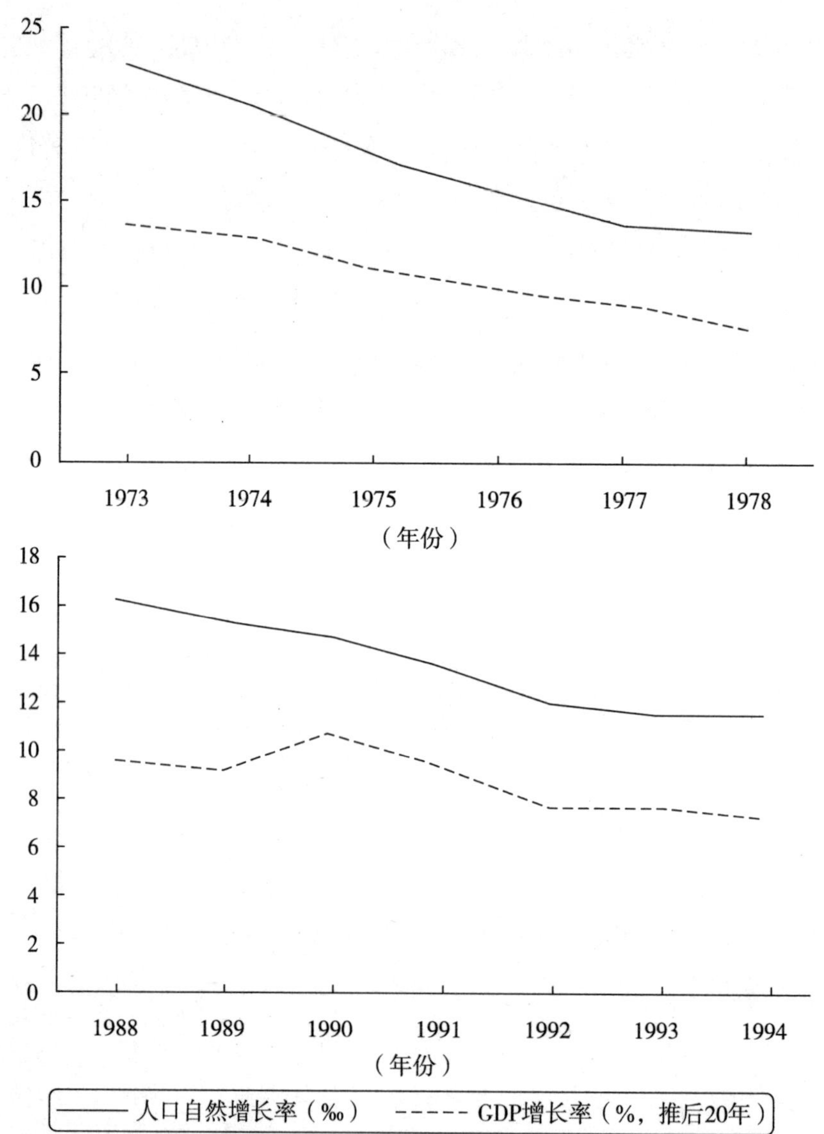

图 6-10　中国两段人口下行与 20 年后经济下行的对比①

工作、结婚成家，于是，过去延迟的生育都集中在了后几年中。可以看出，人口自然增长率从 1979 年的 13. 34‰上升到 1987 年的

① 数据来源：中华人民共和国国家统计局网站数据库。

16.03‰；20 年以后的 GDP 增长率，则从 1999 年的 7.62% 上升到 2007 年的 14.19%。如图 6-11 所示，是两条均为上行的曲线，进行回归分析，得出以下数量关系：

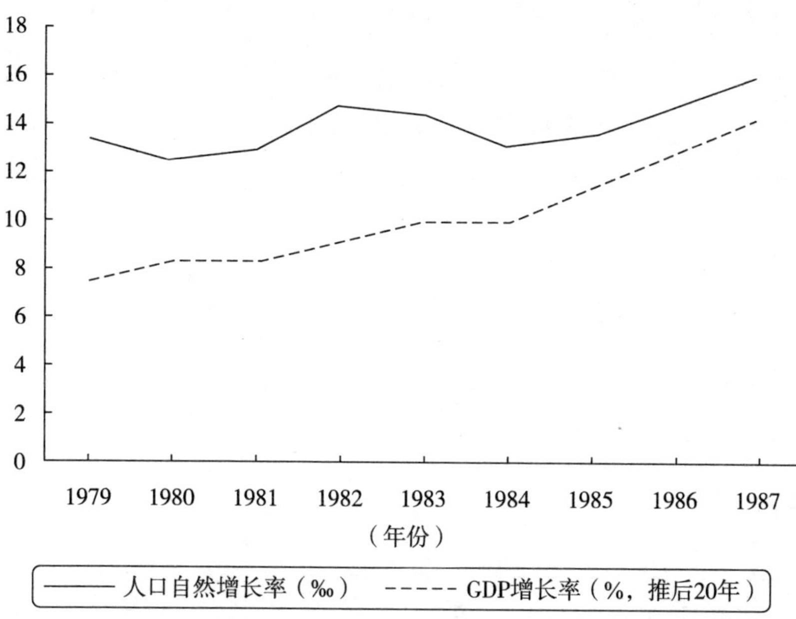

图 6-11　1979—1987 年人口增长与 1999—2007 年经济增长相关性[①]

$$ry = -4.049 + 0.962 \times pop \tag{6-3}$$

其中，$R^2 = 0.5336$，*pop* 的 *p* 值 = 0.025，显著。

我们对以上三个阶段进行回归分析，人口自然增长率明显影响经济增长率存在着 20 年左右的滞后期，且相关程度很高。中国 1974—1994 年人口自然增长率与 20 年后即 1994—2014 年的经济增长率数据的回归分析，可以验证这一规律。在人口增长波动较大的国家，由于人口 20 岁左右进入劳动年龄，要结婚生子、租房购房，其增长率的上行和下行，对消费、投资等经济增速有着重大的影响。可以看出，正是 1978 年到 1987 年，农村联产承包一定程度上恢复

① 数据来源：中华人民共和国国家统计局网站数据库。

了自然的小农经济，知识青年集中在这个阶段回城结婚生育，使人口增长率上行，20 年后这一时期人口的劳动力和消费力形成了 1998 年到 2008 年中国国民经济的高速增长（见图 6-12）。后来严格的计划生育和人口向外流动导致生育率逐步下降，人口增长率下行，20 年后即 2009 年以后，劳动力人口增速放缓甚至减少，形成关联影响，使国民经济增长持续下行（见图 6-12）。

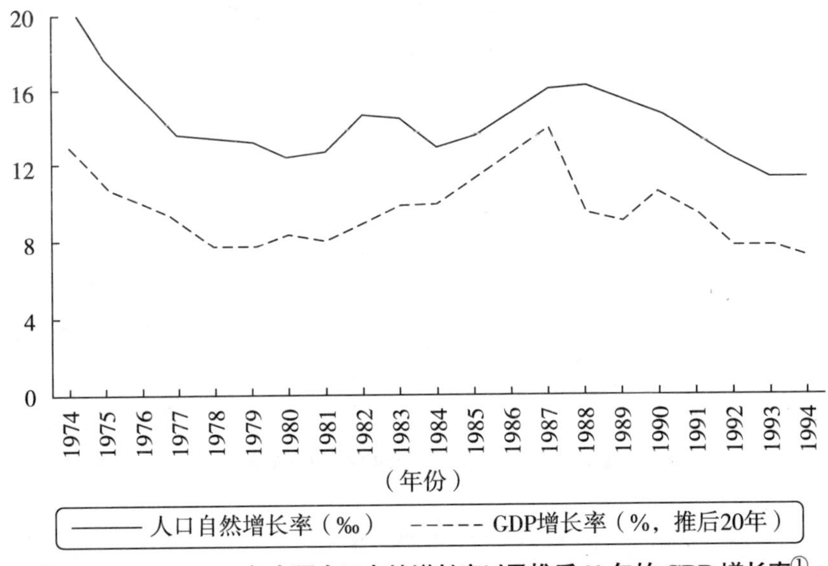

图 6-12　1974—1994 年中国人口自然增长率以及推后 20 年的 GDP 增长率[①]

人口变动对长远期经济的影响在于：（1）一般 20 岁左右进入劳动年龄，成为新增劳动力的来源，20 年前人口增长幅度决定着 20 年后国民经济投入劳动要素的多少，进而影响着国民产出增量的多少；（2）20 年后成为新增劳动力就业，获得工资等收入，形成有消费和储蓄能力的人群，国民经济消费规模增加，储蓄规模也加大，投资能力也增强，出口也有中青年劳动力比重较大的竞争力；（3）人口从 20 岁开始，陆续开始进入结婚年龄，成家生子，需要租房和购

① 数据来源：中华人民共和国国家统计局网站。

房，装修新家，购买家具、家电，包括交通用的家庭汽车等其他用品。建材、建筑安装、耐用消费品、汽车等产品的需求增加。这里回归了 1974—1994 年的人口增长率与 20 年后，即 1994—2014 年的经济增长率的相关关系，得出如下相关关系式：

$$ry=-1.293+0.749\times pop \tag{6-4}$$

其中，$R^2=0.6017$，pop 的 p 值 $=0.000$，显著；人口增长率 pop 为 1974—1994 年，GDP 名义增长率 ry 为 1994—2014 年。

从上面的回归分析及图 6-10、图 6-11 所反映的三个阶段人口增长与经济增长关系看，当人口增长按照同样的速率动态变化时，或者速度特别缓慢地上升/下降变动时，经济增长的速度可能受投资、出口、财政支出、债务变动、货币流量等因素的影响较大；而当人口增长速度上行或者下行变动较大时，经济增长上行或者下行的速度必定会受其基础和决定性的影响。

7 人口结构失衡和老龄化的经济后果

本章我们要讨论的是，由于人口再生产特殊性，计划生育不可能按比例调节人口，其直接后果是人口柱形成凹凸且底部收缩形状的格局，其经济后果是国民经济增长处于长期的排浪式下行，并且对人口生育干预力度过大时，人口过于老龄化会带来一系列预想不到的严重的经济和社会问题。

7.1 人口结构与经济排浪式变动及增长波动

计划生育，无论是日本、韩国、新加坡、中国台湾、中国香港等国家和地区指导性的，还是中国大陆强制性的，通常的目的是收缩人口，但计划生育的一个非常严重的缺陷是：只能计划减少新出生人口，不能调节已经出生的人口，特别是不能调节老年人口按比例形成合理的人口结构，也不能调节由于传统生育文化观念导致的男女比例失调。它在人口再生产和经济增长方面带来三个后果：一是由于青年人口和老年人口少小老大的结构，加上可能的男多女少且育龄妇女人口不断减少，长期形成代际收缩的惯性，使本国家和民族人口趋于收敛性萎缩，触及长远的人口安全；二是老年人口与非老年人口结构失调，使即期的人口结构老年化变动，影响当期的经济增长速度；三是不规则的人口凹凸性结构变动，造成经济增长在长期过程中呈现各种产业排浪式起伏，当人口结构为锯齿形向下收缩时，造成长时期的排浪式衰退。这里我们只分析后面两点。

7.1.1 人口变动与消费、投资和出口变动的数理关系

人口结构和数量的变动通过投资、消费和出口对经济增长产生

显著影响，下面我们将对其内在传导机制进行数理描述和含义分析。我们在汉森—萨缪尔森的乘数和加速数模型基础上，讨论人口增长率下降和急剧老龄化对国民经济增长的影响效应（详细理论模型的构建和推导见本章附录），结果如下：

首先，人口结构不均衡对长期产出的影响。在函数 $GDP=G_0/(1-\beta)$ 中，因为 $\frac{dGDP}{d\beta}=\frac{G_0}{(1-\beta)^2}>0$，是单调递增函数，所以边际倾向越小，长期稳态产出越低。又因为 $\beta_1=NOPOP^2\times\beta_N+ROPOP^2\times\beta_R$，而 $\beta=NOPOP\times\beta_N+ROPOP\times\beta_R$，所以 $\beta-\beta_1=NOPOP\times\beta_N\times(1-NOPOP)+ROPOP\times\beta_R\times(1-ROPOP)$ 成立。根据式 (7-7) 的 $NOPOP+ROPOP\equiv1$，有 $0<NOPOP<1$ 和 $0<ROPOP<1$ 成立，从有 $\beta-\beta_1>0$ 成立，即 $\beta>\beta_1$。再根据函数 $GDP=G_0/(1-\beta)$ 单调递增性质，从而 $GDP^*>GDP_1{}^*$ 成立。由此可知，人口结构不均衡对国民生产总值的长期产出增长不利。

其次，婴幼童少青中人口比重减少对稳态产出的影响。因为 $\frac{dGDP_1{}^*}{dNOPOP}=\frac{G_0}{(1-\beta_1)^2}\times\frac{d\beta_1}{dNOPOP}$，且 $\frac{d\beta_1}{dNOPOP}=2\times NOPOP\times\beta_N+2\times ROPOP\times\beta_R\times\frac{dROPOP}{dNOPOP}$，当 $NOPOP+ROPOP\equiv1$ 时，$\frac{dROPOP}{dNOPOP}=-1$，则 $\frac{d\beta_1}{dNOPOP}=2\times(NOPOP\times\beta_N-ROPOP\times\beta_R)$。虽然婴幼儿和年轻人的消费倾向 β_N 可能会大于老年人的消费倾向 β_R，只要人口结构中婴幼童少青中人口所占比重足够低，就有 $NOPOP\times\beta_N-ROPOP\times\beta_R<0$ 成立，从而 $\frac{dGDP_1{}^*}{dNOPOP}<0$，导致年轻人口比重降低后的稳态产出更低。因此，人口结构不平衡后，如果婴幼童少青中人口比重减少得足够大，以至于能抵消老年人消费增加的作用，国民生产总值的长期产出将下

降更多。

再次，人口结构不平衡还会影响全社会消费倾向的变动。根据式（7-24），（见本章附录）和 β_1 的定义，我们能得出 $\frac{dGDP_1{}^*}{d\beta_N}=\frac{G_0\times NOPOP^2}{(1-\beta_1)^2}>0$、$\frac{dGDP_1{}^*}{d\beta_R}=\frac{G_0\times ROPOP^2}{(1-\beta_1)^2}>0$ 成立，婴幼童少青中人口和老年人增加消费倾向，有助于长期稳态产出的增长。但是人口老龄化后，婴幼童少青中人口下降，耐用消费品和非耐用消费品的需求趋向饱和，刚性需求满足后的消费倾向也会下降，即“β_N 减少后引起 $GDP_1{}^*$ 的减少”。同时老龄人口增加，短时间内会增加老年产品需求的扩张，从而 $GDP_1{}^*$ 会因为 β_R 的增加而扩大，但随着他们的离世，边际消费倾向降低，需求也会下降，即“β_R 下降后再次引起 $GDP_1{}^*$ 的减少”。所以，人口结构向老龄化发展的过程，将会出现因婴幼童少青中人口边际需求减少、老年人边际需求增加然后减少的趋势，全社会总产出出现“退潮—起潮—退潮”变动过程。由此可知，人口老龄化后，婴幼童少青中人口和老年人边际消费倾向的不同步，国民生产总值短期内可能有所复苏，但长期肯定会下降。

最后，加速度的影响。当人口结构中婴幼童少青中人口比重大幅降低，因为 $\frac{dr_1}{dv_1}=\frac{\beta_1(v_1\beta_1)^{-\frac{1}{2}}(NOPOP^2\beta_N dv_N+ROPOP^2\beta_R dv_R)}{2}$，他们的投资倾向 dv_N 也会下降。虽然老年人的投资倾向 dv_R 会暂时上升，但投资倾向增长幅度不会很高（也会低于婴幼童少青中人口），甚至在长期会因为他们相继去世而减少。因此，婴幼童少青中人口减少后的全社会长期投资倾向 dv_1 会减小，导致短期国民生产总值向长期稳态均衡调整的速度降低，即使采取宏观政策刺激经济向稳态产出调整，也会因为投资倾向的降低，降低了刺激经济增长政策的效率。所以，人口结构的老龄化，虽然会刺激老年人的短期投资倾向，但全社会长期投资倾向会因为婴幼童少青中人口减少而下降。人口结构的投资波动，再次显现“退潮—涨潮—退潮”趋势。长期国民生产总值会因为全社会投资减少而下降，宏观刺激政策也会因为投资倾向的降低而需要更长的调整时间，因此，货币政策和财政政策短期调节的有效性也会随之下降。

7.1.2　人口变动引致国民经济排浪式衰退

上面我们从数理关系描述了人口生育率、人口数量增长，特别是人口结构变动对经济产出的影响。下面，我们再从有关消费、投资、出口和经济增长的数据及实践观察，进一步分析讨论，在长期的过程中，人口结构不规则变动引致经济产业排浪式繁荣或者衰退，推动经济增长波浪式持续上行或者波浪式持续下行。

一个发展中国家，工业化前中期的人口“爆炸”式及快速增长，实际上是为后期长达数十年的高速增长、推动从低收入国家向高收入发达国家转型积累人口推动力量。在人口生育率长期稳定在均衡替代率水平（人口规模长期不变）、人口各年龄结构均衡的状况下，由于各年龄段减少的人口，逐级有新增的人口相等地弥补，长期发展过程中，宏观经济的周期性波动与人口变动无关，而是由财政收入支出、对外贸易和投资逆顺差引致，或者战争、饥荒等重大事件引起。

当人口生育率在人口均衡替代率水平上下波动较大时，人口结构柱，或者出现凹凸，或者底大上小，或者底小上大，长期过程中，导致宏观经济变动有四种情形：一是人口结构柱凸的部分，表明这一时期生育率短中期间高于均衡替代率，出现“婴儿潮”，导致从妇产医院、托儿所、幼儿园、小学、初中、高中、大学、劳动密集产业、房地产、耐用消费品、汽车、旅游、医疗健康、养老院、火葬场、墓地，各产业及其相关产业此起彼伏，形成一波排浪式繁荣；二是人口结构柱凹的部分，表明这一时期人口生育率短中期间低于均衡替代率，则形成一波各产业排浪式衰退；三是当人口生育率长期高于均衡替代率时，人口结构柱是一个下大上小的形状，其间每年不断增长的婴儿人口，在一个相当长的时间内，带来从妇产医院到墓地各产业及其相关产业持续不断地繁荣，也即经济高增长的数十年阶段；四是当人口生育率长期低于均衡替代率，人口结构柱是一个上小下大的形状，其间每年出生的新生儿都比上年减少，在一个相当长时间内，带来从妇产医院到墓地各产业及其相关产业持续不断地衰退，也即进入中低增长，甚至是数十年的低增长或负增长时期。当然，也有人口生育上行或者下行过程中，嵌入婴儿“涨潮”或者婴儿“退潮”，也即在上小下大，或者上大下小的人口结构柱中，边缘不是平滑的，而是凹凸状的，形成混合型的人口增长变动引致的经济增长波动过程。

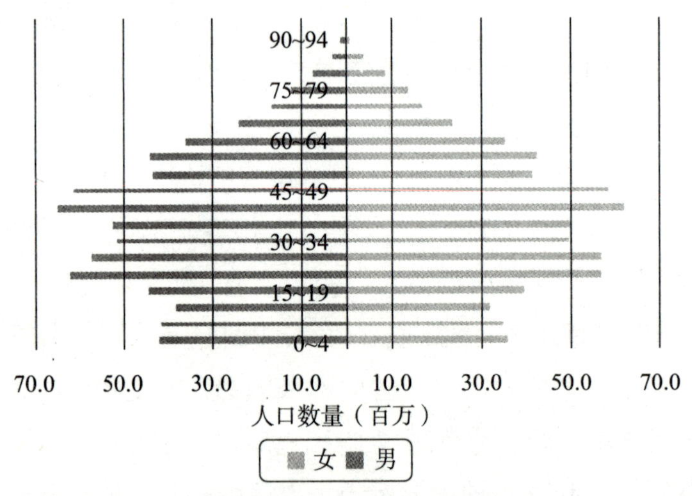

图 7-1　2013 年中国凹凸五星形人口柱

因此，人口增长和结构变动对经济增长在中短期内有影响，人口增速的放慢和加快，劳动力资源、消费需求等因素变动，影响经济增长速度相应变动；从结构上看，当期劳动力人口和老年人口的增减，会导致劳动力成本上升和下降，也会造成产品养老金成本的增加和减少，在一个开放经济中，影响出口需求对经济增长的拉动力。

从图 7-1 可以看出，计划生育使中国人口金字塔呈现出上小下小的五边形结构，未来甚至还可能出现像日本人口金字塔那样的倒纺锤形。随着人口寿命的不断延长，未来人口将会继续朝着这个方向变化，即婴幼儿人口数量越来越少、少年人口减少、中青年劳动人口减少、老年人口越来越多。2004 年，美国学者 Harry 分析了婴儿潮、人口结构与经济周期的关系（Dent，2006）。他认为，人在不同的年龄阶段会有不同的经济行为，因此会形成不同产业经济的周期性波动。0 岁及以前的胎儿消费主要集中在产检、产房、孕妇保健品等医疗服务领域；0~3 岁婴儿的消费主要集中在食品、保健品、婴儿用品等领域；3~6 岁的婴儿及儿童的消费主要是食品、娱乐、服装及教育；6~18 岁的青少年消费在教育服务、学习用品等方面的比重会大大提高；20 岁后开始进入婚恋年龄，31 岁左右是购买第一套房产的高峰；40 岁以后随着个人资产的积累，会在 48 岁和 54 岁左右分别进入消费和投资的高峰时期；60 岁后，养老和旅游成了主要消费产品。根据这些规律，再结合出生率的高低，就能推算出未来各个相关行业的景气状况。Harry 据此推测美国战后 1946—1964 年的婴儿潮一代，将在 2005—2009 年把美国 1990 年来的繁荣经济推到顶点。由于不同年龄层的人口的消费结构不同，对投资的影响也不同，所以，随着这种人口结构的变动，国民经济会呈现一种“排浪式”衰退。所谓经济“排浪式”衰退，是指经济像浪潮一样，一波接一波地兴起后又衰退。

“婴儿潮”（Baby boom），指的是在某一时期及特定地区出生率大幅度提升的现象。其间，人口首先带动了孕妇保健品、婴儿用品等母婴消费。根据《华夏时报》提供的一份家庭清单：女儿刚刚满 7 个月，李女士一家已经花了好几万元。其中，月嫂工资两个月共 2 万元；滋补品约 1 万元；孩子奶粉每月 1000 元；尿片每月约 400

元；衣服约5000元；早教费用1.5万元；孩子生病一次，到某知名医院看病花约1000元……所有支出加起来合计共约6万元。由此可见，母婴相关行业是“婴儿潮”最直接的受益者，在0～6岁的“生”“养”阶段，新生人口的增加会促进包括奶粉、母婴医药医疗、儿童玩具、婴幼儿教育和母婴生活用品等行业的发展。但是，这一时期的消费仅仅维持6~7年。抚养孩子是一项漫长的投入，随着孩子的逐渐成长，消费将逐步从“生”“养”的阶段过渡到“育”的阶段。

六七年后，新生人口开始达到入学年龄，从“生”“养”过渡到“育”，教育支出逐渐占大头。1970年计划生育以来，第六次人口普查数据（2010年）表明，中国年轻人口不断减少，“90后”出生人口比“80后”减少了5400万，“00后”又比“90后”少了2700万。人口数量的变化对中小学教育事业的影响举足轻重。0～14岁人口一直下滑，20世纪80年代初这部分人口3.4亿人口，现在降到2.2亿人，减少了1.2亿。1975年，小学学校数量达到顶峰，全国共109万所小学，这部分小学生均是20世纪60年代第一波“婴儿潮”出生的人。此后便开始每年递减，2001年达到11.3%的降幅。1977年受高考制度恢复的影响，初高中数量出现一段暂时性的巅峰时期之后也呈现逐年递减的态势。初高中在校学生人数在1993—2010年，表现出非常明显的“排浪式”递减趋势。1993年开始，第三次“婴儿潮”，即20世纪80年代出生的人陆续进入初中学龄，于是，初中在校人数递增，到2003年这波“婴儿潮”最后一批出生的人都也进入初中阶段，初中在校生的数量便开始减少。高中在校生人数的增减刚好滞后3年，先后形成两波起伏的浪潮（见图7-2）。

2004年中国房地产市场进入空前繁荣的时期，得益于中国的第二次和第三次“婴儿潮”。第二次“婴儿潮”（1965—1973年）出生的人口依次进入40岁财富积累的黄金年龄，成为消费和投资大军，而第三次“婴儿潮”（1986—1990年）出生的人口正好步入婚恋年龄，是购买第一套房产的高峰。这两个年龄段人群的投资消费促成了中国 2004—2007 年的房地产繁荣（见图 7-3）。

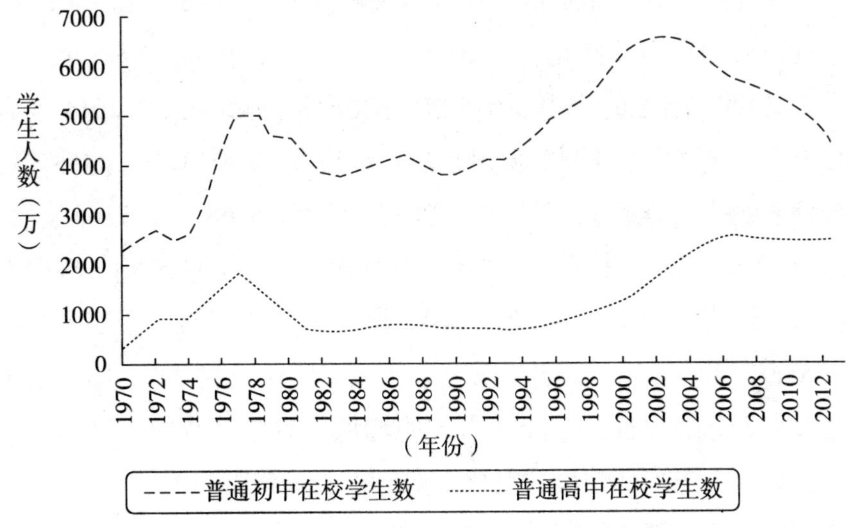

图 7-2　中国初高中在校学生人数变化①

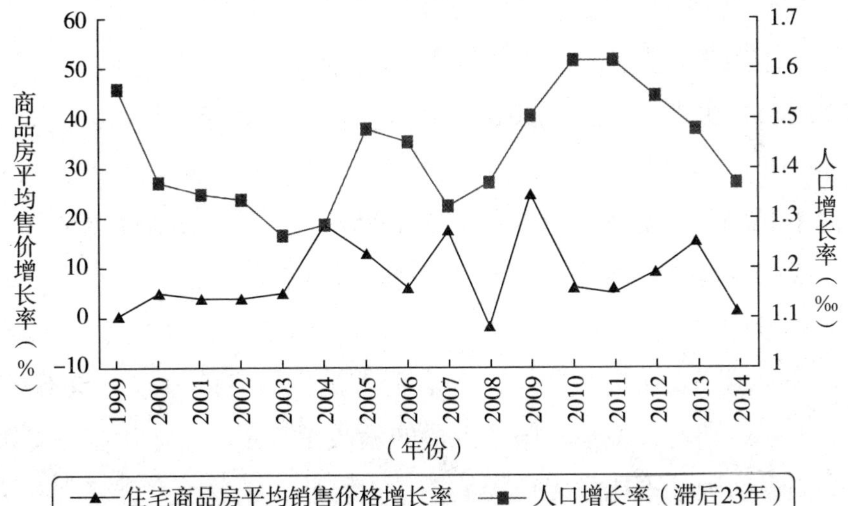

图 7-3　中国平均住房价格增长率和 23 年前人口增长率②

① 数据来源：中国教育统计年鉴。由于 2003 年以前小学在校学生人数数据缺失，在此只统计 1970 年至 2013 年的初高中在校学生人数变化情况。

② 数据来源：中国统计年鉴。

根据置业年龄的规律，通常首次置业的年龄在28岁左右，而改善性置业的年龄在40岁左右，以此推算1965—1973年第二次“婴儿潮”出生的人群，他们的首次置业高峰应该在1993年到2001年，改善性置业的高峰期则是在2005年到2013年；1986—1990年第三次“婴儿潮”出生的人群，他们的首次置业高峰应该在2014年到2018年，改善性置业的高峰期则是在2026年到2030年。此外，已有统计表明中国购房适龄人口在2015年达到5.68亿人口峰值后，将从2018年开始加速下滑。如果没有其他外部因素的影响，根据人口结构的推算，2018年到2026年中国房地产业会遭遇一段寒冬。

2000年年末，中国65岁以上老年人口比例达到7%，标志着中国已经进入老龄化社会。老年人口的增加，对总消费的影响不会太大，但是会引起消费结构的变化。老年人的消费支出主要用于医疗、养老服务、旅游等休闲娱乐。

截至2015年年底，中国60岁以上老年人口已经达到2.2亿，但是我国的养老服务水平还非常落后。民政部在2014年社会服务发展统计公报中指出，截至2014年年底，全国各类养老服务机构和设施94110个，其中，养老服务机构33043个，社区养老服务机构和设施18927个，互助型的养老设施40357个，军队离退休干部休养所1783个；各类养老床位577.8万张，仅占60岁以上老年人口的2.8%，远低于发达国家5%~7%的比例①。越是经济发达地区，养老护理需求越高，目前我国专门为老龄人提供服务的设施严重不足，服务的形式和内容不全，服务人员的素质参差不齐，老年服务的数量和质量都远远不能满足市场的需要，因此，随着家庭养老向社会养老的转变，未来一段时间内，养老服务及相关产业会逐步兴起。

此外，老龄化还在一定程度上推动了旅游等休闲娱乐行业的发

① 2015年6月10日民政部发布的《2014年社会服务发展统计公报》。

展。相当一部分退休的老年人处于“既有钱又有时间”的阶段，正是旅游业的最大潜在客户群。2014 年，全国国内旅游总收入达 30312 亿元（见图 7-4），同比增长 15.4%，是增长最快的产业之一。根据国家旅游局的调查显示，老年旅游已占市场旅游总额的 20%，并且呈现需求旺盛、不断攀升的趋势。未来 20 年里，平均每年还会增加大约 1000 万老年人，到 2033 年将突破 4 亿。据世界旅游和旅行理事会的调查结果显示，老年旅游占世界旅游市场的50%～60%，因此，中国老年旅游市场有着巨大的开发潜力。

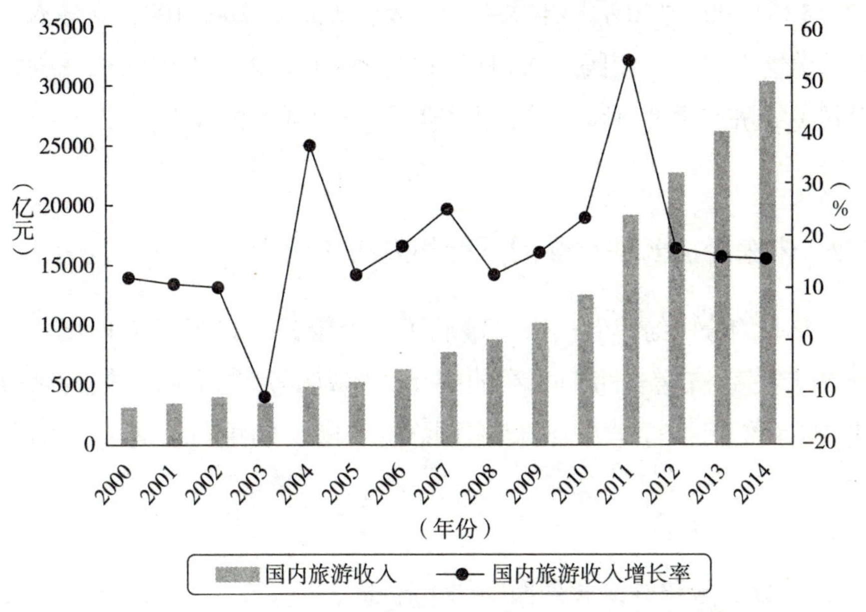

图 7-4　2000—2014 年中国国内旅游收入及增长率[①]

旅游业兴起，有养老院、社区养老服务、医疗健康业、殡葬和基地地产等行业也会此起彼伏式发展。由于中国人口结构是一个向下收缩并凹凸不平的五星形，各种产业和国民经济在未来长时间内将形成排浪式衰退式的下行。

① 数据来源：中国统计年鉴。

需要指出的是，强度过大和时间过长的计划生育，加上目前食品安全方面的隐患，已经给中国和中华民族的人口安全造成了巨大的风险。由于育龄妇女高龄化和减少，不孕不育妇女比率提高，生一个的生育惯性和文化形成，加上生育抚养成本和机会成本较高，替代生育率不到1.4，远远低于保持民族人口规模不变2.1的水平。2014年中国大陆0～14岁人口的比率为总人口的16.5%，低于全球27%的平均水平，也远低于跨代平衡所需要的25%的警戒比率。男性人口70079万人，比女性多3376万人。“80后”非婚人口男女比例为136∶100，“70后”非婚人口男女比则高达206∶100，女性人口少于男性人口，又使民族人口生育能力雪上加霜。人口的长期萎缩对国民经济产生的不良后果，无疑将是长期萧条和低迷。

7.2 未来经济长期承受的下行和老龄化压力

本书的分析给我们的未来敲响了一个警钟。20年前人口增长影响20年后经济增长跨期关系的揭示，特别是严重老龄化的种种弊端，使我们可以想象中国未来国民经济增长的下行压力和老龄化难题。

7.2.1 国民经济未来长期面临的下行压力

就目前中国的人口增长形势来看，持续下降的生育率只会造成更进一步的人口萎缩。从前述的20年前人口增长影响20年后经济增长的规律看，根据1994年到2015年人口下行的陡坡，我们可以推测，如果下一个十年没有特别的战略和重大措施，中国经济增长率还将从7%一直下滑，直到2%左右。

今后更长一个阶段中，我们的发展目标是全面建成小康社会，21世纪中叶达到中等发达国家发展水平。因此，最为关键的问题是国民经济持续下行的时间多长，增长速度落到什么水平区间才能稳定下来？我们的国民经济会不会持续低迷增长，跌入经济未富未强而人口萎缩和老龄化的陷阱中，有可能出现中华民族在 21 世纪复兴的伟大事业的波动？

人口变动与经济变动二者之间的中短期作用关系，主要是 0~14 岁人口减少或者增加，对当期青少年消费和教育等经济产生扩张和收缩的影响。长期方面，我们分析了 1973 年以来二者之间的数据关系，发现如果人口数量较为快速地增长，或者快速地下降，与 20 年后的经济增长率有着极强的相关关系。

从 0~14 岁人口数量减少的趋势看，2000 年到 2010 年每年平均减少 881 万人。其中影响教育及各阶段人口消费的是：2004 年到 2010 年人口下降，主要减少的是小学在校生规模；2000 年到 2003 年的人口下降，减少的是初中和高中在校生数量；从 2017 年开始，大学生入学人数将开始越来越多地减少。一直持续到 2035 年，各级学校在校生绝对数减少才能停止下来。其经济含义就是，进幼儿园困难将得到大大缓解；小学初中年龄人口的教育和其他消费急剧萎缩；高中年龄人口的教育和其他消费进入萎缩期；“十三五”期间，大学年龄人口的教育和消费开始萎缩，并在未来的“十四五”和“十五五”期间越来越严重，到“十六五”时才能稳定下来。假如国内越来越多的居民送子女出国留学，则中国大学教育以及这部分年龄人口的消费将迅速萎缩。

1994 年，中国人口生育率为 1.76，增长率为 11.3‰，1995 年下降为 10.86‰，到 2014 年人口生育率下降为 1.26（作者估算），人口增长率下降到 4.79‰。从图 7-5 来看，1995—2014 年是一个人口增长率下降较陡的曲线，其中的 1997—2002 年、2005—2010 年的曲线更陡。

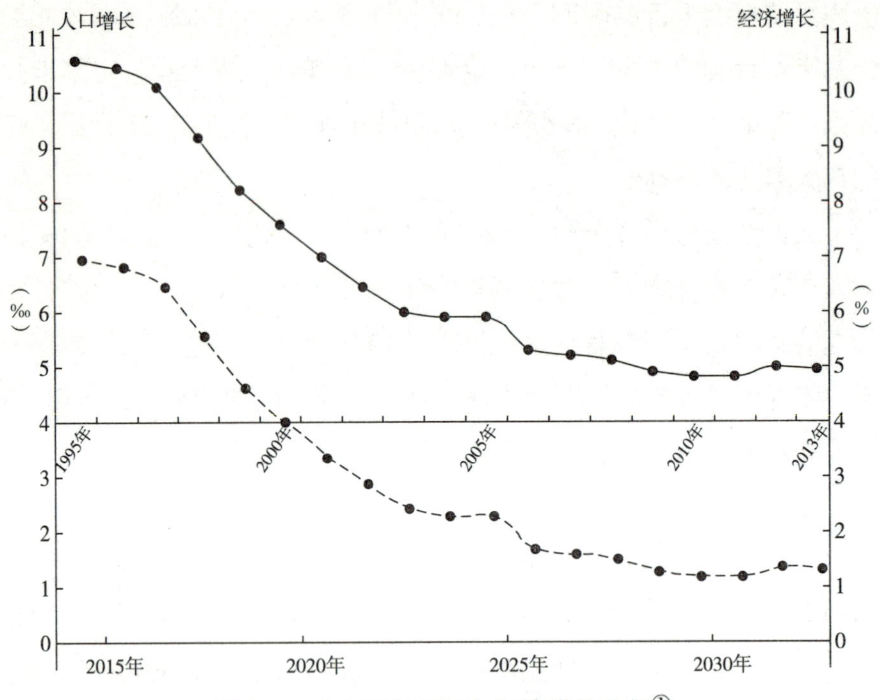

图 7-5　人口增长下行与经济增长下行①

进行回归，得出 2015—2034 年人口增长率与经济增长率的关系为：$ry=-1.035+0.738\times pop$；$R^2=0.691$，$pop$ 的 p 值 $=0.000$，显著。这个推算，假定未来没有其他因素影响经济增长的情况下，实际是一个前 20 年人口下行变动对 2014 年后经济增长下行压力的预测。

这里提出的一个重要范畴是经济主力人口，指 20 岁到 45 岁的人口。他们在就业创业创新、投资和消费等方面，均是最富有能力的人口资源和人力资本。他们的增加或者减少，也就意味着劳动力供给，住宅、耐用消费品、汽车、奢侈品购买和消费，创业投资，发明专利和技术产业化等方面的增加或者减少。因此，他们是一国

① 注：竖轴，经济增长率单位，为虚线%；人口增长率单位，为实线‰；人口增长率数据来源于中华人民共和国国家统计局网站数据库；经济增长率以历史回归经验，按平行相关关系推拟。

经济活跃和繁荣的主力。中国“人口坑”减少的 2 亿多人口主要是 1～45 岁的人口，其中经济主力人口规模在 1 亿多。中国 1 亿多经济主力人口的过快收缩，是目前钢铁、有色冶金、煤炭、水泥和其他制造业全面过剩的基础性原因。而 1～19 岁人口进一步减少，意味着未来的经济主力人口也是不断收缩的。一个因果逻辑就是，未来中国经济增长仍然面临着较大的经济主力人口规模收缩形成的下拽压力。

根据 20 世纪 70 年代以来各段人口增长变化对 20 年后经济增长变化的影响回归分析看，人口增长率与 20 年后经济增长率几乎平行，1995 年到 2014 年人口低生育率造成的人口增长速度继续下行并进入低增长区间，会对 20 年后经济增长速度产生较强的下行影响。如果没有特别的改革、技术进步和创新、开放和“走出去”等战略，如果没有体制和政策等措施的强力推动及其他因素的有力支撑，2016—2020 年，经济增长速度可能从 7% 左右跌到 3% 左右；2021—2030 年，经济增长速度可能从 3% 左右降低到 1% 左右；而 2030—2035 年，经济增长速度可能在 1. 3% 左右。中国国民经济将进入如日本一样的国民经济长期低迷增长的阶段。区别是，日本是先富后老，而中国则是未富先老，并且先老后实现富裕的风险和难度加大。

如果 2016 年果断并全面取消计划生育，生育率回升，逐步增长到 2. 1 水平；人口自然增长率提高，除了抵消死亡率上升的因素外，还能回到 8‰左右；短期婴幼童、教育、保姆家政、住宅逐步累加，刺激消费和投资，有望使经济增长保持在 6% 左右的水平上。假如 2016 年取消计划生育政策后，人们愿意生育，并能有效地生育，到 2036 年时，新增加的人口会进入劳动力年龄，工作的人口累积性补充和增加，有收入能支付消费的新成年人口增长，结婚生子购买住宅的人口也会增多，就如 1999 年后一样，会有一波经济振兴的发展阶段，可以避免中华民族在21世纪20年代全球复兴后在21世纪40年代时又再次衰落。

7.2.2 未来老龄化加剧的诸多难题

人口结构的变化对中国目前的经济增速已经形成了较大的下行压力，如果人口问题得不到改善，人口结构不平衡，特别是社会过度老龄化还将对我们未来的国民经济带来一系列的难题（Zhang，2015）。对比中国（2010年）、印度（2012年）和美国（2010年）的人口结构（见图7-6），我们发现中国人口过度老龄化，养老金缺口将是中国未来经济发展中的一大阻碍：①中国人口金字塔下方的中青少童幼婴人口已经很少，而且会越来越少，以后劳动年龄人口（可以提取养老金的人口）与需要养老的老年人口之比将发生较大的变化，未来中国的老年抚养比还会进一步升高。另外，由于中国从20世纪90年代中期才开始建立养老保险制度，许多老年人在工作时并没有提取自己的养老金，这部分养老金进一步增加了青年人的养老压力。②印度的人口结构是金字塔状，其养老金提取与中国一样，也需要中青年人提取的养老金供养退休的老年人口，目前其养老金覆盖率只有劳动力人口的12%左右（李亚军，2014）。但是，其婴幼童少青年人口多于老年人，随着时间的推移，提取养老金的中青年人口，在一个较长时间内会越来越多，这恰恰与中国相反。印度未来的养老金压力，实际上要比中国轻得多。③美国的人口结构基本是瓶状，生育率基本上达到了人口更替水平。而且，美国的养老金制度始建于20世纪30年代，现在和未来的老年人都在工作时期提取了自己的养老金，因此，劳动人口几乎不存在超额的养老压力。当然由于通货膨胀等原因，也存在着养老金缺口问题，但是他们可以采取延长退休年龄等方式来解决，所以，总的来说，无论是现在还是将来，美国社会的养老都不会存在较大的问题。

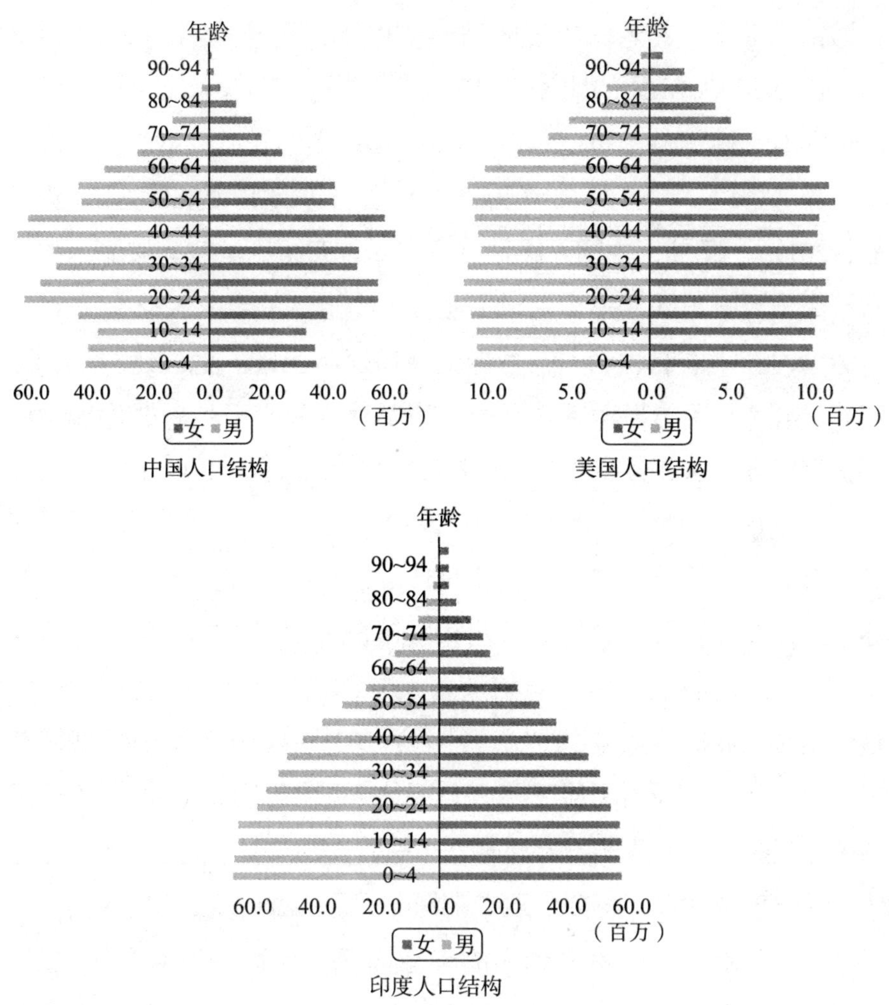

图 7-6　中、印、美人口结构①

关于中国未来因人口老龄化而形成的养老金缺口，许多学者进行了相关研究。其中，魏吉漳研究测算，不包括农村养老金，仅以城镇基本养老制度计算，并以 2012 年为基准，社会统筹账户的隐形债务就高达 83. 6 万亿元，个人账户的隐形债务高达 2. 6 万亿元，合

① 注：横轴为人口数，纵轴为年龄组。左侧为男性，右侧为女性。中国数据来自 2010 年人口普查，印度和美国数据来自联合国人口署（分别为 2012 年和 2010 年）。

计城镇职工基本养老保险统账结合制度下的隐形债务为 86.2 万亿元，占 2012 年 GDP 的比率为 166%[①]。曹远征等学者的研究认为，从远期看，假定从 2010 年起每年的 GDP 年增长率为 6%，到 2033 年时养老金缺口将达到 68.2 万亿元，占当年 GDP 的 38.7%（曹远征，2011）。此外，中国人民银行研究局首席经济学家马骏领衔的团队研究预测，2011 年三个劳动力赡养一个退休的老人，38 年以后一个劳动力养一个退休老人，养老金缺口逐年上升。他们还提到，除了养老成本，还应当考虑由于人口老龄化，狭义卫生总费用加上长期护理成本，这部分支出在 38 年以后会上升到 GDP 的 10%，其中有 1/3 需要政府埋单。他们认为，2012 年到 2021 年是中国城镇养老金收支的“宽松期”；2022 年到 2035 年，养老金覆盖的退休人口加速上升，而且随着城镇化的减速和城镇全覆盖的基本实现，缴费人口上升的速度明显减缓并开始随着人口结构的老龄化而转为下降，是中国城镇养老金收支的“渐紧期”；2035—2050 年，中国城镇养老金的缴费人口开始明显下降，且退休人口持续快速增加，为中国城镇养老金收支的急剧“恶化期”（马骏，2012）。如此巨大的养老压力和养老金缺口，将会引致未来的国民经济哪些难题呢？

第一，未来规模越来越大的养老需求，导致越来越高的税负，高税负影响未来的投资、创业和经济增长（武康平，2015）。老年人口比例过高，中青年人口比例过低，需要加大养老金的征收，包括财政向养老金不足的弥补，以及通货膨胀造成的养老金亏空，都需要政府向企业和个人征收越来越多的税收才能加以平衡。目前，中国的实际宏观税负已经达到 GDP 的 37% 左右。随着养老负担越来越沉重，税负也会越来越高，鉴于中国的老龄化要比其他发达国家早，

① 魏吉漳．现行统账结合模式下隐形债务预测与测算［M］//中国养老金发展报告 2014. 北京：社会科学文献出版社，2014.

并且严峻得多，宏观税负最严重的时候，很可能达到 50% 以上。这样高的税负，必然会抑制劳动、技术和资金等要素的供给和投入，影响国民经济的产出水平。在经济增长低迷的老龄化社会，一般需要轻税和减税来刺激经济增长，而高养老金又需要高税负。低税刺激经济增长和高税维持养老之间形成经济政策的两难境地。

第二，当财政税负过重影响到经济增长时，需要降低税收，这会形成巨额的养老金债务，波及金融体系的稳定（张蕊，2008）。这时，国家财务弥补养老金缺口的办法是：用未来的财政收入偿还本金和支付利息作为保证，向国内外发行长期养老金国债，筹集资金；在养老金预算特别紧张的特殊情况下，加大财政赤字规模，向银行透支；在政府养老金不足的情况下，挪用个人缴存账户资金等。养老金债务与其他国家、企业和家庭债务形成国民经济总债务。中国未来养老金的特点是：需求量会越来越大，政府的财政负担会逐年加重，养老金收益率很低，违约可能使银行等体系坏账率上升，引起金融体系间发生连锁反应，最后可能导致金融体系崩盘和国民经济大幅度衰退。

第三，未来老龄化社会因巨大的城乡二元差别消费，造成乡村老人贫困和消费塌陷区。前面已经分析，由于种种原因，中国的城市化 85% 的人口并没有真正进入城镇成为固定的城镇居民，而是青年中年时在城镇中劳动，为子女挣得上学和结婚等费用，老年还是要回到农村，甚至身无分文地返回。许多学者主要计算的是未来城镇的养老金需要和缺口，他们并没有注意到中国城市化中断的这一特殊现象，其假设是，随着时间的推移，80% 左右的人口会进入城市。实际上，未来很可能的场景是：85% 的进城务工人口老年后再回乡村，加上农村年长的老年人口，规模可能达 3 亿到 5 亿人。由于财政支付能力的限制，这部分人口不可能得到与城镇居民一样水平的养老国民待遇，自己积蓄无几，消费水平低下，成为相对的贫困人口群体。当然，从另一方面看，这种农村人口老年后再回到乡村度过余生的方式，是一种对过去城市化依靠农村土地积累搞建设的牺牲，也是一种对于未来可能捉襟见肘的财政的消极平衡。最终，这些老年农民成为计划生育和人口老龄化后果的埋单者。

第四，从长远期看，养老负担越来越重，可能会使中国经济在全球的竞争能力越来越弱（赵云，汪子扬，2012）。支付的养老金和养老消费，实际上形成GDP的重要组成部分，养老金的来源，需要从产品中提取，其占产品和服务的比例越高，产品和服务贸易的国际竞争力就越低。从各国各年龄人口比例的比较看，印度是一个养老金负担较轻的金字塔结构，美国是各年龄人口均衡的瓶状结构，只有中国在经济发展水平还不发达的情况下形成了上大下小的五星结构。从今后的国际竞争力看，印度在未来的一个长远期内有巨大的劳动力红利，同时，产品和服务中的养老成本很低，具有较强的国际竞争力。假定印度的养老金增长与国民经济增长同步，而且假定他们的技术进步不变，以人口结构决定的养老成本不变，产品和服务的国际竞争力就会保持稳定。而中国在未来的一段长远期中，如果没有技术进步和产业创新，产品和服务中的养老成本比例越来越高，就会丧失国民经济在全球的竞争力。即使推进技术进步，其效果也将会被巨额的养老成本所消耗。当然，从积极意义上讲，技术进步和产业创新会弥补养老金的亏空，抵御经济的下行，保证国民经济不会发生大的灾难和风险。

第五，劳动力不足与结构性失业并存，工作的创新和效率会持续下降；如大规模使用机器人替代劳动力，会造成需求更加不足和生产更加过剩。一方面，劳动力年龄人口增长的放缓，特别是青年劳动力人口的减少，导致用工短缺，劳动力成本持续上升；另一方面，也会发生严重的结构性失业，一是由于人口萎缩，教育、住宅等消费需求萎缩，导致相关产业过剩，这些行业向外排挤劳动力人口，形成失业人群；二是为了弥补养老金缺口，不论未来民众阻力多大，逐步推迟退休，延长工作年限，从财务上讲，多缴养老税费，少领养老金，是一个不可抗拒的措施。延长工作年龄，势必减少青年人的工作岗位，如目前的欧洲一样，造成青年人失业率的上升。而且，岗位的老年化，知识陈旧和思维的固化会影响技术和其他方面的创新活力；由于年老而工作精力不足，学习和反应能力下降，也会使工作效率低下。

国内有研究者提出，针对中国未来的劳动力不足，可以用发展机器人的方式满足。① 当然，我们不否认发展机器人弥补劳动力不足的必要性，并且一些行业也需要机器人来提高制造的精度和质量，提升生产效率。但是，机器人的使用也会有一些负面后果：首先，本质上讲，机器人实际是资本的投入，在生产过剩的情况下，机器人过度替代劳动力，失业率也会上升；其次，机器人是资本，其国民财富的生产，归资本所有者，劳动者创造财富并分配财富的机会下降，资本所有者与劳动所有者的收入差距会拉得更大；最后，机器人越来越多地生产产品和服务，劳动者不能参与其中获得收入，机器人生产的产品因得不到劳动者的有效需求而被购买，造成国民经济生产过剩，将会加剧消费不足引起的经济危机。

附　录：人口结构变动对国民收入增长的理论分析

美国经济学家汉森和萨缪尔森首先将乘数和加速数原理结合起来，分析消费和投资需求如何自发地引起国民经济的周期性波动。本文首先从“汉森—萨缪尔森”模型出发，假定在三部门国民收入

① 郑嘉宝．中国将成为世界工业机器人第一使用大国工业自动化是方向［EB/OL］．［2015-04-03］．http：//www.qianzhan.com/analyst/detail/220/150403-8d15c83b.html.

决定过程中，当期全社会消费由边际消费倾向和前期国内生产总值决定，当期投资作为一种引致需求，由投资加速数与前期消费变动决定，则有下式成立：①

$$GDP_t = C_t + I_t + G_t \tag{7-1}$$

$$C_t = \beta \times GDP_{t-1} \tag{7-2}$$

$$I_t = v \times (C_{t-1} - C_{t-2}) \tag{7-3}$$

其中：t 表示时间；GDP 表示国内生产总值，在没有净出口部门时，也等于国民收入；C 表示消费；I 表示投资；β 和 v 分别表示边际消费倾向和投资加速数，且满足 $0<\beta<1$、$v>1$ 成立。将式（7-2）和式（7-3）代入式（7-1）中，则有：

$$GDP_t = (\beta + \beta \times v) GDP_{t-1} + v \times GDP_{t-2} + G_t \tag{7-4}$$

令 $G_t = G_0$，当 $\beta \times v < 1$ 时，状态方程（7-4）的通解为：

$$GDP_t = r^t (A\sin\omega t + B\cos\omega t) + \frac{G_0}{1-\beta} \tag{7-5}$$

其中：$r=(\beta \times v)^{\frac{1}{2}}$。很显然，当 $t\to\infty$ 时，GDP_t 收敛于$\frac{G_0}{1-\beta}$，即长期稳态均衡为：

$$GDP^* = \frac{G_0}{1-\beta} \tag{7-6}$$

汉森—萨缪尔森经典分析中，没有考虑人口结构的作用。为了分析不同年龄人口消费倾向和投资倾向对乘数—加速数模型的影响，进而作用于国民收入的波动，我们将全部人口划分为青年人和老年人两类。假定青年人口总数为 NOP，老年人口总数为 ROP，总人口为 N，则青年人和老年人所占的比例为：

① 这种假定不仅是“汉森—萨缪尔森”模型的基础，也在国内众多研究中得到应用，如庄丽婷（2010）：《投资乘数—加速数模型与我国经济周期波动探讨》，《价格月刊》第 4 期；黄飞雪、赵昕、侯铁珊（2009）：《基于四部门乘数—加速数模型的中国经济波动研究》，《生产力研究》第 3 期。

$$NOPOP=\frac{NOP}{N},\ ROPOP=\frac{ROP}{N},\ NOPOP+ROPOP\equiv 1 \tag{7-7}$$

相应地，全社会边际消费倾向和投资加速数都是青年人和老年人的加权平均：

$$\beta=NOPOP\times\beta_N+ROPOP\times\beta_R \tag{7-8}$$

$$v=NOPOP\times v_N+ROPOP\times v_R \tag{7-9}$$

其中：β_N 和 β_R 分别为青年人和老年人的边际消费倾向，且 $0<\beta_N<1$、$0<\beta_R<1$ 成立；v_N 和 v_R 分别为青年人和老年人的投资加速数，且 $v_N>1$、$v_R>1$ 成立。当全社会消费由青年人和老年人构成时，总消费是两部分人口的加权平均，即 $C_t=NOPOP\times C_{NOPOP,t}+ROPOP\times C_{ROPOP,t}$，总投资也是两部分人口的加权平均，即 $I_t=NOPOP\times I_{NOPOP,t}+ROPOP\times I_{ROPOP,t}$。因此，三部门国民收入由下式决定：

$$GDP_t=C_t+I_t+G_t \tag{7-10}$$

$$C_t=NOPOP\times C_{NOPOP,t}+ROPOP\times C_{ROPOP,t} \tag{7-11}$$

$$I_t=NOPOP\times I_{NOPOP,t}+ROPOP\times I_{ROPOP,t} \tag{7-12}$$

对于青年人来说，总消费应该等于他们的边际消费倾向乘前期的总产出，也就是：

$$C_{NOPOP,t}=\beta_N\times GDP_{NOPOP,t} \tag{7-13}$$

青年人的总产出也应该等于所占人口比重乘全社会总产出，即：

$$GDP_{NOPOP,t}=NOPOP\times GDP_{t-1} \tag{7-14}$$

根据总消费与总产出关系，青年人的总消费为：

$$C_{NOPOP,t}=\beta_N\times NOPOP\times GDP_{t-1} \tag{7-15}$$

相应地，老年人的总消费也要等于他们的边际消费倾向乘所占人口比重再乘以全社会滞后一期总产出：

$$C_{ROPOP,t}=\beta_R\times ROPOP\times GDP_{t-1} \tag{7-16}$$

同样，对于投资来说，青年人总投资由他们的加速数乘前期消费结余，即：

$$I_{NOPOP,t}=v_N\times（C_{NOPOP,t-1}-C_{NOPOP,t-2}）$$
$$=v_N\times（\beta_N\times NOPOP\times GDP_{t-1}-\beta_N\times NOPOP\times GDP_{t-2}）$$
$$=v_N\times\beta_N\times NOPOP\times（GDP_{t-1}-GDP_{t-2}）\quad(7-17)$$

老年人也应该如此，即：

$$I_{ROPOP,t}=v_R\times（C_{ROPOP,t-1}-C_{ROPOP,t-2}）$$
$$=v_R\times（\beta_R\times ROPOP\times GDP_{t-1}-\beta_R\times ROPOP\times GDP_{t-2}）$$
$$=v_R\times\beta_R\times ROPOP\times（GDP_{t-1}-GDP_{t-2}）\quad(7-18)$$

将式（7-13）至式（7-18）代入到式（7-10）、式（7-11）和式（7-12）中，则：

$$GDP_t=C_t+I_t+G_t\quad(7-19)$$

$$C_t=（NOPOP^2\times\beta_N+ROPOP^2\times\beta_R）\times GDP_{t-1}\quad(7-20)$$

$$I_t=（NOPOP^2\times v_N\times\beta_N+ROPOP^2\times v_R\times\beta_R）\times（GDP_{t-1}-GDP_{t-2}）\quad(7-21)$$

令 $\beta_1=NOPOP^2\times\beta_N+ROPOP^2\times\beta_R$，$v_1=NOPOP^2\times v_N\times\beta_N+ROPOP^2\times v_R\times\beta_R$，于是有

$$GDP_t=（\beta_1+\beta_1\times v_1）GDP_{t-1}+v_1\times GDP_{t-2}+G_t\quad(7-22)$$

当 $G_t=G_0$ 且 $\beta_1\times v_1<1$ 时，上述状态方程式（7-20）的通解为：

$$GDP_t=r_1^{\ t}（A_1\sin\omega_1 t+B_1\cos\omega_1 t）+\frac{G_0}{1-\beta_1}\quad(7-23)$$

其中：$r_1=(\beta_1\times v_1)^{\frac{1}{2}}$。很显然，当 $t\rightarrow\infty$ 时，GDP_t 收敛于 $\frac{G_0}{1-\beta_1}$，即长期稳态均衡为：

$$GDP_1^{\ *}=\frac{G_0}{1-\beta_1}\quad(7-24)$$

第4部分

中国人口流动管制的经济后果

推动经济增长除了人口合理地增长外，人口的流动也是一个很重要的动力因素。除了对生育进行强制性管制外，中国还对人口流动进行了干预。从发展经济学的角度看，人口流动，尤其是农村人口向城市流动，是一个国家提升城市化水平、促进经济发展的重要方面。而中国长期以来实行以户籍管制为主的人口流动干预政策，严重扭曲了城市化进程，造成了经济增速推动力的损失。本篇主要从人口流动的视角来分析中国一系列干预政策下造成的严重经济后果。首先，分析中国流动人口，特别是农村人口进入城市，成为真正市民的重重困难；其次，揭示农村人口退出农村的障碍；再次，描述干预政策下出现的人口漂泊和“青出老回”现象；最后，分析人口流动干预造成的城市消费抑制和农村消费塌陷。

8　人口进入城市和退出农村的障碍和问题

发展中国家的人口流动，主要是农村人口向城市迁移和集中，即刘易斯讲的二元结构的转型。从这种转型模式看，有较为理想的东亚模式，也有先是贫民窟，后因加大基础设施、公共服务和社会管理而建设和配套的社区，还有目前印度贫民窟式人口向城市集中的模式。无论哪种模式，其基础都是人口自由流动。而中国自20世纪50年代以来，逐步地对人口流动进行了不同程度的管制，20世纪90年代也开始逐步进行放松的改革。然而，由于人口流动和迁移管制仍然存在及由于城市政府的财政能力有限，在实际执行时，流动人口在教育、社保等方面还是存在许多障碍；由于土地体制的复杂性，进城的人口从农村退出，也遇到了机会成本高和风险大的问题；而低价征用集体土地的体制和不能顺利获得财产利益的退出，使进城人口没有创业和购房资金的积累。实际造成的结果是：工业化超前，而市民化的城市化大大滞后，最终导致国民经济效率的降低和产出的巨额损失。

8.1　流动人口市民化的进入障碍

与世界许多国家和地区不同的是，中国对人口流动存在较强的干预性，主要表现在户籍管理制度和社会保障制度等对人口流动的管制和阻碍。因此，中国的人口流动基本上都是短暂性和中长期性的非永久性迁移，进城务工人员在农村与城市之间流动。对人口流动的干预使中国农村进城务工人口“半市民化”，即便居住在城市也不能享受真正的城市居民待遇。就目前来看，中国的城市化实际上已经中断，如果未来不对人口流动的干预进行深化改革，靠人口流动来促进城市化最终实现国民经济的稳步增长，终将沦为一纸空谈。

8.1.1　中国户籍管理制度变迁与人口流动

我们首先讨论一下中国人口流动管制体制的形成和变迁，并分析这种体制下人口流动的情况。1978 年不仅是中国经济体制改革的分水岭，也是户籍管理制度变迁的转折点（李志德，2010）。新中国成立以来，由于户籍管理制度变化造成的人口流动和城市化主要经历了两大发展阶段：一是改革开放之前的人口流动不畅与城市化长期停滞阶段；二是改革开放之后的大规模人口流动与城市化较快发展阶段。

1. 改革开放之前的户籍管理与人口流动滞缓

从 1949 年新中国成立到 1958 年，中国没有严格的户籍管理制度，人口可以自由迁移。中国户籍管理制度起源于 1951 年。1951 年我国公安部公布《城市户口管理暂行条例》，规定迁出公民必须事前向迁出地公安机关申报迁出，注销户口；迁入公民必须在到达三日内向迁入地公安机关申报入户。出台这一制度只是方便对流动人口的迁移状况进行登记和管理。但是，20 世纪 50 年代后期开始，国家优先大力发展重工业，要求农业作为工业发展的支撑，农民生产粮食自给自足，并优先满足城市居民的粮食供应。这种城乡差别待遇使得大量人口从农村迁往城市，以当时的粮食总供给量根本无法满足日益增多的城市人口，而且农村人口的减少只会进一步恶化农业产值降低的状况（段平忠，2013）。为了减弱和避免城乡人口流动、粮食供需不平衡之间的恶性循环，国务院在 1956 年发布了《关于防止农村人口盲目外流的指示》（以下简称《指示》），劝阻灾民留在当地。1958 年 1 月，全国人大常委会第九十一次会议讨论通过了《中华人民共和国户口登记条例》，第一次明确将城乡居民区分为“农业户口”和“非农业户口”两种不同户籍，城乡之间被人为地设置了界限，标志着中国以严格限制农村人口向城市流动为核心的户口管理制度形成。

1978 年党的十一届三中全会以前，中国经历了相当缓慢的城市化进程。1950—1978 年将近 30 年，全世界城市人口的比重由 28. 4% 上升到 39. 3%，其中发展中国家由 16. 2% 上升到 28. 5%，但中国大陆仅由 11. 2% 上升到 17. 9%。[①] 城市化之所以进程缓慢，一方面，因为对人口流动的严格限制造成的。1958 年以后，城乡二元分割的社会结构，以户籍制度为基础形成城乡壁垒，不仅严格限制了农村人口向城市的自由流动，也使得农村和城市人口在养老、医疗、失业、救济、补助等各类社会保障方面存在巨大差异。农村人口只能通过家庭团聚、城镇企事业单位招聘、上大学或者参军的方式向城市流动，除此之外农村人口几乎没有可能流向城市。即使能够迁移到城市，如果没有当地的城市户口也无法在城市中生存。人口不能在区域间自由流动，尤其是从农村到城市的道路被封死，劳动力无法自由转移和买卖。而城市建设和发展缺少人力资本的推动，劳动力资源没有得到合理配置，城市化进程因此停滞不前。另一方面，是因为人口从城市向农村的回流。自 1966 年开始，特别是 1968 年后到 1979 年，知识青年被下放到农村，全国动员了接近 1776 万城镇初中生和高中生到农村去。同时，1968 年后，除了大批城市中学生以“知识青年”的身份上山下乡外，在“五七指示”下，还有政府机关的大批干部和一些已经停止招生办学的大专院校的教职员工也到农村“五七干校”劳动，即走光辉的“五七道路”。

有研究证明，城市化水平受国民经济水平的影响（耿海青，2003），其实二者相互影响，存在较强的内生性，城市化水平既受经济水平的影响，也会影响经济发展。中国在改革开放前，城市化的

① 数据来源：世界银行统计数据。

缓慢进程并不能归因于停滞或缓慢的工业发展。因为根据国家统计局的有关数据，改革开放前的29年，中国大陆的工业和国民经济增长速度并不慢。1978年的工业总产值比1949年增长了38.18倍，在工农业总产值中，工业总产值的比重也由1949年的30%提高到了1978年的72.2%；社会总产值增长了12.44倍，其中非农产业在全社会总产值中的比重由1949年的41.4%上升到1978年的77.1%；国民收入总额从1949年的358亿元增长到1978年的3010亿元（按当年价格计算），提高了7.41倍，其中非农产业在国民收入构成中的比重也由1949年的31.6%上升到1978年的64.6%；从1950年到1973年，世界GDP总量年均增长4.9%，人均增长2.9%，其中中国大陆GDP年均增长5.1%，人均增长2.9%，分别高于和等于世界平均水平，也高于同一时期发展中国家的平均水平。所以，我们认为改革开放前，中国较低的城市化水平不是受到国民经济发展水平的影响，相反地，正是因为国家对人口流动进行干预，才导致了城市化进程的缓慢，而低下的城市化水平在一定程度上抑制了经济增长，否则，中国会实现更高水平的经济发展。

2. 改革开放以来的户籍管理制度变迁与城市化

改革开放以来，中国的人口流动和户籍管理制度共经历了四个阶段的变迁。

1978—1988年，农村经济的发展推动了户籍限制的改革。1978年后，农村经济体制改革，尤其是家庭联产承包责任制的实施大大提高了农业的生产效率（吕晨光，2013），一是改善了粮食的供需不平衡，以户口分配粮食的制度被废除，农民进城有了物质保障；二是农村劳动生产率的提高使得农村出现大量剩余劳动力，如果户籍限制放宽，农民进城寻找工作机会的可能性更大。双重因素的作用推动了户籍制度改革。1984年10月13日，国务院发出《关于农民进入集镇落户问题的通知》，要求各级人民政府积极支持有经营能力和有技术专长的农民进入集镇经营工商业，公安部门应准予其落常住户口，发给《自理口粮户口簿》统计为非农业人口。[①] 这一通知大大促进了人口从农村向城市的流动，据统计，1984 年到 1986 年，三年内全国共办理了自理口粮户口 163.38 万户，总计非农业人口 454.29 万人。城市化率由 1978 年的 17.9% 提高到了 1988 年的 25.8%，年均增长 0.79%。这个阶段城市化的流动人口主要来自两方面。第一，城乡集市贸易的开放和迅速发展，使得大量农民进入城市和小城镇，出现大量城镇暂住人口；第二，大约有 2000 万上山下乡的知识青年和下放干部返城并就业，高考的全面恢复和迅速发展也使得一批农村学生进入城市。这一阶段的城市化更多的是一种恢复性的城市化，是在弥补改革开放之前城市化的停滞不前。

1989—1991 年，"民工潮"首次出现，人口流动政策由松变紧。乡镇企业和城市改革推动了人口流动，但城市化进程并不快，城市化率在三年内一共实现了仅 0.7% 的增长。这个阶段以发展新城镇为主，沿海地区出现了大量新兴的小城镇。由于前期的宽松政策，农民工进城务工的人数逐年增加，1989 年春节出现了第一次大规模的"民工潮"现象，"民工潮"一词由此流行开来。大量农民工涌入城市，使得政府开始考虑城市的人口承载能力以及农村人口转移后农村经济结构的变化。于是又催生了一系列干预人口流动特别是农民工流动的政策。如 1990 年 4 月 27 日，国务院关于做好劳动就业工作的通知中，第 6 条就是"合理控制农村劳动力的转移，减轻城镇就业压力"。通知中还要求对农民进城务工实行有效控制、严格管理，并建立临时务工许可证和就业登记制度，防止大量农村劳动力盲目流入城市，同时提出重点清退来自农村的计划外用工，使他们

① 国务院关于农民进入集镇落户问题的通知［EB/OL］.［2001-05-25］. http://news.xinhuanet.com/zhengfu/20010525/589624.htm.

尽早返回农村劳动。

1992—2000 年，推进市场经济体制改革，户籍制度改革越来越迫切。1992 年春天，邓小平“南方谈话”推动了社会主义市场经济体制改革的进程。前期对农民工的限制使城镇产业发展受阻，于是，这一时期政府关于人口流动的基调是消除农民“离乡”的限制，允许农民跨区域流动和进城务工，但首要目标是优先解决城市失业问题。1992 年，党的十四大第一次提出发展劳务市场，建立健全农村剩余劳动力城镇转移就业的市场配置机制和自由流动务工模式；1993 年党的十四届三中全会指出，要鼓励和引导农村剩余劳动力逐步向非农产业转移和地区内的自由流动。1997 年，《国务院批转公安部小城镇户籍管理制度改革试点方案和关于完善农村户籍管理制度意见的通知》出台，规定已在小城镇就业、居住，并符合一定条件的农村人口，可以在小城镇办理城镇常住户口，标志着小城镇户籍改革的试点推行。① 农民进城的人数逐年增加，到 1998 年，已经达到 1 亿左右。这一时期城市化全面推进，以城市建设、小城镇发展和普遍建立经济开发区为主要动力。1992—2000 年，城市化率由 27.5% 提高到 36.2%，年均提高 0.97 个百分点。

1978 年改革开放以后到 2000 年，城乡之间的壁垒松动并逐渐被打破，使得中国的城市化呈现出以小城镇迅速扩张、人口就地城市化为主的特点。城市化政策主要有两方面的变化，一是由过去实行城乡分隔、限制人口流动逐渐转为放松管制、允许农民进入城市就业，鼓励农民迁入小城镇；二是确立了以积极发展小城镇为主的城市化方针政策。②

---

①《国务院批转公安部小城镇户籍管理制度改革试点方案和关于完善农村户籍管理制度意见的通知》，国发〔1997〕20 号。

② 1978—2000 年中国城市化进程研究［EB/OL］.［2004-06-25］. http://www.ce.cn/ztpd/xwzt/guonei/2004/jdzg/kfgh/jdyk/200406/25/t20040625_1151554.shtml.

2000年至今，放开并支持人口流动，城市化水平有所提高。进入21世纪，中国的人口流动政策发生了积极的变化，政策从单纯的就业目标转向就业、安居、公共服务、城市融入等综合目标。2006年，国务院颁发了《关于解决农民工问题的若干意见》，其中涉及农民工工资、就业、技能培训、劳动保护、社会保障、公共管理和服务、户籍管理制度改革、土地承包权益等方面的政策措施。根据第六次人口普查资料，中国大陆31个省份人口中，居住地与户口登记地所在的乡镇街道不一致且离开户口登记地半年以上的人口，同第五次全国人口普查相比，增加1.17亿人，增长81.03%，其中农村外出的劳动力超过1.5亿①。2012年，《国务院办公厅关于积极稳妥推进户籍管理制度改革的通知》指出，要引导非农产业和农村人口有序向中小城市和建制镇转移，逐步满足符合条件的农村人口落户需求，如在城镇有合法稳定职业和住所（含租赁）的人员，并逐步实现城乡基本公共服务均等化。② 另外，针对暂时不具备落户条件的农民工，在解决他们当前的劳动报酬、子女上学、技能培训、社会保障和公共福利等方面制定积极的政策措施。2014年7月国务院发布了《国务院关于进一步推进户籍制度改革的意见》，规定要进一步调整户口迁移政策，统一城乡户口登记制度，全面实施居住证制度，加快建设和共享国家人口基础信息库，稳步推进义务教育、就业服务、基本养老、基本医疗卫生、住房保障等城镇基本公共服务覆盖全部常住人口。截至2015年，全国常住城市的农民工人口达27747万人，城市化率从2001年的37.7%增长到56.1%（见表8-1）。

① 第六次全国人口普查主要数据公布流动人口超2.6亿［EB/OL］.［2011-04-29］. http://news.timedg.com/2011-04/29/3891676.shtml.

② 国务院办公厅，《国务院办公厅关于积极稳妥推进户籍管理制度改革的通知》，国办发〔2011〕9号。

表 8-1　　　　1978—2015 年中国城市化水平

阶段	年份	城市化率（%）	阶段	年份	城市化率（%）
一	1978	17.9	三	1997	31.9
	1979	19.0		1998	33.4
	1980	19.4		1999	34.8
	1981	20.2		2000	36.2
	1982	21.1	四	2001	37.7
	1983	21.6		2002	39.1
	1984	23.0		2003	40.5
	1985	23.7		2004	41.8
	1986	24.5		2005	43.0
	1987	25.3		2006	43.9
	1988	25.8		2007	44.9
二	1989	26.2		2008	45.7
	1990	26.4		2009	46.6
	1991	26.9		2010	47.5
三	1992	27.5		2011	51.3
	1993	28.0		2012	52.6
	1994	28.5		2013	53.7
	1995	29.0		2014	54.7
	1996	30.5		2015	56.1

从数据上看，改革开放以来，中国城市化得到了长足的进展。但是，后面我们将会谈到中国农民工人口进入城市与世界其他国家的城市化流程有着不一样的特殊性。

8.1.2　社会保障与公共服务的不公平

人口城市化的重要标志是：人口要进得去城，留得住，在城市中生活和工作得好，绝大多数进入城市后的农民工，最终成为永久的市民。然而，如果城市不提供与原住市民一样的住房、教育、医疗、养老等公共服务和社会保障，并在就业、买房、购车等许多方面不平等，或者不能进入城市，或者需要多付出进入成本，那么，就会形成青年时从农村进入城市，老年时再从城市回到农村的流程；或者一些“80后”和“90后”，不再习惯农村的劳作和生活方式，在农村也没有了房屋和土地，终身漂泊在城市，成为社会的最底层人口群体。

社会保障制度是国家根据一定的法律法规，以社会保障基金为依托，为社会成员的基本生活权利提供保障的一种制度。因此，社会保障制度最基本的特征就是公平性和普遍性。然而，中国的社会保障长期以来是根据城镇户籍人口为基数和范围计算和实施的，比如在财政预算中，就没有考虑农村进城人口子女教育经费的支出；再如城市中的保障房，是为城市中的房屋困难户，甚至是机关企事业单位买不起城市中商品房的员工安排的，并没有考虑进城农民工人口的住房需求，也不可能大量地低价出售或者廉租给他们。这是进城农民工人口最终难以市民化的障碍之一。

1. 城市中农民工人口住房购买能力很弱

从城镇住房制度的变迁看，城镇居民的私有住宅是由原来的公有住宅改变而来的，即成本很低的改革房，因此，进城农民工不可能获得这个分房份额。有的城市，商品房对农民工人口进行限制购买；不限制购买的城镇，由于房价太高，一般的农民工人口也没有能力购买。农村农民，包括进城农民及其家庭，到城镇买房，特别是在工作地买房，大部分人毫无希望。以2015年计算，农村的农民人均纯收入11422元，每户平均3.5人，收入39977元，当年商品住宅销售均价为6472元/平方米，如果直接到城镇中购买，90平方米房价为58.25万元，其房价收入比为14.57，即农民不吃不喝积攒14.57年，才能买得起城镇中的住房。工作在城镇中的农民工，人均月收入为3072元，许多农民工的妻子在农村留守，照顾子女和长辈，一家两个劳动力按照城镇 1.75 人折算，年收入为 64512 元，房价收入比为 9.07，也具备在城市购房的支付能力。即使农民工在城镇租住，其成本也相当高昂。根据国家统计局 2013 年的统计调查，农民工人均月生活消费支出 892 元，其中，平均 453 元用于房租，占消费支出的 50.78%，远高于国际平均水平的 30% 左右。

根据国家统计局住户调查，中国农民工当前的居住方式主要有以下几种类型：①单位宿舍、工地工棚或生产经营场所；②与人合租在城市边缘区；③独自租赁房屋住在分散区域；④在务工城市自购房屋居住；⑤其他方式。其中，50% 以上的人口居住方式属于第一种类型，20% 左右的流动人口选择合租的群居生活，20% 左右的人独自租房，大约 4% 的人选择其他居住方式，仅有约 1% 的农民工在务工城市购房。无论是大城市还是小城市，几乎没有针对流动人口需求特征的商品房。一方面，因为低水平工资的流动人口不是营利性房地产开发商的目标客户；另一方面，政府的住房保障政策主要解决城市居民的住房问题，流动人口并不享受经济适用房和限价房的优惠政策。所以，大多数流动人口在城市中过着条件极差的群居生活：第一，人均面积小；第二，建筑密度高；第三，基本公共设施和服务差，缺少消防设备和通风系统；第四，居住区的人文环境很差，往往受当地人的歧视。

当然，由于三、四线城市和小城镇住宅价格相对于一、二线城市低一些，加之一些稍有能力的农民工考虑子女上学、老人在城镇看病等条件，在其家乡附近的城镇和城郊购买了住宅。即异地务工，家乡附近买房。这部分农民工大约占进城务工农民的 45%。

2. 农民工随迁子女受教育的不平等

农民工家庭子女在城镇中是否能够得到政府提供的和城镇居民子女一样公平的教育公共服务，是农民工家庭能不能进入城镇的另一个重要方面。2010 年，中国进城农民工数量已经超过 2 亿人，在这2亿人的背后，有7000多万农民工子女，其中包括跟随父母在他乡的1400多万随迁子女，还有5800多万留守儿童①。到2015年年底，进城务工的农民工人口27747万人，子女在8500万人左右，其中随父母流动到城镇的子女约2000万人，有6500万左右留守在农村。

农民工的随迁子女在教育方面受到了非常不公平的待遇。进城务工农民的子女进公办学校困难，并且受到歧视。首先，由于户籍管理制度的影响，随迁子女要想进城镇公办学校接受教育，要面临复杂的手续、承受高额的教育费用。其次，很多城镇公办学校因为担心农民工子女基础差影响学校的升学率，而以各种标准或指标限制他们的入学申请。比如在北京，外来务工人员要想进入公办学校，父母必须提供五项资料，以证明其在当地就业而且具有暂住证明，或者向学校提供一定的“赞助费”。然而，很少有父母拿得出五项齐全的证明资料，更交不起所谓的“赞助费”。最后，即便成功进入公办学校的农民工子女，也会在学习过程中受到歧视，部分学校对农民工子女和城镇学生采取分班编制，差别对待，给农民工子女留下沉重的心理阴影。

城镇中农民工子弟学校教学条件堪忧。很多进不了城镇公办学校的农民工选择把子女送入农民工子弟学校，因为这里没有户籍限制，也比公办学校的费用便宜。然而，许多农民工子弟学校的办学条件，尤其是教学条件令人担忧。这些民办学校因为经费不足，硬件设施无法企及公办学校，师资水平也与公办学校相差甚远。

然而，就是这样的农民工子弟学校，也常常被城镇中的教育部门三番五次地审查，其中一些往往被勒令关门。比如，2010—2012

① 进城农民工数量超2亿子女教育问题如何解决［EB/OL］.［2010-03-26］. http://news.ifeng.com/history/phtv/tfzg/detail_2010_03/26/406817_0.shtml.

年，北京随迁的农民工子女在 30 万人以上，除了很少一部分在公办学校就读外，大部分在北京的农民工子弟学校学习。据不完全统计，农民工子弟学校 2008 年 302 所，2011 年和 2012 年北京市教委强行进行了清理，2012 年减少到 170 余所。被关闭学校的学生，有三分之一离开务工的父母，回到农村就读。[①] 全国一些城市关闭农民工子弟学校的背后，其实存在城市教育按照城镇居民安排各学校教育经费的利益冲突。地方政府不愿拿财政支出来保障外来务工人口的子女享受教育资源。

3. 农民工人口城镇社保参与率低

农村人口过去基本上没有养老医疗保险体系，主要靠养儿防老和自费治疗。随着农村生产社会化、经济货币及市场化、家庭小型化，加上年轻人口向城镇流动，农村的养儿防老传统被弱化。来到城市的农民工，许多也没有被纳入养老医疗等社会保障体系之内。

根据 2008—2014 年全国农民工监测调查报告，我们整理了近几年来流动人口中占比最多的外出农民工群体参加社会保障的比例（见图 8－1）。其中，参保比例从高到低依次为工伤保险（年均 25%）、医疗保险（年均 15%）、养老保险（年均 12%）、失业保险（年均 6%）和生育保险（年均 4%）。虽然各类保险参保比例逐年有所提高，但增长幅度不大，覆盖率仍然很低。“五险”的参保比例年均增长都未超过 1 个百分点，其中医疗保险参保比例平均每年仅提高 0. 7 个百分点。即使比例最高的工伤保险，2014 年参保人数占所有外出农民工的比例也不足 30%。

① 卢美慧，张永生．北京打工子弟学校被关停后三成学生回原籍读书［N］．新京报，2012-08-27. http：//news. qq. com/a/20120827/000060. htm.

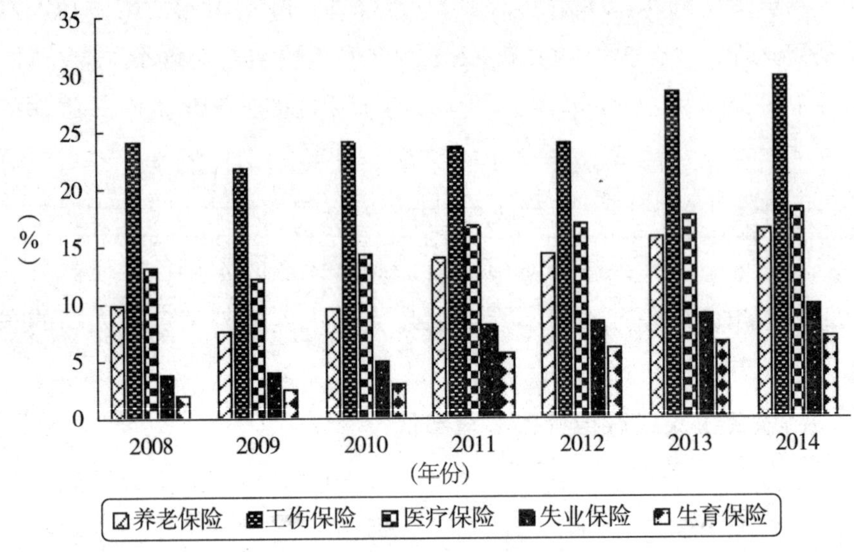

图 8-1　2008—2014 年中国外出农民工参加社会保障的比例

进城农民工参保率为什么这样低？学者杨志勇做过分析，一是农民工参保要符合一定的条件。当准入条件因为不太规范的企业用工制度而不具备时，即使农民工想参加城镇社保，也不可能实现。二是农民要考虑实现的收益与长远的养老之间的关系，当期用钱紧张而长远养老预期不明的情况下，大多数人还是认为将钱拿到手为好。特别是农民工在务工地各种消费和给子女教育等支出后，参与城镇养老等保险的资金不足。三是养老金账户虽然可以跨省流动，但是社会统筹部分不易带走。这就意味着在发达地区就业的农民工，一旦决定回到经济较为落后的家乡，养老金收益就要大打折扣。跨区域流动性较强的农民工，不参加城镇社保是理性的选择。①

第一代进城的农民工大多已经到了退出劳动力市场的年龄，但是他们参与社会保障的比率最低，全国平均可能在 3%～5%。他们

① 杨志勇．农民工参保率低的背后［N］．广州日报，2015-08-05. http：//news. xinhuanet. com/fortune/2015-08/05/c_128093842. htm.

绝大多数在城镇中没有养老保障，无住宅、无低保，更谈不上有养老金。因此，当他们到了不能劳动的年龄，或者因年龄超过退休线而被工作单位辞退后，结局一定是再回到农村养老。

从城镇医疗保障看，一方面，农民工人口不能享受与城市居民同等的医保待遇；另一方面，即便是在农村购买了医疗保险或者参加了农村合作医疗的人，也无法在工作地进行转移和报销。因此，流动人口基本的医疗无保障，在城市中生不起病，小病有时扛着，或者自费治疗，大病则很容易使其贫困。

农民要成为城市中的市民，除了户籍、住宅、教育、社保等因素的阻碍以外，经济能力也是其能否市民化的重要方面。就目前的情况来看，绝大多数农民工没有这个经济能力。农民从农村转移到城市，需要支付比原来在农村生活更多的费用。

在城市中要支付高于农村的衣食住行和子女教育等成本。显然，住宿成本是其中最高的。前面已述，按照 2015 年的数据，如果农民直接到城镇中购买住宅，其房价收入比接近 15，也就是说农民不吃不喝积攒近 15 年的钱，才能买得起城镇中的住房。从近年来农民工人口在城市中的消费结构看，房租占其生活支出的一半，远高于世界 30% 的水平。即使农村务工家庭的子女被城市学校所接收，他们在城市生活的费用要远高于在农村的生活费用。

农业转移人口从农村转移到城市的过程中，还要支付转移成本，并承担相关损失。受当前农村土地制度的影响，土地虽然占据农民财产的比重最大，但是无法等价转移到城市，在处理的过程中会造成土地价值的巨大损失。除此之外，进入城市，落户的相关费用、家具等运输的费用、时间成本等都是构成农民转移成本的重要组成部分。

农民人口融入城市成本，指农业转移人口从农村转移到城市后，为了融入城市社会所要付出的各种代价。比如，他们需要学习新的工作技能，以替代他们原来从事农业生产的技能，这种学习过程可能产生不少费用；因不熟悉城市的法律、规定等，经常被罚款；或者因技能较低，经常被辞退等；进入一个新环境，需要建立新的社会关系和社交圈子，这也会产生相应的支出。

如果没有一定的经济基础，农村转移人口几乎不可能在城市实现市民化。土地作为他们在农村拥有的一笔财富，本可以为他们在转移过程中奠定财富基础，但是由于土地流转不畅，很多转移人口得不到等价或者根本无法获得这笔财富，因而极大程度地削弱了农村人口向城市的转移能力。为提高农民工市民化的能力，促进农村人口向城市流动，未来的土地流转制度可以从以下几方面改进：第一，承包地、宅基地固定期限转让，其租金可以用于补偿农民工在城市定居的部分成本；第二，以土地入股，用股份分红补偿城市定居的部分成本；第三，承包地、宅基地使用权永久性转让，其一次性转让收入可以用作购房款、购房首付或租房基金；第四，农民以承包地或宅基地作抵押，在保有承包地或宅基地使用权的条件下，通过银行贷款获得购房首付或租房基金，并通过土地流转收入偿付部分或全部银行贷款利息。

由此可见，除了户籍方面的限制和半限制，农民工人口在社会保障和公共服务上还遭遇了各种不公平的待遇，如没有住房保障、子女就学困难、没有医疗保险和养老保险。无论是当前还是未来，即使将在城市中常住 6 个月及以上的农民工统计为城市人口，但绝大多数农民工人口终究没有变成真正的城市居民。农民工人口只是青年出来到城市中打工，一部分到老年失去谋生能力后要再回到农村，另一部分要在城市中终身漂泊，成为城市社会中最底层的人群。

8.2 进城农民工人口的农村财产退出障碍

我们前面讨论了农民工人口融入城市的户籍、教育、住房和社保等障碍。其实，当一个家庭从农村向城市迁移时，还要面临从原住地退出方面的问题，经济学上讲，就是迁移人口的退出障碍。目前，国内的经济学文献对进入障碍研究得较多，但是对农民人口城市化的退出障碍关注和讨论得较少。

从农业生产等工作领域的退出较为简单，农民人口从原住地退出向城市迁移，主要是指从其拥有的耕地牧地林地、承包的水塘和灌渠、小客栈餐饮店、住宅庭院等资产上退出。而这些土地等资产产权结构的设计和安排，是农村与城市之间劳动力、资本、人才和技术等要素能不能相互流动、实现其优化配置的关键，进而关系到要素组合和配置的效率，最终影响到国民经济的增长。

8.2.1 农民理性经济人与退出资产障碍和机会成本

在市场经济体制中，农民也是理性的经济人，当务农收入要比进城务工收入低时，农民选择从农村向城市流动，去寻求收入比农村高的工作机会和岗位。按照一般逻辑，农民及其家庭成员，如果同时向城市迁移，可以实现家庭团聚，减少交通费用，家庭化的生活可以大大降低成本。所以，他们应当从农村的农业生产和其他资产中退出。

农村的耕地、宅地等土地是有价值的。根据所处的地段，按照当地土地房屋的租金，通过政府对征用土地的拍卖价格的观察，农民对其价值有一定的预估。按照农村土地的集体所有制性质，卖地和出租土地的收益，应当归全体村民所有。但是，中国农村集体土地所有制的结构非常复杂，即集体所有，农民承包使用，使用收益归承包的农民。比如，农田的产出，林地的水果产出收入，自己宅院的出租，包括耕地的出租收入，均归农民自己所有。而且承包法规定，农民承包地和宅地等的征用转让，需要给承包农民补偿，并征得承包农民同意。因此，虽然耕地、宅地名义上是集体所有，农民也有一定程度上的实际所有权。

农民家庭在农村最主要的是土地等资产，这些资产就是他们的财富。如果无交易地退出，就会造成很大的损失。在一个土地作为私有产权并且能够在市场上进行交易的体制中，他可以按照合理的价格将其出售再退出。然而，在中国农村目前较为复杂的集体所有制土地体制下，其退出遇到了障碍，发生了困难。

放弃农村的财富，或者资产连续的收益，包括资产的增值利益，是农民工进城市民化的机会成本。所谓机会成本，是指他们进入城市成为城市居民要多付出的代价，即放弃农村户口以及农村户口所能享受的各种权利。在 2016 年 1 月中共中央和国务院办公厅〔2015〕96 号文件之前，国家规定，如果要获得城市居民户口，必须放弃农村户口，还有其拥有的土地承包权、宅基地使用权。很多农民工只是选择在农闲时间进城务工，而且不能在城市安身立命，所以他们不愿意放弃农村的土地，如果在城市里不能生存下去了，至少回到农村还有自己的一亩三分地和落脚点。另一部分在城里有稳定收入的农民工，虽然他们不指望靠农村的土地来解决温饱问题，但是面对日益高涨的土地价格，土地的增值对他们来说是不小的诱惑，因此他们也不愿意放弃农村户口和农村的土地权利。四川省统计局的一项调查显示，在农民工不愿落户城市的原因中，43. 6% 的受访者认为城市生活成本高；38. 5% 的受访者认为农村和城镇户口差别不大；37. 8% 的受访者想保留家中土地承包权，为自己留一条后路；33.7%的受访者觉得农村土地有较大增值潜力。[①] 由此可见，农民工并非完全不愿意放弃农村的土地，只是希望能从土地权利转让中获得更多的收益，以确保在“市民化”过程中没有后顾之忧。

现在的土地流转制度，不能使农民从农业生产中完全脱离出来，实际上加大了他们进城的机会成本（Deng，2008）。虽然 2016 年中共中央和国务院办公厅颁发了《深化农村改革综合性实施方案》的文件，规定进城农民工人口的林地、耕地和宅基地权不变，但是，复杂的农村土地产权结构，使农民几乎无权处置土地。《土地管理法》第 10 条规定：“农民集体所有的土地依法属于农民集体所有的，由村集体经济组织或者村民委员会经营、管理；已经分别属于村内两个以上农村集体经济组织的农民集体所有的，由该村内各农村集体经济组织或者村民小组经营、管理；已经属于乡（镇）农民集体所有的，由乡（镇）农村集体经济组织经营、管理。”农民作为集体成员是不拥有土地所有权的，只能处置承包权。而第三轮承包期只剩下 8~13 年，这样短承包期的土地，农民转让不值钱，即使想转让，也很少有投资人对此感兴趣。

国家对承包主体的限制，妨碍了土地流动市场的供需平衡。在承包经营初期，土地承包经营的主体只能是本集体经济组织的个人、家庭和集体组织。随着市场经济改革的不断深入，国家和农民都意识到土地承包经营权的流转和交易，可以促进农村劳动力的解放，加强土地流转不仅能实现土地的规模经营，提高土地的利用效率，还能促进农村剩余劳动力向城市流动。但是，在承认土地流转合法化的同时，又对承包方规定了许多隐性条件，如“由本集体经济组织以外的单位和个人承包经营的，应当对承包方的资信情况和经营

---

① 王明峰．农民工为啥不愿“农转非”？[EB/OL]．[2015-12-27]．http：//politics.people.com.cn/n1/2015/1227/c1001-27980628.html.

能力进行审查”，却又没有具体规定资信情况和经营能力应达到哪种条件。这些看不见的限制只会导致更多的暗箱操作，不利于土地的自由流转，进而影响农村劳动力的自由流动，也为土地规模化经营造成了许多障碍。

土地承包期限不稳定限制了土地使用权的流转。我国农村土地承包经营期限在第一轮承包中规定为15年，在第二轮承包中尽管被延长为30年，但是农村干部往往热衷于借用职权调整承包期限，以谋取私人利益，所以农村土地承包“三年一小调，五年一大调”的现象时有发生。这种不稳定的期限不利于承包方在农地上做长期投资，最终限制了农地流转。

农民土地承包经营权的内容受限，弱化了农民对土地的享有权利，减少了土地使用权流转的可能性。现行法律规定，耕地、宅基地、自留地、自留山等集体所有的土地使用权不得抵押。虽然目前很多地方纷纷开展土地承包经营权抵押贷款的试点，但农民因缺乏可抵押的财产，融资渠道很窄，农民很难对自己承包的土地使用权进行抵押贷款，以获得就业、创业所需的资金。2016年中共中央和国务院1号文件，提出承包地可以抵押贷款，但具体如何落实、银行是否予以认可都是一个未知数。

8.2.2 出租退出困境与其他退出方式比较

尽管我们在市场化改革中不断尝试和完善农村土地制度，但在现行制度下，农村土地仅仅以出租方式进行流转，这种流转方式仍然存在着许多困境。

土地出租流转规模小。根据农业部官方数据，我们统计了2007年到2014年全国土地承包经营权流转情况（见图8-2）。流转面积总体呈逐年增长的趋势，但增长幅度不大，增长率逐年下降，而且流转面积占耕地面积比重不高，土地流转规模较小。2007年全国约有 0. 64 亿亩流转土地，仅占耕地总面积的 5. 2%。2014 年年底，全国家庭承包耕地流转面积虽然比 2013 年增长了 18. 3%，达到 4. 03 亿亩，但流转面积仅占家庭承包经营耕地面积的 30. 4%，还不到耕地总面积的一半。2014 年，参与土地流转的农户 5833 万户，只占家庭承包农户总数的 1/4；全国经营面积在 50 亩以上的农户数超过 341 万户，仅占家庭承包农户总数的 1. 5%。日本在 2010 年已有 99% 的农户参与了土地流转；德国农场规模由 1949 年的平均 120 亩扩大到 2002 年的 450 亩以上，农场数量从 1949 年的 165 万个减少到 2002 年的 50 万个以下。与这些发达国家相比，中国的土地流转程度不高、流转规模较小。

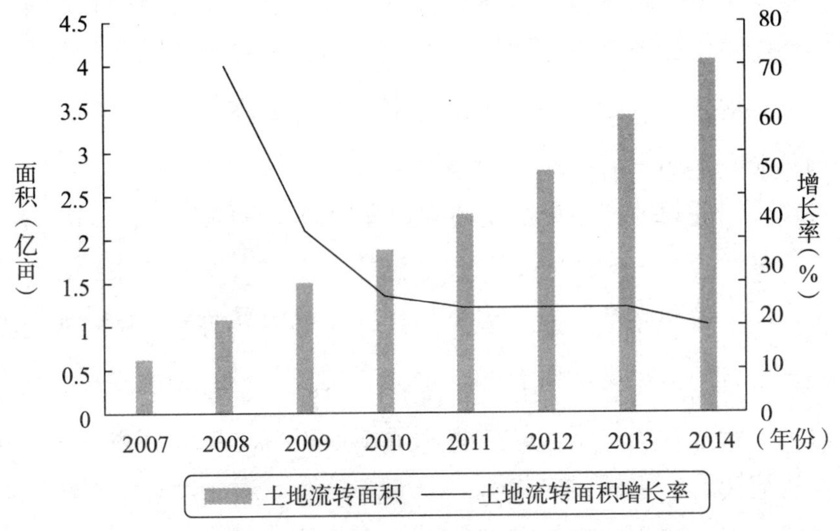

图 8-2　2007—2014 年中国农村土地流转情况①

土地出租流转程序不规范。当前，中国农村土地流转普遍存在“三多三少”现象，即亲戚朋友流转的多，专业大户流转的少；转包、出租或代耕的多，转让的少；口头协商多，文字协议少。有的

① 数据来源：中华人民共和国农业部，http：//www. moa. gov. cn/。

即便签订合同也不遵循一定的程序以及履行必要的手续，存在手续不规范、条款不完备等问题，缺乏法律保障。农村土地流转往往是在熟人、亲戚、朋友之间进行，而不是通过市场进行交易。这些不规范容易造成土地流转关系的混乱，给土地流转埋下祸根，对耕地的保护和管理带来巨大困难。2015年上半年，全国仲裁委员会受理的土地承包经营纠纷2.8万件，比2014年全年增长38.3%（2015）。

土地出租使用年限较短，使用权终止后归属不明。农地流转往往都在1年之内进行流转，超过1年的很少。调查表明，目前有44.1%的农户流转期限在1年之内，流转期限不超过5年的有57.5%，而长期流转的仅有1.4%。[①] 农民不愿意长期转让土地使用权，主要是担心国家对土地承包的政策有变动，还有对其他市场风险的考虑，比如粮食价格变动。农地流转的短期性和随意性较强也会引发其他问题。因为时间较短，承包商对土地的投入较低，追求短期利益，采用粗犷的农业经营方式可能对农田利用率不高，过度使用农药等催熟催产还会引发粮食安全问题（李淑妍，2013）。承包商还有可能改变土地的农业用途，搞非农建设。此外，土地承包年限终止后，承包商在土地上投入的其他生产资料等有关财产的归属不确定，特别是对集体所有的土地，有收回充公的制度安排，对承包商来说是一种不公平，会严重削弱他们承包土地的积极性，影响土地的流转。

我们再来讨论农民人口退出农村资产的各种方式。进入城市的农民，如果愿意在城市中工作和居住，从农业生产和土地资产形态上的退出有以下途径。一是进行经营，将耕地和宅院等出租，自己收取租金。这种出租方式的好处是：农民对于资产的承包和居住使

① 闫鹏．农村土地流转存在的问题［EB/OL］．［2014-08-01］．http：//www．tuyinet．com/tdzc/2454．jhtml．

用权不变，可以稳定地收取租金。其弊端是：在农村进行农场规模经营的投资者，如果跟单个家庭进行租赁，谈判成本太高，而且租赁时间很可能不一致；出租者可能看到农场业主赚了钱，第二年抬高租价，极易影响农场业主的效益，最后农场业主可能放弃承租。对于出租者讲，有时千里迢迢回到家乡去签订承包合同，或者由律师代理签订，成本很高，或者当地律师和承租者串通的道德风险很大。二是将林地、耕地、牧场、宅地及企业用地等资产作为资本进行经营，将其入股农牧场、农产品加工企业、旅馆农家乐等项目中，按股份分红。2016 年的中央文件提出农民进城人口的耕地林地等承包权和宅基地权不变，一个村民组或者一个行政村的外迁人口，将其所有土地资产成立土地合作社，托管给投资公司，由投资公司来经营，最终获得分红。这种方式的好处：解决了上述出租时遇到的问题，土地合作社和资本经营托管可降低一家一户谈判的成本。然而，也存在着弊端：土地与资本及技术股份合作方之间信息不对称，存在有关盈利和亏损方面的道德风险甚至诉讼风险。三是外迁农民将各类土地资产直接交易退出。这对于交易双方都是成本低、未来风险小、退出简单的方式。然而，由于农村土地所有制结构的复杂性，这种方式也是非常困难的。

8.2.3　农地制度复杂性与建设征用为国有之弊

目前的农村和城郊土地集体所有制，在运行上有着非常明显和无法克服的缺陷。①所有农村土地集体所有，一些耕地林地农民承包经营，还有一些土地集体统一经营。按照规定集体可定期对农民的承包地进行调整，农民也可以将承包的土地再流转给种粮大户和农场投资者。集体出租转让已经承包的土地，还得经由承包农民同意。国家实际上也有一定的土地所有权利：国家对农村宅基地采用审批制，对土地用途进行管制，建设用地须将集体土地征用为国有。

可以看出，这是一个各方交缠在一起、博弈掣肘、非常复杂、运行交易成本很高的土地所有制结构。②目前农村行政村没有集体经济组织，土地所有权的代表是村民自治组织。从经济的财产所有权、使用权、收益权和负债权对等和完备的角度看，村民自治组织行使土地财产权是不合理的。集体经济组织，在现代经济中，应当是村民将土地按股份交出委托组成的共同体。一个没有经济责任的自治组织，怎么能是村民土地集体所有的代表呢？③在人民公社解体前，土地资源的实际所有以队为基础，后来全国大约有 60% 的农村耕地是以队为基础承包的，也就是说，土地的集体所有以前是以队为基础的，20 世纪 80 年代土地承包改革，自然村的村民以自然村土地多少承包，相当多的农村实际上并不是全行政村村民平均的集体土地所有制。一个行政村内各自然村村民占有和使用的土地面积相互之间并不平均。行政村还有一个公章，自然村连公章都没有。形式上的土地流转，如果需要，还要到村里去盖章。④农村人口城市化和流动是一个趋势，几十年后可能出现极端的例子，青年人都进入城市了，老年人都去世了，几百人的村庄，只剩下了两户人家，或者根本就没有人口了，那么，集体是谁？难道过去几百上千亩的耕地、林地、宅地和其他建设用地，都归这没有向外迁移的两户人所有？或者收归国家所有？如果一个投资农场或者林场的企业，签订了承租土地四五十年的合同，时间到期后，将租金交给仅剩的两户，是不是太不合理了？如果村庄没有村民了，投资者要续签合同，又该找谁呢？⑤农村的集体土地现在也没有明确使用物权的继承权，如耕地、林地、宅地等，年轻人外出务工，留在了城镇，老年人去世，承包的耕地能有继承权吗？过去租的 50 年的林地有继承权吗？祖祖辈辈居住或者后来分配的宅地有继承权吗？由于农村人口城市化、地区之间迁移、相对减少等，我们不得不面对现实，特别是影响土地资源再配置和土地要素使用的效率等这样的问题。

实际上，从另一个方面看，如果没有城市资本向农村土地投资，农村人口也就很难从土地上退出。依照目前的法律规定，除农民承包耕地出租式的流转，前面已述因谈判成本和成功与否等原因较为复杂，城市中的资本和农村中的土地合资入股到农村经济，这种形式也被限制。而农村中用于经营或居住的耕地、林地、宅地，也几乎不能交易。当然，自从过去农业社会的土地集中后，大部分农民失去土地，从灾年等时期容易发生社会的不安定角度出发，这种限制土地贷款抵押、入股（因为如果破产，农民的土地有可能被清算抵债）和买卖的条款，无可厚非。但是，一个国家和社会向着城市化、工业化和市场化迈进的阶段中，必将发生这样的情况：最后农村 80% 甚至更多的人口向城市流动、迁移和集中，农业生产在就业和 GDP 中的份额越来越低，像一些发达国家，就分别降到 3% 左右。因此，用农业社会的思维方式，去设计和安排城市化、工业化和市场化过程中的农村土地体制，体制和运行及大势必然是扭曲的。而这种扭曲的后果是：人口向城市流动，但出现“老回”或者在城市中漂泊的现象；人力要素可以流动，但是，资本要素不能向农村流动；由于人口流动不畅，农村剩余人口和劳动力还是较多，劳动生产率较低，收入水平较低，人才和人力资本向城市流动，被农村挤出；整个城乡与农业和土地有关的人力资本、资金等要素，不能在流程的各环节合理配置，各种要素的投入效率大大下降，实际上是国民产出的一种巨额损失。

国家一直在推进农村土地制度的改革：如宅基地、耕地和林地确权；农村承包地可以流转，可以抵押贷款；集体土地与国有土地同地同价，集体建设用地可以直接进入用地市场；进城务工农民的耕地权、林地权和宅基地权保留不变等。目前存在的问题是：①经济学界和政策制定者对农村土地的交易、抵押、入股等在认识上还不一致；②一些过去的法律法规条款没有被清理，相互矛盾，而现有的中央和国务院文件没有具体条规的落实；③国土、农业、林业、建设、银行等部门在执行中央和国务院文件时，意见不一，不能互相协调；④长期使用，究竟是多长？耕地、林地、宅基地权能不能继承？农村不动产的交易能不能不由政府行政垄断交易，而在省和全国建立土地交易中心，进行大市场和大范围的交易？⑤地方政府能不能放弃征用集体土地再在行政垄断市场上出让既得利益？如交通、水利、教育等公益用地，政府能不能财政弥补，按照市价征收？这些复杂的问题困扰着土地制度按照市场经济运行的需要进行设计、安排和改革。

有的学者和政策制定部门提出，农村耕地、林地、宅地只能在同村流转交易，这是农民退出土地最为不利的方式：农村耕地、林地、宅地越是在村落范围内流转，或者在乡镇县域中流转，价格越低。而其交易的信息在一个省级区域挂牌时，出价竞争的范围就从农村扩大到城市，从一个县域扩大到省域，竞价者增多，土地出租、寻求股份合作和出售的价格也将大幅度提高。

另一个阻碍农民人口向城市迁移、有偿退出农村土地的问题是：按现在的法律，投资和建设用地，如果是集体土地，必须得先征用为国有，才为合法用地。征用不是按照市场价格征收，对级差地租性质的收入，或者增值太多的收入进行征税，而是用所谓的按多少年产出来进行补偿。另外，政府将土地在一个自己为卖方的行政垄断性的土地市场上拍卖，一家卖地，千家竞价，价高者得。也就是从农民手中低价拿地，再高价倒卖土地。实际上，给农民的补偿部分，无法使绝大部分人有创业的资本，无法使他们有购买城镇住宅的能力，无法使他们有供子女教育和自己养老医疗的财力和保障。因此，因征地拆迁形成的社会矛盾较多，而且，总体上与日韩和中国台湾地区等相比，进城务工农民人口进入城市成为市民的创业自有资本和住宅购买能力等都很弱。也就是说，在建设用地必须集体土地征用为国有的体制下，农村人口可能部分或者全部退出农业生产和农村资产，但他们在城市成为市民的能力不足，只能重回农村，或者在城市中漂泊。

由于农村土地所有制为集体所有，村民委员会是代表者。许多村民外出务工，一些没有被承包到农户的，如集体工厂厂房、场院、办公地点、林地、水塘、耕地、牧场等，村主要负责人私自将其出租给本村村民，或者村外经营者，村主要负责人从中分股份、吃回扣等，甚至名义上签订长期出租，实际上是变卖的问题。一些如高速公路、铁路、水利建设的征地补偿款，上到地方县政府和有关部门，中到乡镇政府，下到村委会，层层截留，到农民手中已经大打折扣。征地拆迁中，房地产项目，补偿较多一些；工厂项目补偿少一些，一些诸如交通、水利等项目，补偿标准更低，造成了同地不同价的现象。上述种种问题，导致全部或者部分退出农业土地资产的农民人口，在向城市流动时，所能得到的创业和补偿资金更少。

虽然《农村土地承包经营权流转管理办法》规定土地流转遵循平等协商、依法、自愿、有偿的原则，但实际上农民在土地转让征用中并没有平等的话语权，权益经常被侵害。在利益驱使下，一些地方政府与开发商勾结，对农村土地和房屋进行强征强拆，致使群众利益受损。群众以极端的方式对抗强征强拆，维护自身权益，导致社会失序和不稳定。有的被拆迁居民在维权路上碰壁后，还采取了更为极端的方式。近年来，各地强征强拆导致死人、自焚的恶性事件时有发生。据统计，2012 年网络维权事件中，社会民生类网络维权事件占据了全部网络维权事件的 1/3 以上，位居第一。其中，强拆强征事件 275 起，占社会民生类网络维权事件的 81. 85%，占全部网络维权事件的30.09%。[①]

许多学者认为，坚持农村集体土地所有制，土地不能抵押、入股和买卖，是为了防止两极分化、保持社会安定、保证有农民务农而粮食安全（曹芳，2005）。然而，这种体制安排的结果恰恰与此相反。①从中国基尼系数的权重来看，城乡收入差距占到成因的60%以上。城市化进程较慢，农村中滞留的人口比例越大，特别是相当多的农村人口青年出村进城务工，老年又回村。加上城市资本因土地体制的障碍，不能进入农村旅游、农林场、农产品精加工等使其繁荣，因此，中国的基尼系数要想降低，可能会希望渺茫。②由于谈判成本太高，原有人口不能顺利退出耕地、宅地、林地，农业土地撂荒、水利设施破败、耕地无人投入、林地无人看管和养护经营、住宅无人居住等，导致村庄败落、水土流失、树林被伐。世界上发达国家几乎都实行了农村土地可以交易流转的制度，其结果是农业规模化生产经营，在村农民乐业并富裕，村庄现代化而不乏传统和自然，生态环境优美。如果土地产权或者物权不清而不能顺利出租、抵押、入股、交易和继承，不能有一个长期稳定的权益（比如使用物权只有5年、20年、50年等），没有结构简单、运转高效、成本较低的土地所有制度安排，农业现代化将会遥遥无期，农村将成为贫困老年人的聚集地，农村将破败凋敝，基尼系数将居高不下，国民经济将失去人口流动和城市化以及有效要素在城乡流动配置带来的动力。

---

① 中国社会科学研究院社会所社会心理研究中心．2012—2013中国社会心态研究报告［M］．北京：社会科学文献出版社，2013.

9　城市化流程的扭曲和消费塌陷

一些对中国大陆未来经济发展乐观的经济学家，在比较与日本、韩国和中国台湾等国家和地区城市化时，仅仅从城市化水平的差距就断言中国大陆还有经济快速增长的巨大潜力。然而，他们没有仔细研究中国大陆农村人口流动和城市化“退不出和进不去”的特殊体制环境，也不了解中国从农村向城市的人口流动，一部分可能是青年从农村到城市，老年再从城市返回农村，他们没有成为城市的市民，只是在年富力强时在城市务工几十年，结局是“青出老回”；另一部分从农村流动到城市的年轻人口，当他们老年时，因没有在农村劳作的技能，不习惯农村的生活方式，农村已经没有他们的住宅和土地，他们也不愿意或者不能够返回农村了。但他们在城市中没有自己的住宅，只能承受不断上涨的租金，他们子女的教育在城市受到不同程度的歧视，在城市没有社会保障，生活在城市的最底层，成为终身漂泊在城市的过客，没有真正成为扎根于城市的市民。而政府财政和开发商可以更多地从低价农村集体土地转为高价城市国有土地和房屋的过程中，获得更多的利益，这种房地产的动机和行为已经转移了巨额农村土地财产的价值，加上长期较为严厉的计划生育造成 24~44 岁人口数量萎缩，使城市的房地产严重过剩，已经削弱和透支了中国未来城市化推动经济增长的重要力量。

9.1　“青出老回”与漂泊于城市

流动人口、青年从农村到城市再从城市回到农村、相当一部分进城的人口在城市中蜗居和漂泊，是中国人口城市化过程不同于世界其他国家城市化进程的三大特点，其实质是进入城市的农村人口不能真正市民化。

9.1.1 人口城乡钟摆式和不同地频繁流动

流动人口是在中国户籍管制条件下形成的特有概念，是指离开户籍所在地的县、市或者市辖区，以工作和生活为目的异地居住的成年育龄人员，统计上将在流动地工作和居住6个月以上的流动人口也算作城市人口。据国家卫生计生委2014年11月18日发布的《中国流动人口发展报告2014》，2013年我国流动人口数量达2.45亿人，相当于每6个人中有一个是流动人口。目前，中国流动人口表现出以下几个突出特征。

1989年2月中旬第一次大规模“民工潮”在广东省出现。一年一度的“民工潮”兴起于20世纪80年代的广东省，主要是珠江三角洲地区对劳动力的大量需求。广东省在改革开放中先行一步，经济和社会发展与内地形成了较大差距，因此成为吸引全国农村劳动力的热点地区，20世纪80年代末90年代初更趋于巅峰，形成了“百万民工下珠江”的浪潮。1984年新年伊始，数十万外省民工南下涌入广东，至2月15日，仅乘坐火车南下入粤的民工就已经超过40万人。广州市火车站人山人海，每天都滞留成千上万的民工。有关部门，特别是运输和城管部门感到巨大压力。此后，“民工潮”一词流行开来，“民工潮”也成为每年春节前后的热点问题。从2004年开始，珠三角一带出现了制造业招工困难，很多工厂因工人不足无法开工，“民工荒”问题凸显，随后越来越严重（简新华，张建伟，2005）。之所以会出现“民工荒”现象，一方面是制造企业低水平的工资待遇难以留住人才，另一方面因为农民工在城市里无法实现完全的市民化，户籍、社会保障、公共服务等都没有受到公平待遇，因而对城市缺乏归属感。从外出农民工的增长速度来看，近年来外出打工的人员增长速度缓慢，增长率从 2010 年的 5.5% 下降到 2014 年的 1.27%（见图 9-1）。

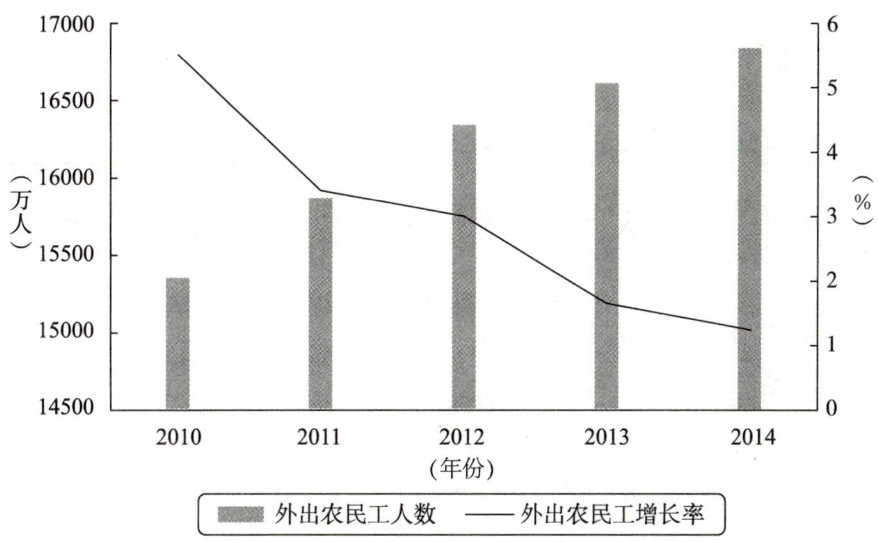

图 9-1　2010—2014 年全国外出农民工数量和增长率①

流动人口中劳动力人口年龄增长，年轻农民工的比重逐年下降，从农村向城镇转移的青年人趋于减少。2013 年中国流动人口的总量是 2.45 亿，流动人口的总流向趋势并没有改变，特别是特大城市人口集聚态势还在加强。但是，劳动年龄流动人口的平均年龄进一步上升，2013 年劳动年龄流动人口平均年龄从 2011 年的 33.1 岁提高到 33.7 岁。从农民工分段年龄看，40 岁以下农民工所占比重继续下降，由 2010 年的 65.9% 下降到 2014 年的 56.5%，50 岁以上的农民工占比持续上涨，从 2010 年的 12.9% 增长到 2014 年的 17.1%，农民工平均年龄由 35.5 岁上升到 38.3 岁。受人口增长缓慢和老龄化的影响，我国年轻劳动力向城市输入的数量将逐渐减少。劳动力人口的年龄逐步老化，对未来的城市建设和城市化进程十分不利（见表 9-1）。

① 数据来源：国家统计局《2014 年全国农民工监测报告》。

表 9-1 2010—2014 年中国农民工年龄构成①

	2010 年	2011 年	2012 年	2013 年	2014 年
16~20 岁	6.5	6.3	4.9	4.7	3.5
21~30 岁	35.9	32.7	31.9	30.8	30.2
31~40 岁	23.5	22.7	22.5	22.9	22.8
41~50 岁	21.2	24.0	25.6	26.4	26.4
50 岁以上	12.9	14.3	15.1	15.2	17.1

流动人口文化程度有所提高。第六次人口普查表明，流动人口中初中及以上文化程度的超过一半。2014 年高中及以上文化程度农民工占 23.8%，比 2013 年提高 1 个百分点。其中，外出农民工中高中及以上的占 26%，比 2013 年提高 1.6 个百分点，比本地农民工高出 4.6 个百分点（见表 9-2）。流动人口，尤其是农村流动人口受教育程度逐步提高，可以在一定程度上提高城市建设和生产效率。

表 9-2 中国农民工受教育程度②

	农民工合计		外出农民工		本地农民工	
	2013 年（%）	2014 年（%）	2013 年（%）	2014 年（%）	2013 年（%）	2014 年（%）
未上过学	1.2	1.1	0.9	0.9	1.6	1.6
小学	15.4	14.8	11.9	11.5	18.9	18.1
初中	60.6	60.3	62.8	61.6	58.4	58.9
高中	16.1	16.5	16.2	16.7	16	16.2
大专及以上	6.7	7.3	8.2	9.3	5.1	5.2

流动人口收入较低。与自然经济体制不同，市场经济体制下的人口流动主要诱因是城乡和地区的经济收入差距。然而，由于受到工作性质等因素的影响，这部分人口在城市社会中属于低收入人群。以农民工工资水平为例，根据有关调查，我们收集整理了 2000—2014 年中国农民工

① 数据来源：国家统计局《2014 年全国农民工监测调查报告》。
② 数据来源：国家统计局《2014 年全国农民工监测调查报告》。

的工资水平。十多年来，外出务工的农民工月平均工资从 517 元增加到 2864 元，虽然增加了 4.5 倍，但是仍然处于较低水平，仅为 2014 年城市单位就业人员平均工资（4694 元/月）的 61%（见图 9-2）。

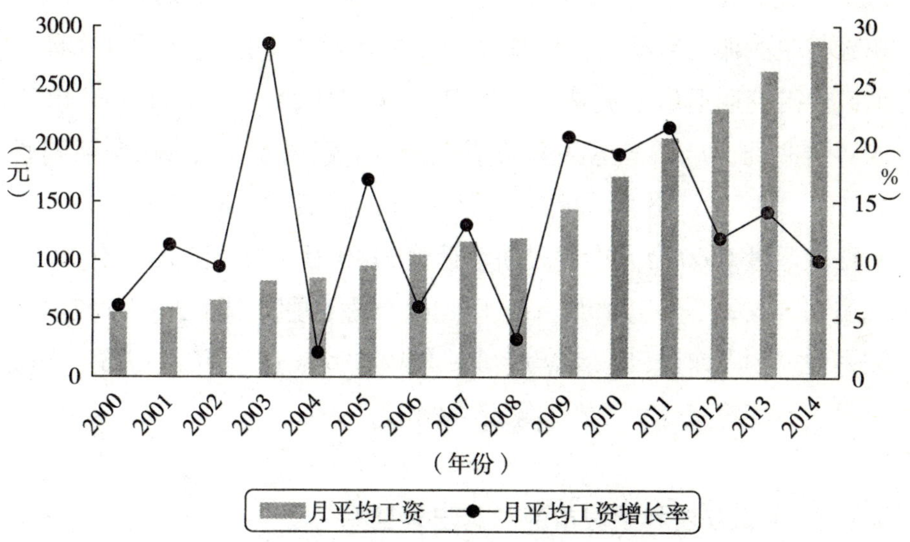

图 9-2　2000—2014 年中国农民工月平均工资水平①

流动人口几乎没有在务工地购房的能力，租房比例持续上升。有关数据表明，2014 年外出农民工中，在单位宿舍居住的占 28.3%，比上年下降 0.3 个百分点；在工地工棚和生产经营场所居住的占 17.2%，比上年下降 0.5 个百分点；租赁住房的占 36.9%，比上年提高 0.2 个百分点；乡外从业回家居住的农民工占 13.3%，比上年提高 0.2 个百分点；在务工地自购房的农民工仅仅占到 1%，比上年提高 0.1 个百分点。自购房农民工比例虽然有所提高，但主要是在小城镇自购住房的农民工增加，在小城镇购房的农民工占 49.1%，比 2013 年提高 2.7 个百分点。上述结果也从另一个侧面反

① 数据来源：2000—2010 年的数据来自《中国农民工工资走势：1979—2010》，其他数据来自统计局。

映了流动人口收入和消费水平较低的特点。

每年春节期间，进城务工的农民工回家与父母兄弟姐妹团圆，与留守在农村的孩子相聚；全家在城市中的农民工家庭举家回乡，走亲访友，回到家乡欢度节日，形成进城务工人口在城市与乡村、东部与中西部、劳动力输出地区与吸纳劳动力地区之间钟摆式地流动。中国交通运输部披露，2016 年，从 1 月 24 日到 3 月 3 日 40 天的春运期间，全国旅客发送量超过 29.1 亿人次，比 2015 年增长 3.8%。其中，铁路客运量 3.26 亿人次；道路客运量 24.95 亿人次；水路客运量 4260 万人次；民航客运量 5140 万人次。自 20 世纪 80 年代后期，农民工外出到城市务工形成“民工潮”以来，这种在城乡间钟摆式的人口流动，年年持续，规模增长。这说明绝大部分进城农民工不能将父母和子女举家迁入城市。

9.1.2 人口从农村到城市的“青出老回”

由于前述种种土地财产收益少、房价高、户籍关卡、公共服务不公平、不愿意参保等原因，进城的农民工人口不能成为城市中的市民。因此，许多农民工，特别是第一代农民工，他们青壮年时从农村出来，到城市中务工挣钱，收入除了在城市中不得不支付的房租和节俭的生活消费外，剩下的收入都寄汇回家，用于子女教育支出、修建房屋、儿子结婚等开支。

这是《海南特区报》关于一个进入老年阶段农民工即将回乡的采访：刘女士并不是独自居住，而是和她的老公、表弟、儿子等住在一起。这间房只有 10 多平方米，3 张床依墙而放，房间里没有什么像样的家具，窗户上贴了贴纸，即使在白天也开着灯。桌子上摆着一台 DVD，这是他们平时最主要的娱乐工具。刘女士说：“农民工都是几个人一起住的，不然哪付得起房租。我和老公一起出来的，平常就帮着做做饭，有活干的时候就去工地做做小工。”刘女士今年

50 多岁，丈夫 60 多岁，两人已在海南务工五六年。她说，这些年丈夫坚持在外打工，想趁着身体还算健康，再干几年，而她更希望回老家。“年纪都这么大了，也干不动了。而且现在打工也挣不到多少钱，还不如回农村种地。”刘女士没能说服丈夫，只能跟着他一起在外打工。这几年，他们的儿子也跟着他们一起打工。虽然常年在外，但好在一家三口在一起，不会觉得孤单。对于养老的归宿，刘女士说，他们的选择并不多。“我们没有缴社保、‘退休’后没有养老金，子女也没有在城市安家，除了回农村，我们没有更好的选择。”每每想到这些，刘女士就连连叹气。①

2015 年年初有媒体在四川一些县做了调查，截至当年 3 月底，泸州江阳区石寨镇已有 1873 名第一代农民工从城市返回乡村，南江县关门乡返乡的有 1236 名，分别占总人口的 8. 36% 和 8. 82% 。具体到村，平昌县得胜镇独柏村返乡第一代农民工占总人口的比重有 7. 29% ，叙永县摩尼镇李红村为 5. 21% 。第一代农民工整体返乡潮是否临近？在接受记者调查的 302 位第一代农民工那里得到的统计数据显示，有 42. 71% 的人已经返乡或正考虑在几年内返乡。他们给出的原因是：许多工作对体力要求高，自己已逐渐难以承担。结合调查，大体可以判断，从事劳动强度大、技术含量低工种的年长农民工，将率先面临返乡问题。②

第一代农民工人口的年龄在 45～70 岁，在城市中只要不能工作了，就没有留在城市生活的经济来源。其青壮年时所挣的钱，实际上用于了前述的事项，社会保障参保率较低，自己养老的储备率较少，甚至没有。他们回到农村则面临着农业劳作已经体力不支，对

① 张宏波．第一代农民工的养老困境：老了之后该返乡还是留城？［N］．海南特区报，2016-03-20. http：//www. chinanews. com/gn/2016/03-20/7804211. shtml.

② 张守帅，王域西．第一代农民工归宿调查［N］．四川日报，2015-04-01. http：//news. xinhuanet. com/politics/2015-04/01/c_1114842303. htm.

农村生活已经不习惯，最重要的是儿女也出去务工，没有人来照顾养老，也没有足够的收入用于养老。许多回乡的老人，还要替在外务工的子女照顾留守第三代孙辈的饮食起居和学习接送等；有的回乡的农村老人，子女孙辈都在外，或者是孤寡老人，多有疾病，低保微薄，独自在家失去劳动和生活能力，更是陷入生活的困境。

9.1.3 不返乡的农民工人口在城市中漂泊

在城市中务工生活多年后，流动到城市的农村人口中，一部分不愿意或者不能够再回到农村，由于工作不稳定、收入低、居住租房简陋等，他们中的大多数人成为城市中漂泊的人群。

从年龄来看，越是第一代农民工人口，其老年返乡的比例越大。主观上讲，这一代农民工对家乡的情感较深，叶落归根的传统观念较强，回去后子女也在外务工而不在身边；客观上讲，他们文化程度较低，许多人没有参加社会保险，在城市中已经不能劳作，没有收入来源，即使习惯了城市的生活，不愿意回到农村，但由于在城市的生存压力不得不回农村。第二代甚至第三代进入城市的农民工人口，由于还没有到他们年老的时候，现在也无法判断他们是否到时要返回农村。然而，这一代农民工人口从主客观上讲，受教育水平要比他们的父母辈高，虽然愿意干工厂加工和其他体力活的意愿较低，但是接受新技能和新事物的能力要强一些。从工作生活方式及环境上看，他们更加向往和习惯于有抽水马桶、洗澡方便、文化娱乐丰富、有车有房的城市生活方式，也习惯于城市中时间确定的工作而不喜欢农业劳作方式。从更长时间和更客观的角度看，第二代和第三代进城的农民工人口，由于其土地已经被流转，农村就业机会相对于城市的缺乏，没有农业生产技能，甚至房屋也已经转让，或者没有再分配给他们宅基地，相当多的可能想返回家乡也回不去了。也就是说，越往后进入城市的农民工人口，其老年后可能返回的比率会越低。

“90 后”农民工的消费观念与父辈截然不同，甚至与“70 后”和“80 后”农民工也不同。辽宁省团委的调研显示，“90 后”农民工在考虑满足自己物质需求的同时，也将精神需求的满足提高到重要位置，物质和精神并重成为他们区别于其他年龄段农民工的显著特点。“90 后”农民工闲暇时最喜欢的活动内容依次是“看电影或电视”“去网吧上网”“喝酒或下饭馆”“逛街”等。同时，“90 后”新生代农民工生活方式更加城市化，主要消费集中在游戏、通信和网络消费等方面。许多“90 后”农民工认为，他们早已融入了城市生活，如果回到农村，反而会不适应。[①] 从一些学者发表的调查文献看，“90 后”进城农民工在社会生活上有以下特点。

受教育程度、收入水平和社会地位均较低。相比于改革开放时的第一代农民工，“90 后”农民工的受教育程度虽然有较大提高，但总体上还是比较低，在文化素质上也还不高。据调查，“90 后”农民工中只接受过初中和高中这两个阶段教育的比重比较大。其中初中文化程度及以下的占所有青年农民工的 39%，高中文化程度的占 28%，大专及以上文化程度的占 33%。因此，这些农民工在选择职业时会存在很多的局限性，由于缺乏高技能，多数年轻的农民工难以在城市中成长为经济地位较高的新市民。此外，由于年轻的农民工在城市中从事的多为简单的服务性工作，他们的收入也普遍偏低。调查发现，月收入在 1000～2000 元的群体占 10%，月收入 2000～3000 元的占 65%，大部分人会选择用加班的方式来获取酬劳。相较于单身的年轻的农民工来说，一些已婚的“90 后”农民工在城市的生活更艰难。他们不仅要维持自己在城市中的基本生活，还要

① “90 后”农民工调查［N］. 重庆商报，2013-08-03. http：//news. xinhuanet. com/fortune/2013-08/03/c_125109767. htm.

承担一个家庭的大部分消费支出，可见其生存压力之大。作为城市的外来务工人员，许多“90后”农民工在城市里缺乏归属感，认为自己不如城市的当地人，社会地位较低。因此，有74%的人希望回老家定居，只有26%的人希望在就业的城市定居。

居住条件较差，社会交往范围窄，业余生活形式单一。“90后”农民工绝大多数无力在城市买房，自己租房则花费较大。经调查，52%的农民工是老板或企业提供住宿，集体宿舍生活条件较差。45%是自己租房，多数是租一些群租房，条件也很差。“90后”农民工的社交圈也比较窄，与同乡交往的人占50%，与同事或雇主交往的人占25%，基本上都只是局限于自己工作的场所，另外，59%的“90后”农民工业余时间是在上网，特别是在娱乐方式方面，有76%的人选择上网。其人际关系处理得不是很好，不少人不能够较好地与同事相处，这与他们业余时间大量花费在网络上也有一定关系的（卓小蒙，2015）。

9.1.4 大多数国家能够市民化的城市化

德国、日本、韩国和中国台湾地区城镇化的流程和脉络，与人口管制和不同土地体制下的中国大陆大不一样。

他们的人口从农村向城市流动中，几乎没有阻隔和障碍。德国从19世纪初期开始，便通过各种立法和公共服务设施建设使农村人口流动合法化、可行化（肖辉英，1997b）；日本实行的是一元经济结构，“市民”和“农民”之间的就业和社会福利都是平等的，日本流动人口只需要在流入地办理简单的迁入手续即可成为当地居民，子女的转学手续也很简单（朱继东、毛芳，2009）；19世纪60年代以来，韩国先后建立了产业灾害保险、医疗保险、国民年金、雇用保险四大保险，并通过不断地扩充和完善，形成了一套比较成熟的社会保险体系，农村转移到城市的人口一并纳入该体系，给快速发展的城市化提供了有力保障；20 世纪中期开始，中国台湾地区就出现了农村劳动力向城市的转移，在这个过程中，农村人口在政策方面没有受到任何身份排斥，农民、工人、自主创业者之间可以自由转换。到了 20 世纪 80 年代初期，台湾只有不到 20% 的劳动人口在从事农业活动，而且其中 90% 是兼职农民（杜雪君、黄忠华，2009）。由此可见，发达国家和地区城市化进程中的人口流动，特别是农民从农村往城市的流动是十分自由的。

在土地政策方面，这些国家和地区的土地资产是一种市场属性的资源，能随着人口流动的变化而重新配置。在城市化的过程中，土地发生了转型，即从单纯的农业生产资料转为土地资产，土地财富得到了增值，土地的集中和再配置提高了效益，农民不仅在现代化的农业中增加了收入，而且，土地产权是明晰的，可以在市场中流转和再配置，至少在交易、出租、入股、抵押、继承等活动中，从土地财富的增值中得到了可观的收益。

德国、日本、韩国和中国台湾等国家和地区的农民，可以用土地财富增值形成的收入，作为其创业兴办小企业的资本，并具备到城镇购买住房的能力。而且由于土地供给的竞争性（与中国大陆土地行政部门垄断招拍挂相反）（史卫民，2014），城市地价在城镇化的进程中，没有像中国大陆一样，涨得如此离谱，加之农民创业和土地收入，使其拥有到城镇购房的能力，进入城市的新市民人口，大部分有了自己产权的住宅。如中国台湾地区在 1980 年时，城市化水平 65%，但城镇中居住和工作的 85% 家庭有自己产权的住宅。只要住下，他们就成了城市中永久的市民。

纵观这些国家和地区的城市化进程，因为有了制度的保障，农村人口从农村的“退”以及向城市的“进”都是十分顺畅的。一方面，明晰的土地产权和交易制度使得农民能够退出农业，还能获得可观的土地增值收入；另一方面，农村流动人口可以自由地进入城市，在城市中可以自由地选择就业，也能享受平等的社会保障和公共福利，至少在制度上没有受到身份和地位的歧视。所以，他们能够实现完全的市民化，也不存在“青出老回”和在城市中大规模漂泊的现象。

人口的流动流程，德、日、韩和中国台湾地区的人口城市化是从农村稳定地流动和集中到了城市，是从农村到城市“单向出去的良性流动”；中国大陆的城市化则是青年从农村出来，流动到城市，不能在工作地永久地居住下来，而是在不同城镇间移动漂泊，不能固定基本居住，有一小部分脱离工作地而在家乡附近的建制镇和县城购买了住宅，大部分进城农民进入中老年后，还是要回到农村去。人口流动轨迹是一个从农村到城市，再从城市流回到农村，其中还有一部分流回到县城的“出返双向不良漏回”。因此，如果未来还是保持这种扭曲的人口流动（见图9-3），中国大陆还想以住宅建设和销售为主要内容的城市化来推动经济增长，见效恐怕微乎其微。

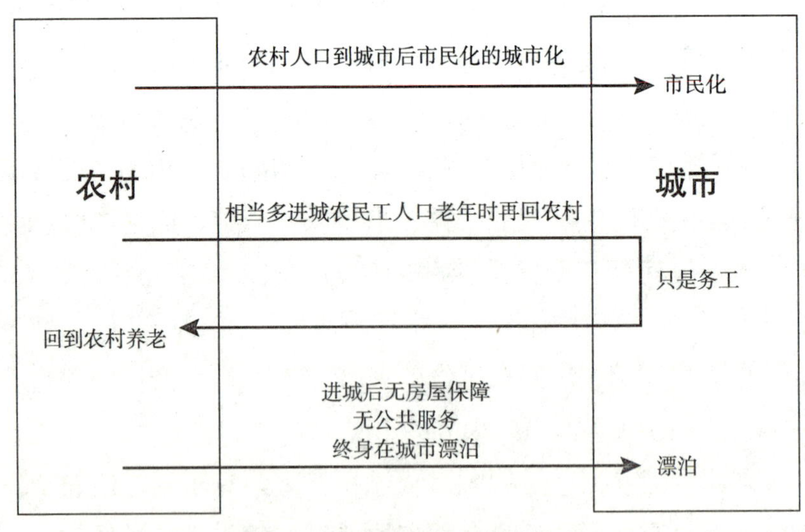

图9-3　中国流程扭曲的城市化

注：最上面的线是指理解的城市化，中间线是青年进城老年再回农村的人口流程，最下面的线是进城后人口没有市民化的城市化。

9.2　城市消费抑制和农村消费塌陷

对人口流动的干预，最终导致城市消费被抑制、农村消费出现塌陷。一方面，由于教育、医疗和社保的不公平，大部分流动人口在城市里是不敢消费的，甚至不如农村人口的消费水平，他们虽然为城市发展提供了大量劳动力，却对城市消费的推动力不足；另一方面，中国相当多农村人口年轻时在城市中务工，年老了又要回到农村，使农村老龄化速度快于城市，农村老龄人口的消费水平不仅低于农村年轻人口，也低于城市老年居民，消费水平只是他们的1/4~1/3，因而形成农村消费塌陷。

9.2.1　流动人口干预制度下的城市消费抑制

随着中国农村劳动力从农业生产活动中的不断解放，以及改革开放以来人口流动政策的逐步松动，越来越多的流动人口涌向城市。根据《中国流动人口发展报告2014》公布的数据，我国2013年流动人口总数达2.45亿，即每6个人中就有一个是流动人口，其中80%的流动人口是从农村流向城市。流动人口占当地居民的比重将越来越高，对当地的经济结构、经济增长也会带来巨大影响。然而，作为中国户籍管制下的特殊人群，流动人口，特别是农村流动人口，长期以来都生活在城市边缘。虽然他们工作和居住在城市，但是因为不能平等地享受各种权利，因而没有完全融入城市，二元城乡结构仍然存在。再加上较低的收入水平，使得这部分"被城市化"的人群在城市中的消费，不仅不如他们在农村时的消费（宋建军，2013），也远不及真正的城市居民，所以，总的城市消费实际上是被抑制的。

1. 住房和食品在流动人口消费中占大头

流动人口因流动性较强，所以在工作地以租房居住为主。以流动人口中的主力军——农民工为例，外出农民工在城市里的住宿方式主要包括：单位宿舍、工地工棚或生产经营场所、租赁住房、务工地自购房屋、乡外从业回乡居住、其他（见图9-4）。根据全国农民工监测报告提供的数据，近几年来，我国农民工大多数自己租赁房屋居住，而且数量逐年上涨；也有一部分农民工住在单位提供的宿舍内，但该比例有下降趋势；住在工棚或生产经营场所的农民工占比每年约有17%；回乡居住的农民工占比在近两年出现了明显的增长，可能是因为在周边城市打工的农民工数量不断增多；能住在自购房中的农民工不足1%，这两年出现了小幅上涨，主要是因为在小城镇购房的农民工比例增加，从2013年的47.4%增加到2014年的49.1%。在外出农民工中，工作单位不提供住宿也没有住房补贴的占比将近一半，也就是说，几乎一半的农民工完全需要自己承担住宿费用。有学者曾测算过，一对农民工夫妇至少要在城市连续工作21年，才能满足进城定居的基本条件，在这个过程中有几大障碍，分别是住房、下一

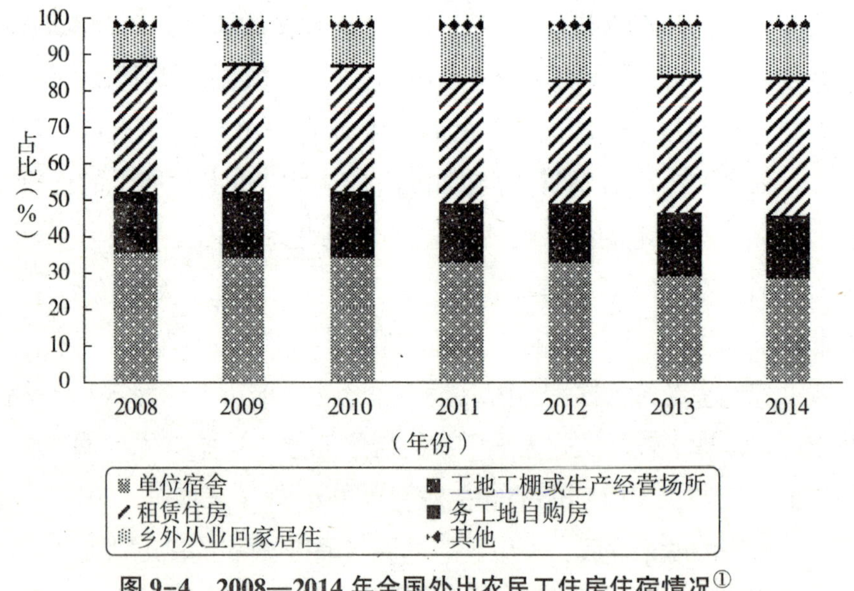

图9-4　2008—2014年全国外出农民工住房住宿情况[①]

① 数据来源：《全国农民工监测报告》。

代的教育和老年后的生活保障，其中又以住房问题最为严峻（国务院发展研究中心课题组，2010）。有了住房，流动人口可以从漂泊不定变为暂住，再变为常住，最终实现市民化。然而，城市中高昂的租房费用和居高不下的房价，居住成本占了流动人口的大部分消费支出。

除了住宿，食品也是流动人口消费支出的重点。我们用国际通用的恩格尔系数（即食品支出占消费支出的比重）衡量流动人口的富裕程度，用于食物的支出在家庭或个人收入中占比越高，说明这个家庭或个人越贫穷。恩格尔系数达 59% 以上为贫困，50% ~ 59% 为温饱，40% ~ 50% 为小康。尽管从 2011 年到 2013 年，流动人口家庭的恩格尔系数逐年降低，已从温饱水平提升到了小康水平，但是远远高于城镇和农村居民家庭的恩格尔系数（见图 9-5）。由此可见，流动人口不仅没有城市居民富裕，由于城市消费价格高于农村等因素，相对生活水平有的甚至不如农村居民。

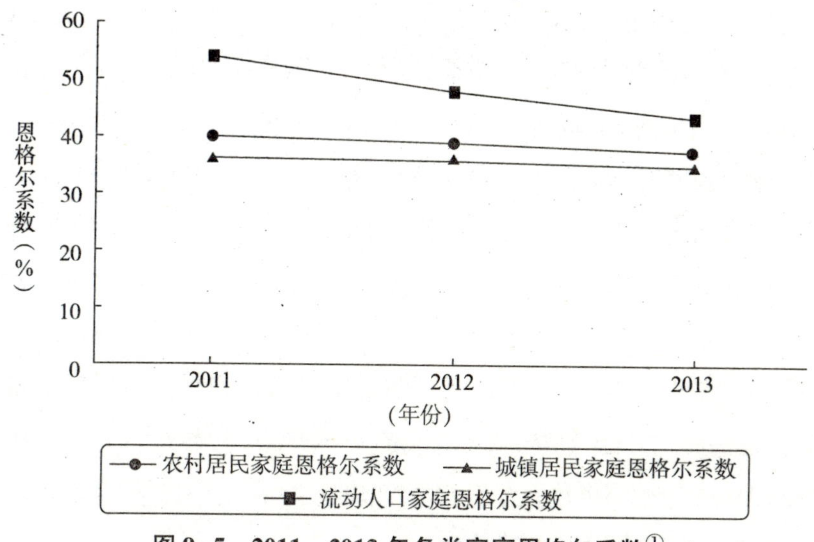

图 9-5　2011—2013 年各类家庭恩格尔系数[①]

① 数据来源：农村居民家庭和城镇居民家庭恩格尔系数来自国家统计局，2011—2013 年的人口流动家庭恩格尔系数分别来自三篇文献《人口倒挂地区流动人口的主要特点》《流动人口家庭的城市消费及其影响因素》和《失业风险对流动人口消费的影响》。

民以食为天，以房为根。流动人口的消费结构正好印证了这一观念。满足生理需求是流动人口工作的首要目的，更是他们能够在城市生存下来的先决条件。由于收入水平较低，可支配收入有限，所以，食宿是流动人口的消费结构中首要支出项。因为没有城市户口，流动人口不能在城市享受经济适用房、保障房等优惠购房政策，大部分人仍以租房的方式生活，再加上居高不下的房价压力，每年仅有不足1%的外出农民工能在城市中住上自购房。在“居者有其屋”的传统思想影响下，大多数人，尤其是老一代的流动人口在城市中缺乏归属感，不能融入城市生活，从心理层面上也存在“半市民化”状态。

2. 流动人口其他消费比较单一

流动人口的消费结构偏重于物质消费，除了住宿和食品以外，可支配收入主要用于教育和医疗消费，其他消费，如休闲娱乐，占比非常小，结构也比较单一。

流动人口的教育和医疗消费之所以紧随食宿消费之后，主要是因为举家外出的越来越多，随迁子女数量不断攀升。国家卫生计生委公布的调查数据显示（见表9-3），近年来，我国平均每个流动人口家庭的规模为2.3人，其中有一半以上为夫妻、子女一起居住(胡若痴，2012)。以流动人口中占比最多的农民工群体为例，2010年到2014年，全国外出农民工里面，举家外出的农民工从3071万人增加到3578万人，比例从20.03%增长到21.27%，虽然增长幅度不大，但总体呈上升趋势。这说明流动人口从个体漂泊逐渐向举家迁移过渡，因此，用于子女教育、父母医疗的支出成为流动人口家庭继食宿消费后的另一大消费。

表 9-3　　　2010—2014 年中国外出农民工情况①

	单位	2010 年	2011 年	2012 年	2013 年	2014 年
外出农民工人数	数量（万人）	15335	15863	16336	16610	16821
住户中外出农民工	数量（万人）	12264	12584	12961	13085	13243
	占比（%）	79.97	79.33	79.34	78.78	78.73
举家外出农民工	数量（万人）	3071	3279	3375	3525	3578
	占比（%）	20.03	20.67	20.66	21.22	21.27

至于其他消费，因为受到经济因素和空闲时间太少的影响，流动人口在休闲娱乐消费方面谨小慎微。有学者做过调查统计，在北京、上海、广州等大城市务工的流动人口平时最普遍的娱乐方式是看电视、听广播，因为这些基本上都是免费的休闲娱乐。尽管新一代的农民工打发空闲时间的方式变得显著不同，由于条件限制，他们大多数也只是利用互联网来丰富空余时间。与年轻的城市居民或高收入群体的消费相比，显然相去甚远。

3. 伪城市化及其被抑制的城市消费

据国家统计局的数据，2014 年中国城市化率已达 54.77%，这是按照常住人口统计出来的城市化率，如果按照户籍人口统计，我国 2014 年的城镇化率是 36.7%，18.07 个百分点的差距在于“半市民化”的流动人口。这部分人口能算作真正的城市居民吗？按照常住人口统计的城市化率显然不合理。单从我们对流动人口的消费情况来分析，他们与城市居民的消费模式和消费水平差距非常大。尤其作为流动人口主力的农民工，虽然他们可以居住在城市，像城里人一样就业和参与生产，但是由于两个原因，他们的消费模式与城里人却不尽一致。一个是他们预期仍然要回到农村老家，所以他们

① 数据来源：国家统计局《2014 年全国农民工监测报告》。

的收入是为回乡而准备的，是按照农村模式消费和储蓄的，另一个是他们不能享受全部城市公共服务，包括社会保障、义务教育等，所以他们的消费有更多的后顾之忧。所以，这部分“被城市化”的人群，其消费观念和消费状况并没有实质性的改变，消费心理仍属节衣缩食型。流动人口在城市的消费信心和有效需求不足现象仍然大量存在。按照常住人口统计出来的这些“城市居民”中，有将近2.5亿的“半市民化”人口，城市化率水分较重，存在“伪城市化”现象。

如果这部分“半市民化”的流动人口能真正的“市民化”，将会释放不少城市消费。有研究表明，如果一个家庭的年均可支配收入达到7万元左右，家庭消费水平将会获得快速增长。比如2011年时，中国进城务工的流动人口年均可支配收入4万元左右，距离7万元的水平还有大概1/3的距离（汤姆·米勒，2014），流动人口消费仅为城市居民消费水平的一半。所以，如果这部分“半市民化”人口能提高收入，能真正地实现“市民化”，他们对城市消费的推动力将举足轻重。不过前提是政府要靠政策消除城市化进程中仍然存在的“二元结构”，要推进更具有包容性的城市化进程。

9.2.2 “青出老回”流程与农村消费塌陷

中国农民工原来是年度之间流动，现在变成了“青出老回”的循环流动。前面我们分析过，在中国的城市化进程中，由于城镇中的户籍、住宅、教育、社保等体制歧视，进入城镇的农民并没有能永久性地进入，而是达到劳动年龄时从农村进入城镇，老了失去工作能力时，相当多的进城人口享受不了城市文明，又从城镇回到农村。这种“青出老回”的中国式城市化进程，使得农村常住人口结构倒纺锤形更突出，老龄化更严重。边际消费倾向高的年轻人减少、边际消费倾向低的老年人增多，因而造成较大的农村消费塌陷。

首先，青年人口外出务工使农村劳动力人口大减，随之带走了大部分年轻人的消费。根据《全国农民工监测报告》的数据，近年来中国外出农民工中仍然以年轻群体为主。2014 年外出农民工中，40 岁以下农民工有 1.5 亿，占外出农民工的 57%，占全国 8.7 亿农民的 17.8%（见图 9-6）。这部分年轻的农民工只有在逢年过节的时候才会回到农村，他们不仅把农村的剩余劳动力带到了城市，也把农村消费带走了。

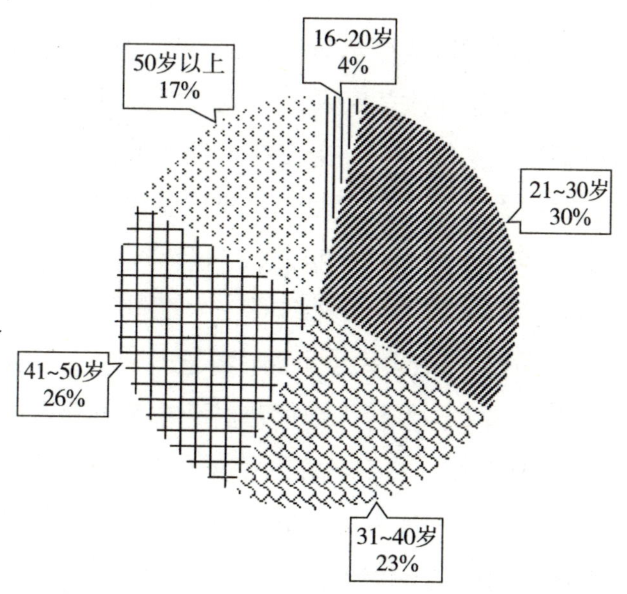

图 9-6　2014 年中国外出农民工年龄结构[①]

其次，农村人口老龄化速度远远快于城市人口，对农村消费增长不利。据中共中央党校农村社保课题组的研究，从中国城乡总体看，20 世纪后半期三次生育高峰期引发了三次“银发浪潮”：第一次是 1950—1958 年生育高峰期出生的近 2 亿人口，将在 2010 年后

① 数据来源：国家统计局《2014 年全国农民工监测报告》。

相继进入老年期；第二次是1962—1973年生育高峰期出生的2亿多人口，将于2020年后陆续进入老年期；第三次是1986年后生育高峰期出生的1亿人口，将于2045年以后进入老年期。其中，第一次和第二次生育高峰时间间隔短，致使2020年以后人口老龄化呈加速度增长态势，加上第三次老年期的重叠，以及医疗条件改善，会迅速将我国人口年龄结构推向高龄化。从农村与城市之间的人口流动看，进入城镇和城市的主要是年轻人，如果不能在城镇和城市中永久转移，回农村的主要是农民工中的老年人。据1990年第四次全国人口普查公布的数据显示，1985—1990年全国共有1502万农村人口迁入城镇，迁入人群中以年轻人为主，使得农村人口老龄化问题开始凸显。随着我国市场化改革深入，“入世”后工业化、城市化步伐加快，农业科学技术广泛推广，劳动生产率大幅提高，新生劳动力的增多，农村耕地人多地少现象日趋严重，农民依靠土地所获得的边际报酬递减，致使土地上的大批农村剩余劳动力（至少1.7亿）不得不急剧释放，农村劳动力异地转移（主要向大中城市流动）速度与规模会持续增强。而留居农村的主要是老年人，许多年后，回到农村的也是中老年人，农村人口的高龄化程度会越来越高。据课题组的测算，2015年农村人口老龄化程度约为27%，即每四个农民中就有一个60岁以上的老人，到2020年农村老龄化程度为35%，即每三个农民中就有一个60岁以上的老人，2030年时，农村人口的老龄化比率将高达69%！农村老年人的消费不仅低于年轻人群，也低于城市里的老年人。比如，城里的老年人消费额是100的话，我们估计农村这些老年人消费额也就相当于城里老年人的20%或者30%。就是说本来这些人应该到城里100%消费，现在老了要回农村去，回去没有那么多收入，消费只是城里老年人的20%、25%，顶多30%，消费额是一个巨大塌陷区。增长的陷阱，一个是人口增速放缓引起其他消费的下降，另一个是农民工年老时又回到农村导致消费的塌陷。此外，由于经济欠发达的中西部地区是农村劳动力转移的主要区域，未来那里农村老人的养老也将成为最为紧迫的社会问题。所以，未来农村不仅会面临更严重的消费塌陷问题，也会面临比城市更严峻的社会养老问题，农村经济如何持续发展成为城市化进程中不容忽视的一方面（见表 9–4）。

表 9–4　　未来农村总人口及农村老龄化情况[①]　　单位：万人，%

年份	2000	2005	2010	2015	2020	2030
60 岁以上老年人口	10000	11773. 95	13861. 26	16863. 6	19217. 1	26639. 4
农村人口规模	80700	79816. 5	68848	61574. 1	54640	38480. 64
农村老龄化率	12. 3	14. 7	20. 1	27. 3	35. 1	69. 2

由于农村老年人口消费可能只是城市老年人口消费的 1/3，甚至更低，从城市回到农村的老年人口越多，总消费就越低。所以，数亿人返回农村后，将是数万亿到十多万亿消费额的塌陷。其后果是，经济长期需求不足，生产过剩，投资低迷，国民经济长期陷入低速增长区间。

---

① 注：表中农村老龄人口数据来自李君如、吴焰等著《建设中国特色农村社会保障体系》（中国水利出版社 2008 年版，第 142 页），农村人口按照预测人口与现代化要求的各年的城市化比率计算。

参考文献

[1] ADAMS, HELEN. Why Populations Persist: Mobility, Place Attachment and Climate Change [J]. Population and Environment, 2015 (7):1-12.

[2] BISK, TSVI. No Limits to Growth [J]. World Future Review (World Future Society), 2012(1):12-27.

[3] CAI, FANG, MEIYAN WANG. Growth and Structural Changes in Employment in Transition China [J]. Journal of Comparative Economics, 2010(1):71 81.

[4] CARUSO, RAUL, HANS DE WIT. Determinants of Mobility of Students in Europe Empirical Evidence for the Period 1998-2009 [J]. Journal of Studies in International Education, 2015(3):265-282.

[5] CHAN, KAM WING, LI ZHANG. The "Hukou" System and Rural-Urban Migration in China: Processes and Changes [J]. China Quarterly, 1999(2): 818-855.

[6] JI, HAN KIM, J J YIM. Achievements in and Challenges of Tuberculosis Control in South Korea [J]. Emerging Infectious Diseases, 1996 (21):1913-1920.

[7] COULTER RORY, JACQUELINE SCOTT. What Motivates Residential Mobility? Re Examining Self-Reported Reasons for Desiring and Making Residential Moves [J]. Opulation, Space and Place, 2015(4):354-371.

[8] DEAN, MITCHELL. The Malthus Effect: Population and the Liberal Government of Life [J]. Economy and Society, 2015(1):18-39.

[9] DENG, XIANGZHENG, JIKUN HUANG, et al. Growth, Population

and Industrialization, and Urban Land Expansion of China[J]. Journal of Urban Economics,2008(1):96-115.

[10]DENT,HARRY S. The Next Great Bubble Boom:How to Profit from the Greatest Boom in History,2006-2010[M]. Free Press,2006.

[11]GLASS D V,EVERSLEY D E C. Population in History[M]. Aldine Publishing Company Chicago Press,1965.

[12]GROSSMAN,GENE M ,ALAN B, et al. Environmental Impact of North American Free Trade Agreement[C]. NBER Working Paper, 1991(3):9-14.

[13] HAJNAL, JOHN. European Marriage Patterns in Perspective [J]. American Economic Review,1965(1):12-22.

[14]HARRIS,JOHN R ,MICHAEL P TODARO. Migration Unemployment and Development: A Two - Sector Analysis [J]. American Economic Review,1970(1):126-142.

[15] HIDALGO, M CARMEN, BERNARDO HERNANDEZ. Place Attachment:Conceptual and Empirical Questions[J]. Journal of Environmental Psychology,2001(3):273-281.

[16]HUI,EDDIE CHI MAN,KA HUNG YU. Residential Mobility in an Era of Economic Transformations and Population Reformations:A Case Study of Hong Kong[J]. Habitat International,2009(4):445-453.

[17]T R MALTHUS. An Essay on the Principle of Population[M]. Reeves and Turner Press,1959.

[18]JONES,E L. How the West Grew Rich(Book Review)[J]. Economica,1988(218):291-292.

[19]KIM,IK KI. Socioeconomic Development and Fertility in Korea [J]. Economica,1987(1):342-356.

[20]LEDENT,JACQUES. Rural-Urban Migration,Urbanization,and

Economic Development[J]. Economic Development and Cultural Change, 1982(1):507-538.

[21] LESTHAEGHE, RON, GUY MOORS. Living Arrangements, Socio-Economic Position, and Values among Young Adults: A Pattern Description for Belgium, France, the Netherlands, and West-Germany, 1990 [M]. Springer Press, 1995.

[22] LEWIS, W ARTHUR. Economic Development with Unlimited Supplies of Labour[J]. The Manchester School, 1954(2):139-191.

[23] LI, MUQUN, IAN COXHEAD. Trade and Inequality with Limited Labor Mobility: Theory and Evidence from China[J]. Review of Development Economics, 2011(1):48-65.

[24] LUCAS, ROBERT E. Adaptive Behavior and Economic Theory [J]. Journal of Business, 1986(4):S401-26.

[25] MAINE H S S. Ancient Law: Its Connection with the Early History of Society, and Its Relation to Modern Ideas[J]. George Routledge & Sons, 1930(1):77-80.

[26] MALTHUS, THOMAS ROBERT. An Essay on the Principle of Population, as It Affects the Future Improvement of Society[J]. General Information, 1809(2):114-115.

[27] MCHUGH, KEVIN E, ROBERT C MINGS. The Circle of Migration: Attachment to Place in Aging[J]. Annals of the Association of American Geographers, 1996(3):530-550.

[28] MCKEOWN, THOMAS, R G BROWN, et al. An Interpretation of the Modern Rise of Population in Europe[J]. Population Studies, 1972 (3):345-382.

[29] MEADOWS, DONELLA H, DENNIS L MEADOWS, et al. The Limits to Growth[M]. New York, 1972:102, 134-145.

[30]MENDOZA,ENRIQUE G. Terms-of-Trade Uncertainty and Economic Growth[J]. Journal of Development Economics, 1997(2): 323-356.

[31]MURAMATSU M,T KATAGIRI. Basic Readings in Population and Family Planning in Japan[D]. Japanese Organization for International Cooperation in Family Planning(JOICFP),1981.

[32]NORTH, DOUGLASS CECIL, R P THOMAS. The rise of the Western world: a new economic history[J]. Contemporary Sociology,1974(4):78-90.

[33]NOTESTEIN,FRANK W. Population:The Long View[J]. Population Studies,1945(1):36-57.

[34] PANAYOTOU, THEODORE. Empirical Tests and Policy Analysis of Environmental Degradation at Different Stages of Economic Development[R]. Working Paper: World employment programme research,1993.

[35]RUBINS, NOAH. Demise and Resurrection of the Propiska: Freedom of Movement in the Russian Federation[J]. Harv. Int'l. LJ,1998(9):545.

[36]SCHAIBLE,DAMIAN S. Life in Russia's Closed City:Moscow's Movement Restrictions and the Rule of Law[J]. NYUL Rev, 2001: 76,344.

[37] SEN, GITA. Indias National Population Policy 2000: A Comment[J]. POPULI,2000(2):16-17.

[38]SHRESTHA, NANDA R. Institutional Policies and Migration Behavior: A Selective Review[J]. World Development, 1987(3): 329-345.

[39]SMITH,EVERARD,TERRY MARSDEN. Exploring the "Limits

to Growth" in Uk Organics: Beyond the Statistical Image[J]. Journal of Rural Studies,2004(3):345-357.

[40]STOKEY,NANCY L. Are There Limits to Growth? [J]. International Economic Review,1998(3):1-31.

[41]STRASSMANN,W P. Housing-Market Interventions and Mobility-An International Comparison[J]. Urban Studies,1991(5):759-771.

[42] TISDALE, HOPE. The Process of Urbanization [J]. Social Forces. 1942(6):311-316.

[43] TODARO, MICHAEL P. A Model for Labor Migration and Urban Unemployment in Less Developed Countries [J]. American Economic Review,1969(59):138-148.

[44]XU,KAI. Barriers to Labor Mobility and International Trade: The Case of China[J]. China Economic Review,2014(29):107-125.

[45]H ZHANG, H ZHANG, J ZHUAG. Demographic Age Structure and Economic Development: Evidence from Chinese Provinces[J]. Journal of Comparative Economics,2015(43):170-185.

[46] GILBOY, GEORGE J, 钟宁桦. 度量中国经济：购买力平价的适当应用 [J]. 经济研究, 2010 (1).

[47] 陆符嘉. 宪法决策的过程：案例与材料（全2册）[M]. 北京：中国政法大学出版社, 2002.

[48] 蔡昉. 人口红利与中国经济可持续增长 [J]. 甘肃社会科学, 2013 (1).

[49] 蔡昉. 从人口红利到改革红利 [M]. 北京：社会科学文献出版社, 2014.

[50] 蔡昉, 王德文. 作为市场化的人口流动——第五次全国人口普查数据分析 [J]. 中国人口科学, 2004 (5).

[51] 曹芳. 农业国内支持政策对农民收入的影响研究 [D]. 南

京：南京农业大学，2005 .

[52] 曹淑江. 美国流动和迁徙人口的教育法律与政策及其对中国的启示 [J]. 外国教育研究，2007 (1).

[53] 曹远征. 重塑国家资产负债能力 [J]. IT 时代周刊，2011 (3).

[54] 车生泉. 绿色文化探析 [J]. 环境导报，1998 (4).

[55] 陈昭雪. 英国城市化过程分析与启示 [J]. 求知导刊，2015 (4).

[56] 陈征. 社会抚养费制度与公民生育权的冲突及解决途径 [J]. 中国社会科学院研究生院学报，2014 (4).

[57] 楚树龙，方力维. 美国人口状况的发展变化及其影响 [J]. 美国研究，2009 (4).

[58] [美] 德里克 · 西瑟斯. 中国的下一个 30 年 [J]. 环球人物，2008 (19).

[59] 杜雪君，黄忠华. 台湾工业化与城市化发展经验及启示 [J]. 台湾研究，2009 (5).

[60] 段平忠. 中国省际人口迁移与地区经济增长差距 [M]. 北京：经济科学出版社，2013.

[61] [德] 恩格斯. 家庭私有制和国家的起源 [M]. 北京：人民出版社，1972.

[62] [德] 马克思，恩格斯. 马克思恩格斯全集（第二卷）[M]. 中共中央编译局，译 . 北京：人民出版社，1957.

[63] 樊林. 生育权探析 [J]. 法学，2000 (2).

[64] 付翠英，李建红. 生育权本质论点梳理与分析 [J]. 法学杂志，2008 (2).

[65] 耿海青. 我国城市化水平滞后的原因分析及未来展望 [J]. 地理科学进展，2003 (1).

[66] 辜胜阻，易善策，郑凌云. 基于农民工特征的工业化与城镇化协调发展研究 [J]. 人口研究，2006（5）.

[67] 郭庆，胡鞍钢. 中国工业化问题初探 [M]. 北京：中国科学技术出版社，1991.

[68] 国家环境保护局. 中国环境保护21世纪议程 [M]. 北京：中国环境科学出版社，1995.

[69] 国务院发展研究中心课题组. 农民工市民化对扩大内需和经济增长的影响 [J]. 经济研究，2010（6）.

[70] 洪庆明. 近代早期法国历史进程中的城市化与城市角色探析 [J]. 史学理论研究，2015（1）.

[71] 胡若痴. 城市化进程中流动人口消费问题探析 [J]. 管理学刊，2012（6）.

[72] 胡学勤. 劳动经济学（第2版）[M]. 北京：高等教育出版社，2007.

[73] 华东政法大学生育权和人权课题组，何勤华. 关于生育权和人权的思考 [J]. 法学杂志，2009（8）.

[74] 黄容. 农村劳动力流动对农村居民消费的影响研究 [D]. 成都：西南财经大学，2014.

[75] 简新华，张建伟. 从"民工潮"到"民工荒"——农村剩余劳动力有效转移的制度分析 [J]. 人口研究，2005（2）.

[76] 焦少林. 试论生育权 [J]. 现代法学，1999（6）.

[77] 劳昕，沈体雁. 中国地级以上城市人口流动空间模式变化——基于2000和2010年人口普查数据的分析 [J]. 中国人口科学，2015（1）.

[78] 李洪祥，王雪梅. 已婚妇女在夫妻关系中的人身权探析 [J]. 行政与法（吉林省行政学院学报），1999（3）.

[79] 李淑妍. 农民工市民化视角下的农村土地流转问题研究

[D]. 沈阳：辽宁大学，2013.

[80] 李卫，李家瑞. 立法应填补的空白：迁徙权——法律的经济分析 [J]. 法学，1993 (1).

[81] 李亚军. 印度非缴费型养老金制度发展评述 [J]. 南亚研究季刊，2014 (1).

[82] 李志德. 中国户籍制度变迁的路径选择：城市户籍的供需均衡与实现 [J]. 经济体制改革，2010 (4).

[83] 梁建章. 中国人太多了吗? [M]. 北京：社会科学文献出版社，2012.

[84] 林毅夫. 用新结构经济学看未来全球和中国的经济增长 [J]. 新金融评论，2012 (2).

[85] 林毅夫. 中国正在跻身高收入国家行列 [J]. IT 时代周刊，2014 (19).

[86] 林毅夫. 解读中国经济 [J]. 南京农业大学学报 (社会科学版)，2015 (7).

[87] 林毅夫，潘卫艳. 林毅夫：中国经济仍具备增长潜力 [J]. 中国房地产业，2015 (1).

[88] 刘峰贵. 人类环境学 [M]. 北京：地质出版社，2004.

[89] 刘培林. 印度城市化的特点及经验教训 [J]. 城乡建设，2010 (1).

[90] 刘世锦. 陷阱还是高墙 [M]. 北京：中信出版社，2011.

[91] 刘世锦. 进入增长新常态下的中国经济 [J]. 中国发展观察，2014 (4).

[92] 刘世锦. 中国经济增长十年展望 [M]. 北京：中信出版社，2014.

[93] 刘世锦. 攀登效率高地 [J]. 中国发展评论 (中文版)，2015 (3).

[94] 刘世锦. “十三五”规划重中之重是提高生产率 [J]. 中国经济年会（2014—2015）述要之十一.

[95] 刘易斯. 二元经济论 [M]. 北京：北京经济学院出版社，1989.

[96] 刘云. 台湾的家庭计划 [J]. 南京人口管理干部学院学报，2000 (6).

[97] 卢锋. 中国农民工工资走势：1979—2010 [J]. 中国社会科学，2012 (7).

[98] 陆益龙. 户籍：一种对中国城市化制度性的扭曲 [J]. 探索与争鸣，2012 (12).

[99] 鹿立. 关于变市场机制调控家庭生育的思考 [J]. 人口与经济，1993 (1).

[100] 吕晨光. 我国农村土地流转的动因分析及实践探索 [J]. 经济体制改革，2013 (6).

[101] 马骏. 中国国家资产负债表研究 [M]. 北京：社会科学文献出版社，2012.

[102] 马寅初. 新人口论 [M]. 北京：北京出版社，1979.

[103] 马颖，朱红艳. 发展经济学人口流动理论的新发展 [J]. 国外社会科学，2007 (3).

[104] 潘纪一. 世界人口通论 [M]. 北京：中国人口出版社，1991.

[105] 彭文生. 人口结构的宏观经济含义 [J]. 银行家，2011 (6).

[106] [美] 钱纳里. 工业化和经济增长的比较研究 [M]. 吴奇，译. 上海：上海三联书店，1989.

[107] [美] 钱纳里，塞尔昆. 发展的格局：1950—1970 [M]. 李小青，译. 北京：中国财政经济出版社，1989.

[108] 戎建. 技术进步、人力资本与中国劳动力流动 [D]. 上海：复旦大学，2009.

[109] 盛连喜. 关于生态省建设的理论思考 [J]. 经济视角，2002 (4).

[110] 诗图. 社会发展地理学概论 [M]. 武汉：中国地质大学出版社，1992.

[111] 史卫民. 国外土地制度变迁中农民土地权益保护的比较与借鉴 [J]. 现代经济探讨，2014 (2).

[112] 王之佳. 我们共同的未来 [M]. 长春：吉林人民出版社，1997.

[113] 世界银行. 1992 年世界发展报告 [M]. 北京：中国财政经济出版社，1992.

[114] 吴元其. 公共政策新论 [M]. 合肥：安徽大学出版社，2009.

[115] 宋建军. 农民工的效用选择与中国城市化悖论 [J]. 财经问题研究，2013 (10).

[116] 孙文凯. 户籍制度改革对中国农村劳动力流动的影响 [J]. 经济研究，2011 (1).

[117] 谭崇台. 发展经济学 [M]. 上海：上海人民出版社，1996.

[118] 汤姆·米勒. 中国十亿城民 [M]. 厦门：鹭江出版社，2014.

[119] 王家福. 中国人权百科全书 [M]. 北京：中国大百科全书出版社，1998.

[120] 王娜. 我国迁徙权研究 [D]. 沈阳：沈阳师范大学，2010.

[121] 王新华. 美国城市化背景下人口流动的特点：启示与借

鉴［J］. 人口与计划生育，2010（1）.

［122］王渊明. 历史视野中的人口与现代化［M］. 杭州：浙江人民出版社，1995.

［123］王之，强美英. 夫妻生育权平等的冲突及其法律思考［J］. 医学与哲学（人文社会医学版），2007（10）.

［124］魏津生. 国内人口迁移和流动研究的几个基本问题［J］. 人口与经济，1984（4）.

［125］武康平. 人口老龄化、经济增长与社会福利——基于内生经济增长理论的分析［J］. 经济学报，2015（1）.

［126］武秀英. 对生育权的法理阐释［J］. 山东社会科学，2005（1）.

［127］肖辉英. 德国的城市化，人口流动与经济发展［J］. 世界历史，1997（5）.

［128］王新华. 日本户籍法［M］. 北京：中国人民公安大学出版社，2003.

［129］［英］亚当·斯密. 国民财富的性质和原因的研究［M］. 郭大力，王亚南，译. 北京：商务印书馆，1983.

［130］杨国枢. 台湾的社会问题［M］. 台北：巨流图书公司，1984.

［131］杨云彦，陈浩. 人口、资源与环境经济学［M］. 北京：中国经济出版社，1999.

［132］杨长江，钟宁桦. 购买力平价与人民币均衡汇率［J］. 金融研究，2012（1）.

［133］易富贤. 大国空巢［M］. 北京：中国发展出版社，2013.

［134］轶名. 耕地流转面积继续扩大　仲裁委受理纠纷显著增加——2015 年农经统计半年报分析之一［J］. 农村经营管理，2015（10）.

[135] 于小琴. 俄罗斯人口低流动性论析 [J]. 俄罗斯中亚东欧研究，2011 (5).

[136] 袁城. 20 世纪 60 年代中期以来韩国的国内人口迁移 [J]. 当代韩国，2009 (2).

[137] 张季风. 日本农村富余劳动力转移的经验与教训 [J]. 现代农业装备，2004 (9).

[138] 张弥，周天勇. 自主到计划：人口生育和增长变迁——1950 到 2014 年中国人口论纲要 [J]. 经济研究参考，2015 (32).

[139] 张千帆. 从管制到自由——论美国贫困人口迁徙权的宪法演变 [J]. 北大法律评论，2005 (1).

[140] 张蕊. 我国多层次养老保险体系税收政策研究 [D]. 成都：西南财经大学，2007.

[141] 张作华，徐小娟. 生育权的性别冲突与男性生育权的实现 [J]. 法律科学 (西北政法学院学报)，2007 (2).

[142] 赵云，汪子扬. 人口老龄化对养老金负担影响的研究 [J]. 北方经济，2012 (24).

[143] 钟水映，简新华. 人口、资源与环境经济学 [M]. 北京：科学出版社，2005.

[144] 周开颜. 俄罗斯反恐背景下的动态人口管理 [J]. 当代教育理论与实践，2013 (5).

[145] 周天勇. 托达罗模型的缺陷及其相反的政策含义——中国剩余劳动力转移和就业容量扩张的思路 [J]. 经济研究，2001 (3).

[146] 周天勇. 新发展经济学 [M]. 北京：经济科学出版社，2001.

[147] 周天勇. 现代化的动力：经济体制改革的转型效应 [J]. 学习与探索，2009 (5).

[148] 周天勇. 中国向何处去：走别人走对了的道，不走别人

走错了的路［M］. 北京：人民日报出版社，2010.

［149］周天勇. 中国现代化的历程与未来发展的任务［J］. 民主与科学，2011（1）.

［150］周天勇. 人口生育和流动管制的经济后果［J］. 财经问题研究，2015（9）.

［151］朱继东，毛芳. 中国农村人口流动与日本单身赴任比较分析［J］. 现代农业科技，2009（6）.

［152］朱妍. 劳动力流动、产业转移与城市发展研究［D］. 天津：南开大学，2010.

［153］朱云章. 我国城乡劳动力流动与收入差距关系研究［D］. 厦门：厦门大学，2008.

［154］卓小蒙. 90 后农民工生存生活现状及对策研究［J］. 学理论，2015（13）.

结束语

中国经济的增长速度在2012年开始下行，实际上，如果没有2008年年底的强刺激，从那时开始，经济增长速度就已经趋于下行。当时学界和政策制定者可能都认为，这是一次中国或世界经济周期性的波动，会过去的。我当时也是这样想的。可是到了2014年，速度下行仍然不止。我感觉情况可能较为复杂，也看了一些学者的解释，总觉得没有触及更深层次的原因。

后来我进行了三方面的研究：一是人口变化对经济增长的影响；二是宏观的税负，金融对实业利润的分配比例，实业利润占GDP比例的下降，居民收入和消费在GDP比例的变化趋势等对经济增长的影响；三是进出口中旅游教育技术等服务贸易、外商直接投资和中国对外投资等实际逆差和资金外逃等对国内经济增长的影响。这三方面的研究成果均已经完成并发表，用数据和流程说明了中国经济的增长速度为什么持续下行。我认为，学者研究经济问题基本的原则是，要实事求是、数据说话、搞清流程、言之有理。一个学者的责任是把影响经济运行的真实原因、过程和后果，向决策者和每一个关心中国经济命运的读者说明白。这是做学问的道德和良知。

从2013年下半年开始，我研究了一些人口生育、自然增长率、结构，特别是青年人口减少和老年人口增长的数据，猜测经济下行的首要原因可能是人口变化所致。我在《中国社会科学内部文稿》2015年第9期和《财经问题研究》2015年第9期发表了《人口生育和流动管制的经济后果》一文；在清华大学国际战略研究院2015年《清华国家战略研究报告》第5期发表了《中国经济下行之症结与人口问题》一文；我与张弥教授在《经济研究参考》2015年第32期上发表了《自主到计划：人口生育和增长变迁——1950年到2014年论纲》长文。后来，又写了一篇4000字放开生育与废除社会抚养费的政策建议，题为《经济增长：财政货币政策要与人口政策相配合》发表在2015年8月27日《中国发展观察》上。

这两年多的读书和研究，我有了一些新的感悟。

马尔萨斯和马寅初当时所说的世界和中国人口一直会爆炸性增长的规律，从一个更长的时期看，是错误和不成立的。①人口有其自然的发展转型规律。随着社会和经济发展的推移，人口从农业社会阶段高生育率、高死亡率、低增长率，到工业化初中期高生育率、中低死亡率和高中增长阶段，再到工业化后期及后工业社会低生育率、低死亡率和低增长率的阶段转型。从发达国家，包括东亚一些国家和地区等工业化和后工业社会人口的变化看，它们没有采取计划生育，或者没有采取强制性的计划生育，但人口最后都进入了低生育和低增长甚至负增长的阶段。②人口生育有经济和社会自动的调节机制。上述人口变化由自然经济向货币及市场经济转变、家庭生育和抚养的机会和付出成本、妇女的受教育程度、人口流动和城市化水平等因素所决定，形成从高生育率向中低生育率的调节机制。当然，不同的宗教信仰，也是决定生育率高低的一个重要因素。

一个国家在特别重大的问题和选择上，因理论及政策研究不充分，没有对风险和后果进行评估，导致了如计划生育政策的出台和严峻的经济社会后果。①没有学习和理解反面的研究成果。实际上从20世纪50年代到20世纪70年代末，当时国际上有大量人口增长形态转型、家庭生育和抚养机会和付出成本、妇女受教育水平对生育的影响、人口流动及城市化与人口生育率相关性等方面的研究文献。但国内翻译和引入不多。占据主流的是马尔萨斯和马寅初根据传统经济和社会条件预测人口一直爆炸下去的学术结论以及梅多斯俱乐部等对人口增长与世界前景的悲观观点。当时，我也是适度人口观点和计划生育政策的拥护者。②对人口变动影响经济运行和增长的内在关系没有进行研究，也没有评估政策实施的中远期后果和风险。对重大的政策，特别是国策没有进行充分的后果和风险评估，不鼓励和提倡不同意见，并充分听取反面意见，是中国过去政策制定过程中的一个突出问题。许多重大决策失误造成巨大损失，除了研究和智库的水平和体制外，决策不科学和不民主化是主因。我认为，失去的已经失去了，不应当纠结历史，也不应当去追究谁的责任。关键是正视风险，勇于纠正，进行补救。

假如中国在1991年人口生育率低于替代率2.1时，就结束计划生育；假如最迟1999年我们0~14岁人口占总人口比达25%警戒线时，就停止计划生育；假如我们对人口不进行过度收缩，实行城乡二胎制指导性的计划生育，我们还会以8%的速度高增长10~15年；我们会先富而后老，而不会未富先老和经济先进入中低速度增长；我们不会遇到中等收入向高收入发展阶段中的“人口坑”陷阱。

物理、化学等世界中，人类可以在工作室进行试验，而人类社会的历史却无法试错，更不可能重新再来一次。没有深入分析人口变动与经济运行、增长和发展的关系，特别是没有评估干预可能带来的风险，就对人口变动的自然过程匆忙进行干预决策，必然付出沉重的代价。

人类社会的发展是一个自然的历史过程，其方向和变动受内在规律和机制的支配。新思想的产生，技术的不断革新，产业结构的演变，制度的不断变迁，以及国家和地区之间文化与经济交流的深化，人们无法准确地预测未来，特别是无法知道在一个较长远的时间内会发生什么样的变化。无论是社会的市场经济，还是自然界，总是内在、自然和自动的规律和机制来调节各方面的协调和平衡。当人类在重大事项上采取不当行为，企图人定胜天和改造世界时，经过相当长的时间后会突然发现，后果却是一场自然或者人类的灾难。

因此，当一项决策，特别是关乎民族、国家甚至是全人类命运的重大事件时，政府是不是实施干预，干预到什么程度，有没有风险，会有什么样的后果等一系列问题，由于解决眼前困难与其行为长远带来的后期结果之间无法直接观察，提倡正反两方面多种意见的讨论就显得至关重要。我们的研究希望能给人们带来一些警示，不仅是人口与经济的关系，还包括其他方面，政府在干预人类社会经济的自然过程时，务必慎重地评估风险和可能的后果，三思而后行。

作为一名学者，我对我们国家经济发展未来 10 年中所面临的计划生育陷阱深感忧虑；对我们这样一个民族在世界总人口中的比例大幅度下降，即中华文明逐步萎缩深感忧虑；对我们经济发展短暂崛起后可能再次衰落深感忧虑。因此，我提出了全面放开生育、废除社会抚养费征收的主张，以挽救、保持和发展我们的经济和文明。婴儿数量适度和结构合理的人口，是国家和民族强盛的未来和希望，也是经济和社会正常运转和发展的基础。

我不是中国发展的唱衰派。中国经济和社会的发展，并不是说没有希望。中华民族勤劳智慧，有规模巨大的人力资本，创业创新能力较强；有已经完善的工业、交通、科技、教育等基础；有世界上规模最大的市场……

未来如何提振和保持一个中高速度的国民经济增长？经济学家不仅要提出问题，也要给出解决问题的方案。中国正在寻求通过更高层次的开放，实现双边和多边互利共赢，扩大增长和发展的空间。

关键是要切实深化改革，政府少管少收，正确和科学监管，处理好放活和规范的关系，让市场机制调动社会的活力和动力。也就是说，需要更大力度的技术产业创新、体制改革和对外开放，才能扭转下行态势。

2015年10月，我与在四川大学任教的王元地教授①谈起这些话题，以人口与经济增长的内在关系为逻辑路线，拟分析框架，组织了博士和博士后团队，我授课两次阐述了研究的思路和提要性的内容。王元地教授及他领导的团队，加上中央党校国际战略研究所的项松林博士等，对中国人口与经济关系进行了研究，夜以继日地辛勤工作，完成了书稿的写作。各章的执笔分工为：第1章，王元地、胡谍；第2章，周天勇、王元地、胡谍；第3章，王元地、杜红平；第4章，王元地、杨雪；第5章，王元地、杨雪、杜红平；第6章，周天勇、胡谍；第7章，周天勇、项松林；第8章，周天勇、王元地、胡谍；第9章，周天勇、王元地、胡谍。提交初稿后，经我修改和补充，王元地教授最后统筹修改，形成了今天摆在读者面前的成果。需要说明的是，对于此项目团队的研究和写作，四川大学杰出青年基金（skqx201502）给予了资助。

书中引用了张弥教授与我合写的中国人口增长过程相关文章的内容；中国人民大学统计学博士研究生李莹进行了一些数据的回归计算；财政部财政科学研究所博士后彭鹏进行了校对等工作。

中国财富出版社社长王波、职教室主任寇俊玲，编辑赵翠及李彩琴等在编校出版方面做了大量细致的工作，付出了辛勤的汗水。在此，一并表示深深的感谢。

我祝愿我们的国家和民族安全地度过计划生育已经给我们形成

---

① 王元地，曾在北京科技大学经济管理学院就读我的博士研究生一年，又赴比利时哈塞尔特大学攻读应用经济学博士，丹麦科技大学博士后，回国后到四川大学商学院任教。

的陷阱阶段，实现富裕、和平的中国发展之梦，并把本书献给中国，献给正在发展中的国家，献给全人类。

中央党校国际战略研究所　周天勇

2017 年 2 月 16 日于北京